道元の〈哲学〉

脱落即現成の世界

竹村牧男

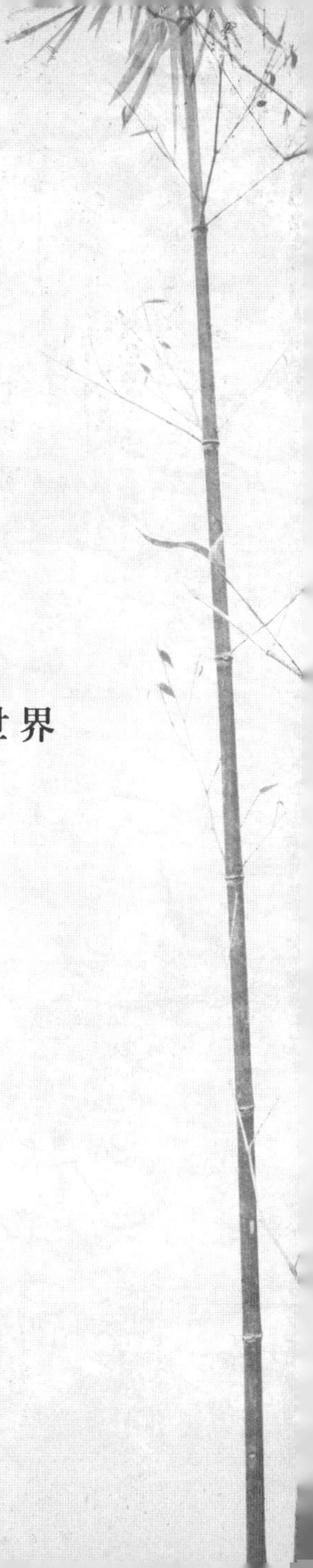

春秋社

道元の〈哲学〉——脱落即現成の世界　目次

道元の〈哲学〉——脱落即現成の世界

先師・秋月龍珉先生に捧ぐ

第一章　道元の生涯

はじめに

日本には、禅宗として、臨済《りんざい》宗・曹洞《そうとう》宗・黄檗《おうばく》宗の三宗が存在している。黄檗宗は、江戸時代、明からやってきた隠元《いんげん》（一五九二〜一六七三）に由来する禅宗で、坐禅と念仏の双方をともに修する、禅浄双修の風があった。当時、大陸の本場の禅が伝わったということで、臨済宗にも曹洞宗にも、多くの影響を与えた。ただし今日では、臨済宗とほぼ同様の禅宗となっている。

臨済宗を日本に最初に伝えたのは、一般に栄西《えいさい》（一一四一〜一二一五）であると言われている（禅そのものは、たとえば最澄《さいちょう》（七六六〜八二二）が牛頭《ごず》禅をすでに伝えていた）。栄西は宋に二回も渡っている。臨済宗黄龍《おうりゅう》派の禅を日本に伝え、建仁寺《けんにんじ》に拠った。ただし建仁寺は、密教等をも兼修する寺院として栄西に与えられたのであり、その後、宋からやってきた蘭渓道隆《らんけいどうりゅう》（鎌倉・建《けん》長寺《ちょうじ》開山。一二一三〜一二七八）あたりから、純粋に禅を挙揚する禅宗が日本で行われるようになる。
大応国師《だいおうこくし》（南浦紹明《なんぽじょうみょう》。一二三五〜一三〇九）は、入宋して臨済宗楊岐《ようぎ》派の禅を日本に将来し、以後、大灯《だいとう》国師（宗峰妙超《しゅうほうみょうちょう》。一二八二〜一三三七）、関山慧玄《かんざんえげん》禅師（一二七七〜一三六一）に受け継がれていった。室町幕府によって、五山《ござん》の制が制定され、臨済禅は足利将軍その他の武家に広まり、枯山水《かれせんすい》の石庭《せきてい》や水墨画《すいぼくが》等、独自の文化（銀閣寺《ぎんかくじ》に代表される東山文化《ひがしやまぶんか》）を創造していった。江戸初期、やや衰退していた臨済宗を中興したのが、白隠《はくいん》（一六八六〜一七六九）である。今日の臨済宗は、ほぼ白隠下の流れに支えられている。

これらに対し、曹洞宗を伝えたのが道元《どうげん》（一二〇〇〜一二五三）である。道元もまた、宋に渡って天童山《てんどうさん》で如浄《にょじょう》禅師にまみえ、大悟を得て帰朝し、曹洞宗の禅を日本で広めた。もっとも、道元は宗派の名称をきらい、禅は「仏法の総府」であるという立場に立っていた。初め、京都近郊で活動していたが、叡山《えいざん》等の圧迫もあり、のちに越前山中の永平寺《えいへいじ》に拠ることになる。その頃には、純粋で厳格な禅仏教の指導に打ち込むようになった。

その後、第四代に瑩山紹瑾《けいざんじょうきん》（一二六八〜一三二五）が出て、その弟子らにより教線が農村地帯を中心に広まっていった。そこで曹洞宗には、永平寺に拠った道元下の流れと、総持寺《そうじじ》に拠った瑩山紹瑾下の流れとがあり、道元を高祖《こうそ》、瑩山紹瑾を太祖《たいそ》と呼んでいる。今日も日本仏教各宗派の中、単独の宗団で最大の規模を誇るのが、曹洞宗である。

その曹洞宗の事実上の宗祖・道元は、単に本場の禅を日本に伝えたのみでなく、雲水《うんすい》らへの説法を重ねる中で、独自な文体に基づく『正法眼蔵《しょうぼうげんぞう》』を著し、いわば哲学的な思索を展開したことはよく知られていよう。その詩的な文章はフランス文学の研究者（寺田透、森本和夫、その他）なども魅了し、その深い思索は現代の多くの哲学者の関心を引いた。西洋の近代的理性に基づく思惟を超える、新鮮な存在理解がそこに広がっているかのようであるからである。いったい、道元は何を語ろうとしていたのであろうか。人間の生きる道を、どのように示そうとしていたのであろうか。およそ八百年の時を経ても、道元の思想はきわめて新鮮な輝きに満ちている。

本書では、その道元の哲学を、私なりに尋ねていくのであるが、本章では、まず道元の生涯をたどってみよう。

一　道元の青年時代まで

道元は、一二〇〇年、京都に生まれた。従来、父は久我《こが》（源）通親《みちちか》、母は藤原の基房《もとふさ》の娘と言われた。久我通親は大変、位の高い貴族であった。しかし、最近の研究では、通親の子・通具《みちとも》が父親であると言われている。ただし竹内道雄『道元』〔新稿版〕（人物叢書、吉川弘文館、一九九二年。以下、竹内。以下の記述は主に同書によっている）は、新出の学説等を種々綿密に検討し、育父は通具であっても、実父が誰かはいまだ断定できず、これまでの通説を重んじて筆をはこびたいとしている（竹内、一三頁）。なお、鏡島元隆は、『道元禅師全集』（春秋社。以下、『全集』）第四巻（一九八八年）の『永平広録《えいへいこうろく》』の「解題」の中で、通具が実父であることを力説し、そうだとすると、「禅師の母が世上に流布された、木曽義仲に関係した女人であると言う説は、一片の作家的フィクションとして崩れ去るであろう」と指摘している（『全集』第四巻、三一六頁）。いずれにしても、貴族の出であることに変わりはないであろう。なお、通親は和歌にも秀れ、通具は、『新古今和歌集』の撰者の一人で、藤原定家に比せられる優れた歌人でもあった。道元は、村上源氏の家系を受け継いでいることになるが、その家系には作文・詩歌の文才に富む者が多く出たことが確認できる。

道元を懐妊した母は、空中に、「この児は五百年来、肩を斉しくするものもない大聖人となるであろう。倭国に正法を興隆せんがために誕生したのだ」とのお告げを聞き、常にその声を念じていたという（竹内、一六頁）

ともあれ、父は二年後に没し、さらに承元元年（一二〇七）、母をも失ったとされる。このとき、少年道元は世の無常を感じて、仏門を志したという。『三《さん》祖行業記《そぎょうごうき》』には、

慈母の喪《も》に遇い、香火《こうか》の煙を観て、潜《ひそか》に世間の無常を悟り、深く求法《ぐほう》の大願を立つ。

（竹内、二二頁）

とある。実際、道元は後年、「我、初めてまさに無常によりて、聊《いささ》か道心を発《おこ》し」（『正法眼蔵随聞《ずいもん》

記《き》』五、『全集』第七巻、一二〇頁）というほか、無常を自らのこととして観ることの重要性をしばしば指摘している。

翌年春、わずか満八歳（数えで九歳）で『倶舎論《くしゃろん》』を読んだとも伝えている。おそらく、訓点のついたものを読んだのであろうが、それに用いられている術語を一つ一つ理解するだけでも大変であり、その議論の内容を精確に了解することは大人でもむずかしいものである。当時のことであるから、漢籍の勉強も早くしていたことはあり得ることである。実際、その前年、七歳にしてすでに『佐伝《さでん》』、『毛詩《もうし》』を読んでいたともいう。とはいうものの、道元が「唯識三年、倶舎八年」と言われる『倶舎論』をどこまで読めたのかは疑問である。要は、いかに頭脳明晰な神童であったかを伝えるものであろう。と同時に、仏典を真剣に学ぶようになったことが知られる。

その後、ついに建暦《けんりゃく》二年（一二一二）、仏道への憧憬やみがたく、比叡山のふもとにいた母方の兄弟の良顕を訪ね、出家への意思を伝えた。良顕は道元の意を理解し、比叡山の横川《よかわ》に送った。こうして、横川の般若谷《はんにゃだに》の千光房《せんこうぼう》に落ち着くことになる。その後、建保《けんぽう》元年（一二一三）四月、天台坐主《てんだいざす》・公円《こうえん》の下で出家・得度したのであった。

当時の比叡山の仏教は、安然《あんねん》や公慶《こうけい》らを経て、すっかり密教化し、かつ密教修行にかかる秘密裏の口伝《くでん》が重視され、伝法灌頂《でんぽうかんじょう》の法式も分派して、派閥争いが広がる様相を示していた。さらに僧兵が跋扈《ばっこ》するようにもなっていた。わずかに横川などに、源信《げんしん》や良忍《りょうにん》などが出て、念仏の道が真剣に追究されていた。そうした中で、法然《ほうねん》が山を下り、吉水に専修念仏《せんじゅねんぶつ》の道を開いたのは、承安《じょうあん》五年（一一七五）であった。法然と南都《なんと》・北嶺《ほくれい》の学匠らが議論した大原談義《おおはらだんぎ》は文治《ぶんじ》二年（一一八六）のことである。以後、法然の浄土教は、社会の各層に大きな影響を与えたのであった。

道元は出家後、叡山にて勉学に励んだことと思われる。主に密教であったと推測されるが、仏教全般を学修したことであろう。伝記（『三祖行業記』、『建撕記《けんぜいき》』）によれば、道元は「天台の宗風、南天の秘教、大乗小乗の義理、顕密の奥旨」で学ばないものはなかったという（竹内、三七頁）。南天の秘教とは、『梁塵秘抄《りょうじんひしょう》』にも、「龍樹菩薩《りゅうじゅぼさつ》はあはれなり　南天竺の鉄塔を　扉を開きて秘密教を　金剛薩埵《こんごうさった》に受けたまふ」と歌われた密教のことであることは言うまでもない。

そうした中、道元は早くも、

宗家《そうか》の大事、法門の大綱《たいこう》、本来本法性《ほっしょう》、天然自性身《じしょうしん》、此《こ》の理《り》顕密《けんみつ》の両宗にて落居せず、大いに疑滞あり。（古写本明州本『建撕記』。竹内、四一頁）

との根本的な疑問を持つに至った。また、今の『建撕記』には、道元はまず三井寺《みいでら》の公胤《こういん》に対して、「本自《もとよ》り法身法性《ほっしんほっしょう》の如《ごと》くんば、諸仏甚麼《なん》の為更《ためさら》に発心《ほっしん》して三菩提《さんぼだい》（＝阿耨多羅三藐三菩提《あのくたらさんみゃくさんぼだい》、無上正等覚《むじょうしょうとうがく》）の道を修行す」（同前）と質問したという。簡単にいえば、本来、仏であるなら、どうしてあらためて発心・修行したりするのか、という問いである。道元は、仏教の教義を広く学んで、結局、この問題の解明なしに仏道の意味が受け止められないと深く思うのであった。その疑問は、道元の全人格的な課題となり、いかにしてもこの問題を納得して了解せずにはいられなくなったのである。

そこで、ひたすらこの問題の解決に向けて、精力的に行動していくことになる。この頃、比叡山は、座主・公円が清水寺《きよみずでら》の帰属をめぐる興福寺《こうふくじ》との争いの問題の責任を取って辞職したり、三井寺（園城寺《おんじょうじ》）との争いの激化があったり等、荒廃への傾向があった。そうした中、道元は当時の碩学《せきがく》で顕密に通じ、のちに法然に帰依した園城寺の公胤を訪ねて（建保四年（一二一六）の頃か）、かの問題の解答を求めたりした。このとき公胤は、

此問所《このとうところ》、我輒《たやす》く答《こた》うべからず。吾《わが》宗家の、訓訣ありといえども、未だ其の義を尽さざるなり。我伝え聞く、大宋国に仏心印を伝える正宗あり。直《じき》に入宋して尋ぬべし。

（瑞長本『建撕記』。竹内、四三頁）

と答えたと伝えられている。

道元はこの言葉によって、おそらく宋に渡って禅を日本に伝えた栄西開創の建仁寺を訪ねたのであろう。というのも、道元の『宝慶記《ほうきょうき》』の冒頭に次のようにあるからである。

道元、幼年にして菩提心を発《おこ》し、本国に在りて道《どう》を諸師に訪《とぶら》い、聊《いささ》か因果の所由《しょゆう》を識れり。

然《しか》もかくのごとくなりといえども、いまだ仏・法・僧の実帰を明らめず、徒《いたず》らに名相《みょうそう》の懐《え》幖《ひょう》に滞《とどこお》れり。後に千光禅師の室に入り、初めて臨済の宗風を聞く。今、全法師《ぜんほっし》に随って、炎宋《えんそう》に入る。（『全集』第七巻、三頁）

千光禅師とは、栄西のことである。ただし、この一文は、後世の付加かと疑われている。栄西は建保《けんぽう》三年（一二一五）には、遷化《せんげ》しているためである。

しかし一方、道元は、「あまねく諸方をとぶらひ、終《つい》に山門を辞して、学道を修《しゅ》せしに」（『正法眼蔵随聞記』五、『全集』第七巻、一二〇頁）、「予《よ》、発心求法《ほっしんぐほう》よりこのかた、わが朝《ちょう》の遍方《へんぼう》に知識をとぶらひき。ちなみに建仁《けんにん》の全公《ぜんこう》をみる。……」（『弁道話《べんどうわ》』、『全集』第二巻、四六一頁）とあるので、諸方に善知識（師）を訪ねたその中で、栄西にも会ったことはあったのかもしれない。『弁道話』には、「ちなみに建仁の全公を見る。あひしたがふ霜華《そうか》、すみやかに九廻《くえ》をへたり」（同前）とあることから、明全《みょうぜん》の下に参じたのは、建保五年（一二一七）のことと考えられる。こうした事情からすれば、実際に建仁寺に入ったのは、栄西亡き後のことであった。

ちなみに道元は栄西に会った時、かねてからの疑問を呈したところ、栄西は「三世の諸仏、有ることを知らず、狸奴白牯《りぬびゃっこ》かえって有ることを知る」と答えた（竹内、四四頁）と伝えるが、真実かどうかは疑問視されている。

二　建仁寺から宋に渡る

ともあれ、建保五年八月、建仁寺に入り、栄西の弟子の明全（一一八四〜一二二五）に就いて禅の修行を始めるのであった。明全は、天台教学や律に詳しく、栄西に就いて臨済宗黄龍派の禅を受け継いでいた。この時、明全は三十四歳であったが、栄西亡き後、建仁寺の住持を受け継いでおり、それだけの器量は持ち合わせた人物であったのであろう。『弁道話』には、「全公は、祖師西和尚《さいおしょう》の上足《じょうそく》として、ひとり無上の仏法を正伝《しょうでん》せり、あへて余輩《よはい》のならぶべきにあらず」（『全集』第二巻、四六一頁）とある。道元は、明全の下で、参禅修行に真剣に努めたことであろう。

この間、承久の変が起こり（承久三年、一二二一）、北条泰時《ほうじょうやすとき》を総大将とした幕軍が官軍を圧倒し、後鳥羽上皇《ごとばじょうこう》は隠岐《おき》に、順徳上皇《じゅんとく》は佐渡《さど》に流され、土御門《つちみかど》上皇は自ら土佐《とさ》に移り、さらに阿波《あわ》に転じた。慈円《じえん》は延暦寺の座主を退き、明恵《みょうえ》は泰時に対し、三上皇の遠島配流を臣としてあるまじきことと叱責し、親鸞《しんらん》は念仏弾圧の後鳥羽上皇に代わって法然に帰依した後高倉院《ごたかくらいん》が上皇に迎えられた状況を喜んだ。明全はその後高倉院に、承久の変後、おそらくは同年八月ころに菩薩戒を授けている。その後、間もないころ（九月）、道元は明全に、円禅二戒をすべて伝授され、正式に明全の弟子となっている（師資証契の印可を受けた。竹内、五七頁）。

明全は栄西のように、中国に渡ってさらに禅の真髄を学びたいと思っていた。道元としても、その思いは禁じえなかった。そこで、入宋の準備を着々進めていた。ところが、貞応《じょうおう》二年（一二二三）になって、明全の本師・明融阿闍梨《みょうゆうあじゃり》が重篤な病気にかかり、明全に自分の看護と死後の弔いを慫慂するのであった。明全は弟子・法類《ほうるい》を集めて、このことにつき意見を求めたところ、みな入宋は来年に延期すべきだとのことであった。道元もまた、もはや悟りを自覚しているなら、中止でよいのではとの意見を述べた。しかし明全は最後に、人の死は避けられない、看護も一時の慰めだけであるから、「是によりて、出離得道の為に、一切無用也」と説き、「然《しかる》に、若《もし》、入唐求法の志を遂《とげ》て、一分の悟《さとり》をも、ひらきたらば、一人有漏《うろ》の迷情《めいじょう》にこそ、たがふとも、多人得道の縁となるべし。功徳若勝《くどくもしすぐ》れば、又師の恩報じつべし」等と述べて、入宋への固い覚悟を明かすのであった（以上、『正法眼蔵随聞記』六、『全集』第七巻、一四〇頁）。実際、この期を逃せば、宋に渡る船がいつ出るかも保証はなかった。こうして、貞応二年二月、明全は道元・廓然《かくねん》・亮照《りょうしょう》の門弟を伴って、建仁寺から博多に向かった。その後、三月下旬には、宋に向けて出港したのであった。船は日宋貿易のための商船である。

当時の航海はどのようであったのだろうか。奈良・平安時代の遣唐使の航海に比べると、技術もだいぶ進歩していたようではある。しかし道元の乗った船も、暴風雨に襲われ、あるいは道元自身、下痢に悩まされたりしたようである。『正法眼蔵随聞記』には、「我も当時《そのか》み、入宋《にっそう》の時《と》き、船中にして痢病《りびょう》をせしに、悪風出来《いできたっ》て、船中さわぎし時、病忘《わすれ》て止まりぬ」（六。同前、一四四頁）とある。これは、病のときも、いよいよ坐禅に集中したということである。こうして道元は、「航海万里、幻身を波濤に任せて」（『宝慶記』、『全集』第七巻、三頁）、明全とともに宋に渡るのであった。四月の初旬には、明州慶元府《けいげんふ》のとある岸辺に無事、着くことが出来た。

明全は、慶元府に到着後、ほどなく上陸して、五月には太白山天童景徳禅寺《たいはくさんてんどうけいとくぜんじ》に入って、修行生活を始めている。しかし道元は上陸を許されず、しばらくは船中にとどまらざるを得ないことになった。結局、上陸して天童山に入ったのは、七月のことである。こうして、再び明全とともに参禅弁道に励むこととなるのである。この船中にて過ごす間に、道元にとっては忘れられない貴重な体験を得ている。

阿育王山《あいくおうざん》の老典座《てんぞ》が、翌日五月五日の端午の節句に雲水に麺汁をふるまうためにそのための椎茸（だしを取るためか）を買いにきた。阿育王山からは、およそ二十キロの道のりであり、船まで歩いてきたという。道元は、この老典座と会話を交わし、さらに食事を供するので一夜、教えを請いたいと頼んだところ、老典座は、それは出来ない、明日の雲水らの供養は、私がしなければならないことだと、答えた。道元は、あなたがいなくとも、他の人もいるでしょうから大丈夫でしょう、と言うと、老典座は自分の役をどうして他の者にまかせられようか、と言う。道元は、坐禅したり、古人の語録などを学ぶのが大事なのに、どうして典座の仕事をそれほど重視されるのか、と言うと、老典座は、「外国の好人、いまだ弁道を了得せず、いまだ文字《もんじ》を知得せざることあり」と大笑いして答えた。そこで道元は思わず「慚驚心《ざんきょうしん》」を発しつつ、「如何《いか》にあらんかこれ文字、如何にあらんかこれ弁道」と問う。これに対し老典座は、「もし問処《もんじょ》を蹉過《さか》せずんば、あにその人にあらざらんや」と答えた。

道元はこの時、その意味をただちに了解することが出来なかった。その様子を見た老典座は、「もし未だ了得せずんば、他時後日、育王山に到れ、一番、文字の道理を商量し去ることあらん」と言うのであった。さらに老典座は、「日は晏《くれ》了《な》ん、忙《い》ぎ去なん」と言って帰って行ったのであった（『典座教訓《てんぞきょうくん》』、『全集』第六巻、一三～一五頁）。おそらく道元にとって、この老典座との出会いは、本場の禅の本領を響かせるものがあったであろう。またこれより後、道元は文字の何たるかについて、絶えず追究していったことであろう。後年、道元は、「山僧いささか文字を知り弁道を了ずることは、乃ち彼の典座の大恩なり」と述べている（同前、一五頁）。

太白山天童景徳禅寺、通称天童山は、宏智正覚《わんししょうがく》が僧堂等を新たに建立し、また栄西の師である虚庵懐敞《きあんえしょう》が重ねて整備した堂々とした大寺院で、五山の一つにも数えられていた。道元が入った当時の住持は、大慧宗杲《だいえそうこう》の法孫である無際了派《むさいりょうは》であった。その頃の宋の禅林でも、「一師の会《え》下《か》に、数百千人《すひゃくせんにん》の中に、実《まこと》の得道得法の人は、僅《わずか》、一二也」と道元は伝えている（『正法眼蔵随聞記』三、『全集』第七巻、九五頁）。しかし本場の禅堂生活の体験は、何物にも代えがたいものがあったであろう。

道元が天童山に入って間もないころ、あの老典座がやってきてくれるという出来事があった。道元は再会を踊らんばかりに喜び、かつての問題を再び取り上げて教えを請うのであった。老典座は、「文字を学ぶ者は、文字の故を知らんと為す、弁道を務むる者は、弁道の故を肯わんと要す」と言う。そこで道元はまた、「如何にあらんかこれ文字」と問うと、老典座は「一二三四五」と答えた。さらにたたみかけて、「如何にあらんかこれ弁道」と問うと、「偏界曽つて蔵さず」と答えるのであった。道元は、何か得たものがあったようである。後に道元は、「いよいよ知る、彼の典座はこれ真の道人なることを」と述懐している（『典座教訓』、『全集』第六巻、一五〜一七頁）。

また、夏になってある日、天童山の境内の仏殿の前で、ある老典座の者が、きのこ（苔）を日にさらしていた。強い日差しの中、汗がしたたり落ちるのもかまわず、黙々とその作務《さむ》に専念していた。あまりにも辛そうなので、道元は、その老典座に、誰かにやらせればよいではないかと言うと、老典座は「他はこれ吾れにあらず」と言う。それでも道元は、何もこんな暑い日中にしなくともよいのにと言うと、老典座は、「さらに何《いずれ》の時をか待たん」と言うのみであった（『典座教訓』、『全集』第六巻、一一〜一三頁）。この言葉に、道元は禅修行のあるべきあり方を、身に沁みて教えられたことであろう。

また、次の話も伝わっている。道元は当初、語録等の研鑽に力を入れていたらしい。しかしある雲水から、次のように質《ただ》されたという。

問我云《われにとうていわく》、（古人の語録を見て）なにの用ぞ。云《いわ》く、郷里に帰《かえっ》て人を化《け》せん。僧云《いわく》、なにの用ぞ。云《いわく》、利生《りしょう》の為《ため》也。僧云《いわく》、畢竟《ひっきょう》して何の用ぞ。

（『正法眼蔵随聞記』三、『全集』第七巻、九〇頁）

この詰問を受けて、道元は、只管打坐《しかんたざ》して大事を明らめることこそが大事であると深く了解して、以来、語録の研究は廃し、もっぱら坐禅の行に打ち込んだのであった。

なお、無際了派の会下で修行している間に、周囲の者の高配により、何回か本物の嗣書《ししょ》を見せてもらう機会を得た。道元の感激は、測り知れないほど深いものがあった。このいくつかの嗣書の閲覧は、道元に正法《しょうぼう》の水源とそのとうとうたる流れを深く自覚させたのであった。

三　如浄禅師の下での修行

道元が天童山で無際了派の下にいたのは、宋の嘉定《かてい》十七年（一二二四）の秋頃までで、その後は、さらに明眼《みょうげん》の師を求めて行脚《あんぎゃ》の旅に出ている。およそ半年強か、何人かの禅匠に相見しているが、しかし結局は意にかなった師を見つけることは出来なかった。そこで、おそらく帰国も視野に入れていたのであろう、明全に会いに天童山に向かうことにした。すでに無際了派が遷化《せんげ》したことは聞いていたが、その途次、天童山には、如浄が人物であるということを聞くことがあった。その如浄は、宝慶《ほうきょう》元年（一二二五）に新しい住持となっていた。

天童如浄は、曹洞宗の法を嗣ぎ、台州浙江省《せっこうしょう》の瑞巌寺《ずいがんじ》、杭州臨安府《こうしゅうりんあんふ》の浄慈寺《じんずじ》等の住持を経て、勅請により、天童山に住することになった人であり、三教一致説を退けてひとえに禅道仏法を重んじ、名利を顧みず、もっぱら古道の復興を目指す風があった。たとえば如浄は道元に対して、「尋常《よのつね》には、応に青山・渓水を観るべし。直《た》だ須《すべから》く古教照心すべし」と語っている(『宝慶記』、『全集』第七巻、一一頁)。そのほか、雲水らに対して、修行生活のありかたを厳しく律するようこと細かに求めるのであった。

道元が如浄に初めて相見したのはいつのことだったのか、必ずしも定かでない。しかし道元は一目あいまみえて、この師に就いて参禅修行しようと、決心できたのであろう。如浄に真摯に道を問い法を問うことの許しを請い、これに如浄は「元子が参問、今より已後《いご》、昼夜・時候に拘わらず、著衣袈衣《じゃくえしゃえ》、しかも方丈に来って道を問わんこと妨《さまた》げなし。老僧は親父の無礼を恕《ゆる》すに一如《いちにょ》せん」(同前、三頁)と伝えるのであった。

この言葉に、道元は感激もひとしおであったであろう。以後の修行が、ひときわ真剣なものになったことは言うまでもない。その頃の様子を、道元は後年、次のように述べている。『正法眼蔵随聞記』にある記述である。

我《われ》、大宋天童先師の会下《えか》にして、此《この》道理を聞《きい》て後、昼夜定坐《じょうざ》して、極《ごく》熱極寒には発病しつべしとて、諸僧、暫《しばら》く放下《ほうげ》しき。我《われ》、其時、自《みずから》思はく、直饒《たとい》発病して死《しぬ》べくとも、猶、只、是を修《しゅす》べし。不病《やまず》して修せずんば、此身労しても何の用ぞ。病《やまい》して死なば本意也。……修行して未契《いまだかなわざる》先《さ》きに死せば、好《よき》結縁として、生を仏家にも受《うく》べし。修行せずして、身を久《ひさし》く持《たもつ》ても、無詮也《せんなきなり》。何の用ぞ。……　（二。『全集』第七巻、七四頁）

こうして、道元は昼夜にわたって坐禅に打ち込むのであった。如浄は、「昼夜眠らず坐禅」する様子を認めて、「你は向後《きょうご》、必ず美妙の香気の世間に比《たくら》べなきものを聞かん。これ乃ち吉瑞なり。……直《じき》に須く頭燃《ずねん》を救《はら》うがごとく、坐禅弁道すべし」（『宝慶記』、『全集』第七巻、四五頁）と励ますのであった。

こうした指導を受けつつ、坐禅に専念していた道元に、ある時、悟道の時節が訪れた。『正法眼蔵』「面授《めんじゅ》」の巻には、「道元、大宋宝慶《ほうきょう》元年乙酉《いつゆう》五月一日、はじめて先師天童古仏を礼拝面授す。やや堂奥《どうおう》を聴許《ちょうこ》せらる。わづかに身心《しんじん》を脱落するに、面授を保任することありて、日本国に本来せり」（『正法眼蔵』「面授」、『全集』第二巻、六〇頁）とある。この面授は、最初の相見とは異なるであろう。同じ巻に、「大宋宝慶元年乙酉五月一日、道元、はじめて先師天童古仏を妙高台に焼香礼拝《しょうこうらいはい》す。先師古仏、はじめて道元をみる。そのとき、道元に指授面授するにいはく、仏仏祖祖面授の法門、現成《げんじょう》せり。……」（同前、五四～五五頁）ともあるほどのことである。このとき、「やや堂奥を聴許せらる」とあるのは、いつでも如浄に問法することが許されたことだとしても、道元の何らかの進境を認めてくれたということによるものであろう。それは、「わづかに身心を脱落するに」の故であり、この時、「面授」が実現し、これを保任して日本に帰ってきたということではなかろうか。

ともあれ、道元は如浄の下で一つの悟道を得たのである。ただし、『三祖行業記』、『建撕記』によれば、それは宝慶元年の夏安居《げあんご》の終わりに近い頃とされている。その記述を詳しく見ておくと、次のようである。今は、竹内道雄前掲書の記述（訳出）による。

ある日の早暁坐禅の時、如浄は巡堂指導の折り、一雲水が坐睡しているのを責めて、

参禅はすべからく身心脱落なるべし。只管《しかん》に打睡《たすい》して什麼《なに》を為すに堪へんや。

と大喝して警策を加えた。傍らにいて工夫に余念のなかった道元は、この言葉を聞いて豁然《かつねん》として大悟徹底し、円融無碍《えんにゆうむげ》なる妙境を証得し得たのであった。それは体験者のみの理解可能な人間精神の至高の境地であろう。道元は早晨、如浄の方丈に上って焼香礼拝した。如浄はその態度の尋常でないのを看破して、

焼香の事、作麼生《そもさん》。

と問うと、道元は、

身心脱落し来る。

と答えた。如浄はこれを聞いて、「身心脱落、脱落身心」と言い、さらに身心と脱落の一如なることを教示し、その体験的悟りを認めた。道元は「這箇《しやこ》は是れ暫時《ざんじ》の伎倆《ぎりよう》、和尚乱《みだり》に

某甲《それがし》を印すること莫《なか》れ」と謙虚に自らの心境の正当厳正な評価を乞うた。如浄が「吾乱に儞《なんじ》を印せず」と印可の真実なることを強調すると、道元はさらに「如何《いか》なるか、是れ乱に印せざるの底」と質問して印可《いんか》の真意を尋ねた。如浄は「脱落脱落」と答えて全面的に道元の悟境を認証したのである。

時に福州出身の広平という侍者が侍立して「細にあらざるなり。外国の人恁麼の大事を得たり」と讃嘆した。そこで道元は喜んで「幾回か這裏《しゃり》に拳頭を喫す。脱落の雍容《ようよう》は還って霹《へき》靂《れき》」と感想を述べた。

(『三祖行業記』、古写本『建撕記』参照。竹内、一四二〜一四三頁)

こうして、道元の悟道は、身心脱落と表現するのがもっとも親しいような体験であったことは間違いないであろう。道元は別に、『正法眼蔵』「仏祖《ぶっそ》」の巻に、「道元、大宋国宝慶元年乙酉夏《げ》安居《あんごじ》時、先師天童古仏大和尚に参侍して、この仏祖を礼拝頂戴《らいはいちょうだい》することを究尽《ぐうじん》せり。唯仏与仏《ゆいぶつよぶつ》なり」(『全集』第二巻、六八頁)とも述べている。このことから、少なくとも宝慶元年の夏安居時に、身心脱落の悟り体験を得たことは間違いない。ただ、それはいつの時かというと、種々議論もあるところではあるが、私は道元が五月一日を強調し、かつ「わづかに身心を脱落するに、面授を保任することありて」と記していることから、この面授時の直前にその事があったと見るべきだし、それで特に問題はないと思うのである。

道元の悟り体験が、五月一日だったとすると、如浄に就いて参禅するようになって、比較的早い時期に事が成就したことになる。それだけ道元の修行は、純一無雑のものであったのであろう。
『宝慶記』に拠る限り、如浄は身心脱落の語によって雲水らの坐禅修行を指導していたようである。如浄はあるとき、「参禅は身心脱落なり。焼香・礼拝《らいはい》・念仏・修懺《しゅさん》・看経《かんきん》を用いず。祇管《しかん》に打坐《たざ》するのみなり」と教えた。道元は、その身心脱落とは何かと聞くと、如浄は、「身心脱落とは坐禅なり。祇管に坐禅する時、五欲を離れ、五蓋を除くなり」と答えた（『全集』第七巻、一九頁）。五欲とは、財・色・飲食・名・睡眠への欲望であり、五蓋とは、貪欲《とんよく》・瞋恚《しんい》・睡眠《すいめん》・掉《じょう》悔《け》・疑《ぎ》の心の覆いのことである。別に、「祇管に打坐して功夫《くふう》を作《な》し、身心脱落し来るは、乃ち五蓋・五欲等を離るるの術なり。この外に、すべて別事無し」とも示している（同前、三七頁）。これらの指導に関して、「身心脱落とは何か」と質問することは、道元の身心脱落体験以後であっても、ありえないことではないと考える。いずれにしても、道元の『正法眼蔵』における記述を第一に尊重したいと私は思うのである（詮慧《せんね》の「聴書」でも、そう見ている。中世古祥道『道元禅師伝研究　正』、国書刊行会、一九九七年、二四一頁）。

ともあれこの夏安居の間、明全が五月二十七日に入寂してしまったことは、道元にとっても哀切きわまりないできごとであったはずである。その後のことか、道元は再び阿育王山広利禅寺《こうりぜんじ》を訪問し、釈尊以来、達磨《だるま》を経て中国の祖師方に到る三十三祖の絵を鑑賞している。また、天童山で法眼下の嗣書を閲覧する機会も得た。この年、九月十八日には、伝戒の儀式が行われ、「仏祖《ぶっそ》聖伝菩薩戒脈《しょうでんぼさつかいみゃく》」が授与された。

その後、いつの頃か、行脚に出かけ、観音菩薩の聖地とされる補陀落山《ふだらくせん》（浙江省定海県の東百五十里）にも行ったようである。やがて宝慶三年（一二二七）、如浄より嗣書を授けられた。それは帰朝の時期が間もないことを考慮してのことであったろう。道元は、釈尊以来、面々と相承されてきた仏法を継承したことを、如浄によって証明されたことになる。ある日、道元は如浄の室に入り、お暇《いとま》の辞を述べた。如浄は、「帰朝有らば、国王大臣に近づくこと莫れ。聚洛城邑《しゅうらくじょうゆう》に居せず、須らく深山窮谷に住すべし。……真箇の道人《どうにん》を撰取して以て伴と為せ。若し一箇半箇を接得することあらば、仏祖の恵命《えみょう》を嗣続し、古仏の家風を起す者なり」と諭すのであった（明州本『建撕記』、竹内、一五三頁。なお、『建撕記』の延宝本、訂補本によれば、道元は如浄より、芙蓉道楷《ふようどうかい》の法衣、洞山良价《とうざんりょうかい》の『宝鏡三昧《ほうきょうさんまい》』、『五位顕訣《ごいけんけつ》』および如浄自賛の頂相《ちんぞう》が授けられたとある。同前、一五四頁参照）。

ちなみに、帰朝の前日の夕刻、圜悟克勤《えんごこくごん》の『仏果碧巌集《ぶっかへきがんしゅう》』を入手し、書写しようとしたところ、これを白山権現《はくさんごんげん》が現れて助けてくれて、書写が完了できたという。その写本は、「一夜碧巌《いちゃへきがん》」と呼ばれ、今も金沢の大乗寺《だいじょうじ》にあるという。

在宋五年を経て、道元がいつ天童山を発ち、日本に帰ってきたのかは、明確でない。おそらくは、八月頃と考えられている。帰路の航海においても、途中、暴風に遇うなどしたが、船は無事、肥後の川尻に到着した。その後、大宰府を経て、京都に向かうのであった。

四　帰朝後、北越に入るまで

道元は、天童山で入寂した明全の遺骨を携えて、建仁寺に入った。日本の元号では、安貞《あんてい》元年（一二二七）の九月中旬までの頃と目されている。以後、二、三年は建仁寺に身を寄せていた。『弁道話』には、「大宋紹定《じょうてい》のはじめ、本郷《ほんきょう》にかへりし、すなはち弘法救生《ぐほうぐしょう》をおもひとせり、なほ重担をかたにおけるがごとし」（『全集』第二巻、四六一頁）とある。この年の末までには、『普《ふ》勧坐禅儀《かんざぜんぎ》』を著している。宋より持ち帰った真の禅を広く普及したいという赤心からのことであった。

しかし、純粋な禅仏法を伝道しようという道元に、建仁寺は必ずしも適合する場ではなかったであろう。道元の動向に比叡山は神経をとがらせ、圧迫を受けるようにもなっていた。また、建仁寺自体が、次第に俗化してきて、仏道修行の場とは言えないような状況にもなっていた。さらに、安貞元年（一二二七）、如浄が遷化しており、その訃報に接して師の世俗権力に近づくなとの教誨の言葉があらためてよみがえったということもあったかもしれない。結局、寛喜《かんぎ》二年（一二三〇）、建仁寺を出て、山城深草の安養院（極楽寺別院）に移るのであった。

やがて寛喜三年（一二三一）、いわば立宗宣言ともいうべき『弁道話』を著している。ここでもやはり、「宗門の正伝《しょうでん》にいはく、この単伝正直《しょうじき》の仏法は、最上のなかに最上なり。参見知識のはじめより、さらに焼香・礼拝《らいはい》・念仏・修懺《しゅさん》・看経《かんきん》をもちいず、ただし打座《たざ》して身心脱落《しんじんだつらく》することをえよ」(『全集』第二巻、四六二頁)と只管打坐のみの仏道を宣揚している。

その二年後、天福《てんぷく》元年(一二三三)、極楽寺址の仏殿等の改築により、観音導利院《かんのんどうりいん》を開創し、そこに移った。

この年、『正法眼蔵』七十五巻本の第一巻に置かれる「現成公案」の元になる法語(おそらくは漢文)が、鎮西《ちんぜい》の俗弟子に授与された。道元の周りには、次第に道俗の者が集まってくるようになり、翌年、文暦《ぶんりゃく》元年(一二三四)の冬、日本達磨宗に属していた孤雲懐奘《こうんえじょう》が正式に道元に入門し、道元は翌嘉禎《かてい》元年(一二三五)の八月には懐奘に仏祖正伝菩薩戒を授けた。懐奘は道元より二歳年上であったが、道元の遷化に到るまで、終始、侍者の役目を務め、『正法眼蔵随聞記』を著した。

道元はこの頃から興聖寺《こうしょうじ》に本格的な僧堂を建立することを企図し、広く寄進を募った。こうして坐禅のための道場が完成し、嘉禎二年(一二三六)十月十五日、僧堂の開単を祝す上堂《じょうどう》の説法を行った。なお、この時には次の印象的な説法がなされたと伝えられてきた。

山僧、叢林を歴ること多からず、ただこれ等閑《なおざり》に天童先師に見《まみ》えて、当下《とうげ》に眼横鼻直《がんのうびちょく》なることを認得《にんとく》して、人に瞞《まん》ぜられず、便乃《すなわ》ち空手にして郷《きょう》に還《かえ》る。所以《ゆえ》に一毫も仏法なく、任《にん》運《うん》に且《しばら》く時を延ぶ。朝朝《ちょうちょう》、日は東《ひんがし》より出で、夜夜《やや》、月は西に沈む。雲収《おさま》って山骨露《あらわ》れ、雨過ぎて四山低《ひく》し。畢竟如何《ひっきょういかん》。良久《りょうきゅう》して云く、三年には一閏《じゅん》に逢う、鶏は五更に向って啼く。
（『永平禅師語録』、『全集』第五巻、五七頁）

ただし、この説法の時期については、種々議論があるのが実情である（竹内、一九二～一九三頁）。道元はこの僧堂開単以後、この寺を観音導利院興聖宝林寺と命名した。無住一円《むじゅういちえん》（一二二七～一三一二）の『雑談集《ぞうたんしゅう》』には、「一向の禅院の儀式、時至って仏法房（道元）の上人、深草にて大唐の如く広床《こうしょう》の坐禅始めて行ず。其の時は坐禅めづらしき事にて、有信俗等拝し貴かりけり」（第八）とのある僧の言葉が伝えられているという（竹内、一九六頁）。

道元は僧堂の規矩《きく》の整備を図り、嘉禎三年（一二三七）には、『典座教訓《てんぞきょうくん》』を著している。また、延応《えんおう》元年（一二三九）には、『重雲堂式《じゅううんどうしき》』二十一箇条（興聖寺僧堂の規矩）を著した。その頃には、伽藍《がらん》も整備され、法堂も建立された。『正法眼蔵』の各巻の著述（示衆）も進み、延応元年から寛元《かんげん》元年（一二四三）の七月、越前に移るまでに、四十巻以上が成っている。また上堂の説法も、それまでに百二十回ほどを数えている。この頃、道元は禅を日本に広める使命感に燃えて、道俗双方を相手に、精力的に活動していた。なお、仁治《にんじ》二年（一二四一）春、日本達磨宗門下の越前波著寺《はじゃくじ》の懐鑒《えかん》が、門人の義介《ぎかい》・義尹《ぎいん》・義演《ぎえん》・義荐《ぎせん》・義運《ぎうん》らとともに、道元のもとに入門した。それには、懐弉の役割も大きかったことであろう。

仁治三年（一二四二）八月五日、『天童如浄禅師語録《てんどうにょじょうぜんじごろく》』が到着した。道元は、如浄がわざわざ道元を召して、「直《じき》に須く深山幽谷に居《こ》して、仏祖の聖胎《しょうたい》を長養すべし」（『宝慶記』、『全集』第七巻、一五頁）と教誨されたことを改めて思い起していたことであろう。しかしながら、当時の種々の状況において一つの考えもあったのであろう、この頃、『護国正法義《ごこくしょうぼうぎ》』を制作し、朝廷に奏聞《そうもん》している。だが、おそらく寛元元年（一二四三）に到って、この提議は却下されてしまう。背景に比叡山の意向もあったのかもしれない。このとき、奏聞が却下されたばかりでなく、興聖寺の破却、道元の洛外追放も決定されたのであった。こうした中、信徒の武士・波多野義重《はたのよししげ》が、ぜひ越前の自分の所領に来て、度生説法《どしょうせっぽう》の活動をしていただきたいとの懇請があり、道元は越前に赴くことにした。京の地を去ったのは、同年七月十六日頃と言われている。この結果、日本中に広く禅を普及することはかなわなくなったが、逆に本物の禅を受け継ぐ者を、一箇でも半箇でも育成しようと考えるのであった。

五　永平寺開創から遷化まで

道元は寛元元年（一二四三）の七月末、懐弉ら門下の修行僧とともに、越前山中の吉峰寺《よしみねでら》に入った。以後、『正法眼蔵』の多くの巻を著している。このおよそ一年の間にも、三十ほどの巻を著している。この間、特に出家至上主義に傾いていったことがうかがえる。

寛元二年（一二四四）には新たな法堂の建設が進められ、七月にはその堂宇が完成し、吉祥山大仏寺と命名された。のち、僧堂も建立された。寛元三年（一二四五）には、『弁道法』も制定された。この新たな禅林の環境において、道元は如浄より受け継いだ禅の理想的な具現を求めて、心新たに活動していくのであった。

寛元四年（一二四六）六月十五日、大仏寺を永平寺に改称した。いうまでもなく、永平とは中国に初めて仏教が公伝した永平十年（六七）の、年号に基づくものである。道元は、真の仏法を自分が日本に初めて伝え、ここに開演するとの気概を持していたのであろう。このとき、道元は『永平寺知事清規《えいへいじちじしんぎ》』を制定している。この永平寺改名以降は、『正法眼蔵』の撰述はほとんどなくなり（寛元四年九月の「出家」を最後とする）、もっぱら永平寺での正式な説法（上堂）が中心となっていく。漢語による説法は、禅僧として正式の道得（言葉）であり、道元は宋の禅院の流風をそっくり伝えようとしたのであろう。

永平寺では出家至上主義を打ち出すも、在俗で道元を敬慕する者が次第に増えている。もちろん、道元なりにその面の対応も怠らなかった。

宝治《ほうじ》元年（一二四七）八月、道元は鎌倉に向かった。『三祖行業記』『建撕記』では、前年三月、執権となった北条時頼《ほうじょうときより》の招請によると記している。その蔭には、道元を北越に呼んだ波多野義重らの関与もあったと想像されている。道元は以後、七か月ほど、鎌倉で道俗の教化に当たった。時頼は禅仏教に関心が強く、道元には菩薩戒を授けてもらっている。また、『傘松道詠《さんしょうどうえい》』には、時頼の依願によって詠んだという歌が十首納められている。なお、道元はこの地でも、相当多くの一般在俗の信徒に、男女を問わず、戒を授けている。

北条時頼は、道元を信頼し、堂々たる寺院を建立するので開山になってほしい旨を述べるも、道元はそれを断り、永平寺に戻ることにする。その間の事情は必ずしも定かではないが、やはり政治権力の中枢に関わることはためらわれたのであったろうか。宝治二年（一二四八）三月十三日には永平寺に帰り、翌日、上堂にて次のように述べた。

山僧、出で去る半年の余。なお孤輪の太虚に処《お》るがごとし。今日、山に帰れば雲、喜びの気あり。山を愛するの愛は初めよりも甚だし。　（『永平広録』三、『全集』第三巻、一六九頁）

ちなみに、道元には山をめぐる詩歌が少なからずある。たとえば次のようである。まず、漢詩で「山居《さんご》」と題する六首がある。

西来《せいらい》の祖道我 東《ひんがし》に伝う、月に釣《つ》り雲に耕《たがや》して古風を慕《した》う、世俗の紅塵《こうじん》飛《と》んで到《いた》らず、深《しん》
山《ざん》雪夜草庵の中《うち》。

夜座更《こう》闌《た》けて眠《ねむ》り未だ熟せず、情《まこと》に知る弁道は山林に可なることを、渓声《けいせい》耳に入り月 眼《まなこ》

に到る、此の外《ほか》更に何の用心をか須《もち》いん。

久しく人間に在って愛惜《あいじゃく》無し、文章筆硯既に抛《なげう》ち来る、花を看《み》鳥を聞くも風情少《ふぜいすくな》し、時《じ》人《じん》の不才を笑うに一任す。

三秋の気粛《きしゅく》清涼《せいりょう》の候《こう》、繊月《せんげつ》叢虫万感《ばんかん》の中《うち》、夜静《よしず》かに更闌《こうたけなわ》にして北斗を看れば、暁天将《ぎょうてんまさ》に東《ひんがし》を指すに到らんとす。

三間《さんかん》の茅屋《ぼうおく》既に風涼《ふうりょう》、鼻観《びかん》先ず参《さん》ず秋菊《しゅうきく》の香《こう》、鉄眼銅睛《てつげんどうせい》も誰か弁別せん、越州に九度《ここのたび》重陽《ちょうよう》を見る。

前楼後閣玲瓏《ぜんごこうかくれいろう》として起る、峰頂《ほうちょう》の浮図《ふと》六七層、月冷かに風高し箇《こ》の時節、衣は伝う半夜坐禅の僧。

(『永平元禅師語録』、『全集』第五巻、一一九頁)

次に、『道元禅師和歌集』から山の四季の風情を歌う和歌をいささか挙げておく。

隙《ひま》もなく雪はふれれり谷深み春きにけりと鶯ぞなく

(『全集』第七巻、一七四頁)

山のはのほのめくよひの月影に光もうすくとぶほたるかな　(同前、一七九頁)

山深み峯にも谷も声たてて今日もくれぬと日暮《ひぐらし》ぞなく　(同前、一六四頁)

都には紅葉しぬらん奥山の今夜《こよい》もけさも霰《あられ》ふりけり　(同前、一六九頁)

道元の帰山後、北条時頼は道元をあきらめきれず、永平寺のための所領を寄進することを申し出たようである。しかし道元はこれも断っている。以後、道元は越前山中において、もっぱら一箇半箇の育成に専念していくことになる。永平寺の運営にも細心の注意を払い、宝治三年(一二四九)正月には「吉祥山《きちじょうざん》永平寺衆寮箴規《しゅりょうしんぎ》」を制定し、古来の具足戒にも似た、きわめて詳細な行動指針を発している。要は、世間的な事柄をきっぱり断念し、無駄な時間を過ごさぬよう、修道に専心せよというのである。さらに十月には、「永平寺住侶心得《じゅうりょこころえ》九箇条」を制定した。これは、永平寺の住侶に対し、世俗の職務等に駆り出されることを、一切、禁止したものである。なお、『建撕記《けんぜいき》』には、これに先立ち九月には、「国王の宣命を蒙ると雖も、また誓って当山を出でず」、「尽未来際、吉祥山を離れざる」ことを誓ったとある(竹内、二六〇頁)。

この間、道元は六、七日に一回の割合で、上堂説法を行い、その他、日常においても雲水らを叱咤激励してやまなかった。僧堂の規矩としては、大仏寺以来、『弁道法』が発せられていたが、それは永平寺時代に整備もされたことであろう。その中の一節に、つぎのようにある。

仏仏祖祖、道にありて弁ず、道に非ずしては弁ぜず。法あれば生ず、法なければ生ぜず。所以に大衆もし坐すれば衆に随って坐し、大衆もし臥せば衆に随って臥す。動静大衆《どうじょうだいしゅ》に一如し、死生叢林《ししょうそうりん》を離れず。群を抜けて益無く、衆に違するは未だ儀ならず。これは仏祖の皮肉骨髄なり。また乃ち自己の脱落身心なり。然あれば則ち空劫已前の修証なり、現成に拘わることなし、朕兆已前《ちんちょういぜん》の公案なり、いまだ大悟を待たず。（『全集』第六巻、二七頁）

この『弁道法』は、今日も用いられているそうである。

こうして道元は世俗との縁を遮断しつつ、厳しい環境の中で、厳格な規律をもって雲水らの指導に専念するのであった。なお、建長《けんちょう》二年（一二五〇）、波多野氏が一切経を書写させて永平寺に供養した。このことは、『正法眼蔵』十二巻本に経論の引用が多くなされていることと、無関係ではないようである。一方、『正法眼蔵』百巻の完成を目指して、以前の『正法眼蔵』の各稿の手入れ等も並行して行っていたようである。

それが三、四年続いたころ、建長四年（一二五二）秋、体調がすぐれなくなっていく。先の短いことを自覚していたのか、同年暮から翌年にかけて、『遺教経《ゆいきょうぎょう》』をふまえ『正法眼蔵』「八大《はちだい》人覚《にんかく》」を示した。「八大人覚」とは、「少欲《しょうよく》・知足《ちそく》・楽寂静《ぎょうじゃくじょう》・勤精進《ごんしょうじん》・不忘念《ふもうねん》・修禅定《しゅぜんじょう》・修智《しゅち》慧《え》・不戯論《ふけろん》」を持《たも》つべきことを説くものである。道元はこの結びに、「仏法にあふたてまつること、無量劫にかたし。人身《にんしん》をうること、またかたし」等と述べ、「いま習学して生生《しょうしょう》に増長し、かならず無上菩提にいたり、衆生のためにこれをとかむこと、釈迦牟尼仏にひとしくして、ことなることなからむ」と説示している（『全集』第二巻、四五七頁）。懐弉はこの奥書に、「既に始草の御此《おんこ》の巻は、第十二に当るなり。此の後《のち》、御病漸漸《おんやまいぜんぜん》に重増《じゅうぞう》す。仍《よ》って御草案等の事、即ち止むなり。所以《ゆえ》に此の御草《ごそう》等は、先師最後の教勅なり。我等《われら》不幸にも一百巻の御草を拝見せざることは、尤も恨むる所なり。若し、先師を恋慕し奉らん人は、必ず此の十二の巻を書して、之れを護持すべし。此れは、釈尊最後の教勅にして、且《か》つ先師最後の遺教《ゆいきょう》なり」（同前、四五八頁）と記すのであった。

建長五年（一二五三）の夏には、病状もだいぶ進んできたようである。七月十四日には、住持職を懐弉に譲っている。その後、大檀那の波多野義重のたび重なる勧めに従い、八月五日、懐弉を伴い永平寺を出て京都に向かった。同月中旬には、京都の高辻西洞院の俗弟子・覚念の邸宅に入った。名医の治療を受けるも効無く、死を覚悟した道元は、『法華経《ほけきょう》』「如来神力品《にょらいじんりきほん》」の次の一節、

（若しくは経巻所住の処ならば、）若しくは園の中においても、若しくは林の中においても、

若しくは樹下においても、若しくは僧房においても、若しくは白衣の舎にても、若しくは殿堂に在りても、若しくは山・谷・曠野にても、この中に皆な応に塔を起てて供養すべし。所以は何ん。当に知るべし、この処は即ちこれ道場にして、諸仏はここにおいて阿耨多羅三《あのくたらさん》藐三菩提《みゃくさんぼだい》を得、諸仏はここにおいて、法輪を転じ、諸仏はここにおいて、般涅槃《はつねはん》す。

（『法華経』下、岩波文庫、一六〇頁の訓みによる。『建撕記』に所収。竹内、二七五頁）

を経行《きんひん》しつつ低声に誦し、終わると面前の柱に書きつけ、「妙法蓮華経庵」と書き添えたという。

同月八月二十八日夜半、遂に遷化した。遺偈は、次のようであった。

五十四年　第一天を照らす
箇の踍跳《ぼっちょう》を打して　大千を触破す
咦《いい》
渾身覓《もと》むる無く　活きながら黄泉に陥つ

（『全集』第七巻、三〇七頁）

第二章　道元の生死観

はじめに――仏教の根本問題

道元は、『正法眼蔵』「諸悪莫作《しょあくまくさ》」の巻に、次のように記している。

そのゆえは、生《しょう》をあきらめ、死をあきらむるは、仏家《ぶっけ》一大事の因縁なり。

（『全集』第一巻、三五一頁）

このように、生死の問題を追究・究明することは、仏教徒にとっての最重要の問題だと道元が示していることを、忘れることは出来ない。

実際、仏教という宗教は、生・老・病・死の根本的な苦しみから、いかに解脱《げだつ》するかを問題とする宗教である。とりわけ、死をめぐる問題は、人間にとって、否、自己にとって、人生における最大の問題であろう。死後、無に帰してしまうのか、あるいはどこか苦しみに満ちた世界に再生するのか、すべてが不可知のことであり、この問題の解決は容易ならぬものがある。仏教は、この問題にさまざまな仕方で解答を用意していることは事実である。それにはたとえば、浄土《じょうど》往《おう》生《じょう》の救いや即身成仏《そくしんじょうぶつ》の救いなどがある。

そうした中、特に禅宗では、即今・此処においての生死《しょうじ》透脱《とうだつ》の道を示してきたのであった。関《かん》山《ざん》禅師は、「我が這裡《しゃり》に生死無し」（『延宝伝灯録《えんぽうでんとうろく》』、『本朝高僧伝《ほんちょうこうそうでん》』。「慧玄が会裏《えり》に生死無し」『正法《しょうぼう》山六祖伝《さんろくそでん》』）と言ったという。禅僧の明らかな眼に映る自己本来の面目には、そもそも生も死もないことが自覚されていた。ここには、死に相対する生を永遠に延長して死の問題を解決するのではなく、この自己に即して生・死以前の何ものか（不生・不死の自己）に契当することで、その解決を得るのであった。こうした禅宗の特徴から、坐《ざ》脱《だつ》・立亡《りゅうぼう》（坐ったまま死ぬ・立ったまま死ぬ）は、禅僧のお家芸とも言われるほどである。

参考までに、生死の問題にかかる公案を掲げてみよう。そこには、禅宗で生死の問題をどのように解決するのか、その独特な立場がうかがえよう。『無門関《むもんかん》』第四十七則（『葛藤集《かっとうしゅう》』第七則）の、「兜率三関《とそつさんかん》」という公案である。

兜率の悦和尚、三関を設けて学者に問う、
撥草参玄《はっそうさんげん》は只だ見性《けんしょう》を図る。即今《そっこん》上人の性、甚《なん》の処にか在る。

自性を識得すれば、方《まさ》に生死を脱す。眼光落つる時、作麼生《そもさん》か脱せん。生死を脱得すれば、便ち去処《こしょ》を知る。四大分離して、甚の処に向かってか去る。

兜率和尚は、三つの関門を設けて修行者に問うた、諸国を行脚《あんぎゃ》して名師を訪ねるのは、ただ見性を目的とする。ただ今あなたの本性はどこにあるか。

自己の本性を悟れたら、今こそ生死を解脱することができる。死に臨んでどう生死を解脱するか。

生死を解脱することができたら、ただちに行く場所が分かる。肉体を構成する四つの要素（地大・水大・火大・風大）がばらばらになって死んだらどこに行くか。

（『禅宗語録漢文入門』、秋月龍珉著作集十四、三一書房、一九八〇年、九八頁、一五九〜一六〇頁）

では、「生をあきらめ、死をあきらむるは、仏家一大事の因縁なり」と語る道元は、この問題についてどのように説いているのであろうか。以下、このことについて、少しく尋ねてみたいと思う。

一　観無常の重要性

道元は、自己の生死の問題に真剣に取り組むべきことを、修行僧に、ひいては人々に強く訴えている。『正法眼蔵随聞記《ずいもんき》』には、そうした言葉をしばしば見ることができる。たとえば次のようである。

示云《じにいわく》、無常迅速《むじょうじんそく》也、生死《しょうじ》事大《じだい》也。暫《しばらく》、存命《ぞんみょう》の間《あいだ》、業を修《しゅ》し、学を好《このまん》には、只、仏道を行《ぎょう》じ、仏法を学すべき也。（二。『全集』第七巻、七二頁）

この言葉に解説は何も要らないであろう。

また、次の言葉がある。

又、発此志《このこころざしをおこさば》、只、可思世間無常也《せけんのむじょうをおもうべきなり》。此言《このことば》、又、只、仮令《けりょう》に観法《かんぽう》なんどに、すべき事に非《あら》ず。又、無事《なきこと》を造《つくっ》て、思ふべき事にも非ず。真実に、眼前の道理也。人のをしむ聖教文証道理《しょうぎょうのもんしょうどうりの》を待つべからず。朝《あした》に生《しょう》じて、夕《ゆうべ》に死し、昨日見《きのうみし》人、今日《きょう》無き事、遮眼《まなこにさえぎり》、近耳《みみにちかし》。是《これ》は、他の上にて、見聞《みきき》する事也。我身《わがみ》にひきあてて、道理を思ふ事を。

直饒《たとい》、七旬八旬に、命を期《ご》すべくとも、遂に可死《しすべき》道理有らば、其《その》間の楽《たのし》み悲《かなし》み、恩愛怨敵《おんないおんてき》を思ひとけば、何《い》かにてもすごしてん。只、仏道を思《おもう》て、衆生の楽を求むべし。況や、我れ年《とし》長大せる人、半《なかば》に過《すぎ》ぬる人、余年幾《いくばく》なれば、学道ゆるくすべき。

（三。『全集』第七巻、九五〜九六頁）

「真実に、眼前の道理」である人の死を、自分の事と考え、多少長く生きようともついには死んでしまう自分であることを思って、年寄であればあるほど残された時間は少ないのだから、真剣に学道に努めるべきだという。なかなかに厳しい言葉である。

同じ趣旨が、次の説示ではより明確に述べられている。

夜話云《やわにいわく》、学人は、必《かならず》しも可死《しぬべきことを》、可思《おもうべし》。道理は勿論なれども、たとへば、其言《そのことば》、不思《おもわずとも》、しばらく先づ光陰を、徒《いたずら》にすぐさじと思ふて、無用の事をなして、徒《いたずら》に時をすぐさで、詮《せん》ある事をなして、時をすぐすべき也。其のなすべき事の中《なか》に、又、一切《いっさい》の事、いづれか一切なると云《いう》に、仏祖の行履《あんり》の外は、皆、無用也と可知《しるべし》。

（三。同前、九七頁）

必しものしもは強めである。自分自身が、必ずや死ぬべき存在であることを自覚すれば、もっとも大切な仏道に取り組むべきであり、自己の死を前にして、他に何が必要でありえようかと、我々に人生の大事をつきつけている。

さらに、次の言葉もある。

又云《いわく》、俗の云《いわく》、我《わ》れ金《こがね》を売れども、人の買《かう》こと無《なけ》れば也。仏祖の道も如是《かくのごとし》。道を惜《おし》むに非ず。常に与《あたうれ》ども人の得ざる也。道を得ることは、根《こん》の利鈍には依らず。人々皆《みな》法を悟るべき也。只精進《しょうじん》と懈怠《けたい》とによりて、得道の遅速あり。進怠の不同は、志の到《いた》ると到《いたら》ざると也。志の到《いたら》ざることは、無常を思はざるに依《よる》なり。念々に死去す。畢竟暫くも止らず。暫くも存《ぞん》ぜる間《あいだ》、時光《じこう》を虚《むなしく》すごすこと無《なか》れ。（一。同前、五九頁）

生死の問題の解決は、言い換えれば得道《とくどう》のこと（悟りを得ること）と言いうるが、その遅速は、精進《しょうじん》と懈怠《けたい》とによるという。精進の原動力は志の深さであるが、それは無常ということを見つめることに極まるという。別の法語に、「一日、示云《じにいわく》、人の鈍根と云《いわ》は、志の不到《いたらざる》時の事也」（三。同前、九八頁）ともある。また、

此道理、真実なれば、仏も是《これ》を衆生の為に説き、祖師の普説法語《ふせつぽうご》にも、此《この》道理をのみ説く。今の上堂請益《しんえき》等にも、無常迅速《むじょうじんそく》、生死事大《しょうじじだい》を云《いう》也。返々《かえすがえす》も、此《この》道理を、心に忘れずして、只、今日今《こんにちこん》時許《じばかり》と思《おもう》て、時光を失はず、学道に心を入《い》る可《べき》也。其後《そののちは》、真実に易《やす》き也。性《しょう》の

上下、根《こんの》利鈍、全く不可論《ろんずべからず》。（三。同前、九六頁）

ともある。一つ前の言葉の最後に、「念念に死去す。畢竟暫くも止らず。暫くも存ぜる間、時光を虚すごすこと無れ」とは、道元が修行僧に、さらには我々に、常々呼びかけている言葉に違いない。

なお、『正法眼蔵』でも、無常の深い認識を経て発菩提心すべきことがいくつか説かれている。「渓声山色《けいせいさんしょく》」の巻には、次のようにある。

……あはれむべし、かなしむべし、この光陰をおしまず、むなしく黒暗業《くろあんごう》に売買《まいまい》すること。いづれのときかこれ出離得道の期《ご》ならん。……あはれむべし、宝山に生まれながら宝財をしらず、宝財をみず、いはんや法財をえんや。もし菩提心をおこしてのち、六趣《ろくしゅ》四生《ししょう》に輪転《りんでん》すといへども、その輪転の因縁、みな菩提の行願となるなり。しかあれば、従来の光陰はたとひむなしくすごすといふとも、今生《こんじょう》のいまだすぎざるあひだに、いそぎて発願《ほつがん》すべし。

（『全集』第一巻、二七八〜二七九頁）

光陰を惜しむのであれば、はやく仏道に発願すべきである。そうでなければ、いつまでたっても問題の解決はありえない、というのである。
さらに、「恁麼《いんも》」の巻には、無常の世の実相等が懇切に説かれている。

身《み》すでにわたくしにあらず、いのちは光陰にうつされてしばらくもとどめがたし。紅顔いづくへかさりにし、たづねんとするに蹤跡《しょうせき》なし。つらつら観ずるところに、往事《おうじ》のふたたびあふべからざるおほし。赤心《せきしん》もとどまらず、片片として往来す。たとひまことありといふとも、吾我《ごが》のほとりにとどこほるものにあらず。恁麼《いんも》なるに、無端に発心《ほっしん》するものあり。この心《しん》おこるより、向来《こうらい》もてあそぶところをなげすてて、所未聞《しょみもん》をきかんとねがひ、所未証《しょみしょう》を証せんともとむる、ひとへに私の所為《しょい》にあらず。しるべし、恁麼人《にん》なるゆえに、しかあるなり。……

(同前、二〇四頁)

以上のように、道元は、眼前の事実としての無常ということの深い認識、そして自己自身がついには死すべきことの真剣な凝視を通じて、自分の人生に何が大事なのかを見究め、ただ仏道に専念すべきだと諭すのであった。もちろん、道元の仏道は、只管打坐《しかんたざ》以外にはありえなかった。

二　身・心と生死の問題

数ある宗教の宗派・教団の中、場合によっては、信仰することにより、死んだ時には肉体はほろびるも、魂は神の国で永遠の生が得られる、といった教えを説くことが見られる。その再生においては、また新たな身体を得るのか、魂だけが生き続けるのか、その辺はいくつかの多様な見方があるであろう。

これに対して道元は、死後、肉体はほろんでも心の本体は常住であるという考え方を、はっきり否定している。そのような考え方は、仏教の考え方ではなく、外道の考え方だというのである。やや長くなるが、『弁道話《べんどうわ》』のそのことを懇切に説くところを以下に掲げてみよう。

とふていはく、あるがいはく、生死《しょうじ》をなげくことなかれ、生死を出離するに、いとすみやかなるみちあり、いはゆる心性《しんしょう》の常住《じょうじゅう》なることわりをしるなり。そのむねたらく、この身体は、すでに生《しょう》あればかならず滅《めつ》にうつされゆくことありとも、この心性は、あへて滅する事なし。よく、生滅《しょうめつ》にうつされぬ心性わが身《み》にあることをしりぬれば、これを本来の性《しょう》とするがゆえに、身《み》はこれかりのすがたなり、死此生彼《しししょうひ》さだまりなし。心《こころ》はこれ常住なり、去《こ》・来《らい》・現在《げんざい》かはるべからず。かくのごとくしるを、生死をはなれたりとはいふなり。このむねをしるものは、従来の生死ながくたえて、この身、をはるとき、性海にいる。性海《しょうかい》に朝宗《ちょうそう》するとき、諸仏如来のごとく、妙徳、まさにそなはる。いまはたとひしるといへども、前世の妄業《もうごう》になされたる身体なるがゆえに、諸聖《しょしょう》とひとしからず。いまだこのむねをしらざるものは、ひさしく生死にめぐるべし。しかあればすなはち、ただいそぎて心性の常住なるむねを了知すべし。いたづらに閑坐《かんざ》して一生をすぐさん、なにのまつところかあらむ。かくのごとくいふむね、これはまことに諸仏諸祖の道《どう》にかなへりや、いかむ。

しめしていはく、いまいふところの見《けん》、またく仏法にあらず、先尼外道《せんにげどう》が見《けん》なり。いはく、かの外道の見は、わが身《み》、うちにひとつの霊知《れいち》あり、かの知、すなはち縁にあふところに、よく好悪《こうあく》をわきまへ、是非《ぜひ》をわきまふ、痛痒《つうよう》をしり、苦楽をしる、みなかの霊知のちからなり。しかあるに、かの霊性《れいしょう》は、この身の滅するとき、もぬけてかしこにむまるるゆえに、ここに滅すとみゆれども、かしこの生《しょう》あれば、ながく滅せずして常住なり、といふなり。かの外道が見、かくのごとし。（『全集』第二巻、四七二〜四七三頁）

ここでは、身すなわち現象と心性すなわち本体の二元論の説が紹介されており、霊知の働きを発揮する心性の本体は常住で、そのことを自覚すれば、簡単に生死の問題を超えられるとの主張が紹介されている。しかし道元は、このような見方はまったく仏法ではないと、口をきわめて痛罵している。今の文に続いて、道元は「いま心常相滅《しんじょうそうめつ》の邪見を計《け》して、諸仏の妙法にひとしめ、生死の本因をおこして、生死をはなれたりとおもはん、おろかなるにあらずや。もともあはれむべし。ただこれ、外道の邪見なりとしれ、みみにふるべからず」（同前、四七三頁）とあるようである。邪見を計して解脱したと思っているのでは、いかにもおろかで憐れむべきことだという。

最後には、「みみにふるべからず」とまでいうのである。

同じことだが、『正法眼蔵』「即心是仏《そくしんぜぶつ》」の巻では、次のように示している。

外道のたぐひとなるといふは、西天竺国《さいてんじくこく》に外道あり、先尼《せんに》となづく。かれが見処のいはくは、大道はわれらがいまの身にあり、そのていたらくは、たやすくしりぬべし。いはゆる、苦楽をわきまへ、冷煖《れいだん》を自知し、痛癢《つうよう》を了知す。万物にさへられず、諸境にかかはれず。物《もつ》は去来し、境《きょう》は生滅すれども、霊知《れいち》はつねにありて不変なり。この霊知、ひろく周遍せり。凡聖含霊《ぼんしょうがんれい》の隔異《きゃくい》なし。そのなかに、しばらく妄法の空華《くうげ》ありといへども、一念相応の智慧《ちえ》あらはれぬれば、物も亡《ぼう》じ、境も滅しぬれば、霊知本性《ほんしょう》ひとり了了として鎮常《ちんじょう》なり。たとひ身相はやぶれぬれども、霊知はやぶれずしていづるなり。たとへば人舎《にんしゃ》の、失火にやくるに、舎主いでてさるがごとし。昭昭霊霊《りょうりょう》としてある、これを覚者・智者の性《しょう》といふ。これをほとけともいひ、さとりとも称す。自他おなじく具足し、迷悟ともに通達せり。万法・諸境ともかくもあれ、霊知は境とともならず、物とおなじからず、歴劫《りゃくこう》に常住なり。いま現在せる諸境も、霊知の所在によらば、真実といひぬべし。本性より縁起《えんぎ》せるゆえには実法なり。たとひしかありとも、霊知のごとくに常住ならず、存没《ぞんもつ》するがゆえに。明暗にかかはれず、霊知するがゆえに。これを霊知といふ。また真我と称し、覚元といひ、本性と称し、本体と称す。かくのごとくの本性をさとるを、常住にかへりぬるといひ、帰真の大士といふ。

これよりのちは、さらに生死に流転せず、不生不滅の性海《しょうかい》に証入するなり。このほかは真実にあらず。この性《しょう》あらはさざるほど、三界六道は競起《きょうき》するといふなり。これすなわち先尼外道が見なり。

（『全集』第一巻、五三〜五四頁）

前の『弁道話』の説を、いくらか補強したものとなっていよう。存没する現象にかかわらない、しかし霊知のはたらきを発揮する、常住の本性、実我、覚元があるとする説を紹介する。この本性を覚れば、「さらに生死に流転せず、不生不滅の性海に証入する」のだという。一方、これを覚らなければ、次から次へと生死輪廻《しょうじりんね》してやまないことになる、という。しかしながら、それはけっして仏教の見方ではない、それは先尼外道の見解だとするのである。

では、仏教ではこの辺のことについて、どのように考えているのであろうか。道元は、次のように説いている。『弁道話』の説である。やや長くなるが、つぶさに引いておこう。

ことやむことをえず、いまなほあはれみをたれて、なんぢが邪見をすくはば、しるべし、仏法には、もとより身心一如《しんじんいちにょ》にして、性相不二《しょうそうふに》なりと談ずる、西天東地おなじくしれるところ、あへてたがふべからず。いはむや、常住を談ずる門には、万法みな常住なり、身《み》と心《こころ》とをわくことなし、寂滅《じゃくめつ》を談ずる門には、諸法みな寂滅なり、性と相とをわくことなし。しかあるを、なんぞ身滅心常《しんめつしんじょう》といはむ、正理《しょうり》にそむかざらむや。しかのみならず、生死《しょうじ》はすなはち涅槃《ねはん》なり、と覚了《かくりょう》すべし。いまだ生死《しょうじ》のほかに涅槃《ねはん》を談ずることなし。いはむや、心《こころ》は身《み》を離れて常住なりと領解《りょうげ》するをもて、生死をはなれたる仏智《ぶっち》に妄計《もうけ》すといふとも、この領解《りょうげ》・知覚《ちかく》の心は、すなはちなほ生滅《しょうめつ》して、またく常住ならず、これ、はかなきにあらずや。

嘗観《しょうかん》すべし、身心一如《しんじんいちにょ》のむねは、仏法のつねの談ずるところなり。しかあるに、なんぞこの身《み》の生滅せんとき、心《こころ》ひとり身《み》をはなれて生滅せざらむ。もし、一如なるときあり、一如ならぬときあらば、仏説おのづから虚妄《こもう》になりぬべし。又《また》、生死はのぞくべき法ぞとおもへるは、仏法をいとふつみとなる。つつしまざらむや。

しるべし、仏法に心性大総相《しんしょうだいそうそう》の法門といふは、一大法界《いちだいほっかい》をこめて、性相《しょうそう》をわかず、生滅をいふことなし。菩提《ぼだい》・涅槃《ねはん》におよぶまで、心性にあらざるなし。一切諸法・万像森羅《まんぞうしんら》、ともにただこれ一心にして、こめずかねざることなし。このもろもろの法門、みな平等一心なり。あへて異違《いい》なしと談ずる、これすなはち仏家《ぶっけ》の心性をしれる様子《ようす》なり。しかあるを、この一法《いっぽう》に身《しん》と心《しん》とを分別《ぶんべつ》し、生死《しょうじ》と涅槃《ねはん》とをわくことあらむや。すでに仏子《ぶっし》なり、外道の見をかたる狂人《きょうじん》のしたのひびきを、みみにふるることなかれ。

(『全集』第二巻、四七三～四七四頁)

ここに、仏教ではあくまでも身心一如であり、性相不二であるという。ゆえに身心を滅したとき、涅槃が実現するわけでもない。生死を滅して涅槃が実現するのではなく、生死のただなかに涅槃がみいだされることになる。したがって、生死を厭うて涅槃を求めるのはあやまりである。まさに「この生死《しょうじ》は、即《すなわ》ち仏の御《おん》いのちなり」(「生死」、『全集』第二巻、五二九頁)なのである。こうして、またしても身と心(本性)、生死と涅槃の二元論を、外道の見とし、「狂人のしたのひびきを、みみにふるることなかれ」とまで激しく非難している。

ちなみに、新草「深信因果《じんしんいんが》」の巻にも、「もし衆生死して性海《しょうかい》に帰し、大我《たいが》に帰す、といふは、ともにこれ外道の見《けん》なり」(同前、三九三頁)等とある。

なるほど仏教では、性相不二《しょうそうふに》で、相(現象)を離れた性(本性)はなく、性を離れた相はないであろう。では、人が死んだとき、この事態はどのように考えられるべきなのであろうか。心性の常住を語るのは、常見《じょうけん》という邪見にほかならないであろう。しかし死後すべてが滅するという見方も、断見《だんけん》として同じく邪見とされたのではないか。かといって、現象は消えても本性は残るという見方はできない。では、人の死後は、どういうことになるのだろうか。まして三時業《さんじごう》(行為=業の結果が、今生・来世・その後に現れるという見方。順に順現法受業・順次生受業・順後次受業という。新草に「三時業」の巻あり)を説く道元は、このことをどのようにとらえていたのであろうか。

仏教においては、人の死はその個人の滅尽であるわけではない。個人の存在を、物質的・心理的諸要素である五蘊《ごうん》（色《しき》・受《じゅ》・想《そう》・行《ぎょう》・識《しき》）の和合体と見るとして、それは生死輪廻の間、生有《しょうう》↓本有《ほんぬ》↓死有《しう》↓中有《ちゅうう》↓生有↓……と、四有のあり方を繰り返すとされている。生有と死有とは、それぞれその一刹那《せつな》の五蘊である。生有と死有の間の本有は、その人の生涯である。死有と生有の間の中有における五蘊の中、色蘊はそれまでの業により次に生まれることが決定している世界の生き物の身体を有しているという。やはり五蘊は続いていくのである。この立場からすれば、身が死によって無くなることもなく、身心はいわば形を変えて相続されていくことになる。その間、身心と本性とは不二であり続けていくわけである。

道元がそう見ていたのかどうかは、必ずしも明白ではない。しかし業に基づく生死輪廻があることを説く以上は、こうした見方に立つほかないであろう。参考までに、新草の「発菩提心《ほつぼだいしん》」においては、刹那滅（刹那刹那、生滅を繰り返すこと）を説きつつ、「もし如来の道力によるときは、衆生また三千界をみる。おほよそ本有より中有にいたり、中有より当本有（未来の本有）にいたる、みな一刹那・一刹那にうつりゆくなり。かくのごとくして、わがこころにあらず、業にひかれて流転生死すること、一刹那もとどまらざるなり。かくのごとく流転生死する身心をもて、たちまちに自未得度先度他《じみとくどせんどた》の菩提心をおこすべきなり」とあることを紹介しておこう。

三　生死に対する正しい見方

人の死後もその個体の相続はありえて、常に性相不二だとしても、いま・ここの身に、生死即涅槃の事実があるとしても、このことを自覚できなければ問題の解決はないことになる。では、その自覚はどのように自己にもたらされるのであろうか。

もちろんこのこともまた、只管打坐における究明以外にありえないであろうが、少なくとも邪見を離れ正見に近づけるよう、我々の考え方をあらためていくことは必要であるに違いない。たとえば道元は、『正法眼蔵』「行仏威儀《ぎょうぶついぎ》」の巻に、

> しるべし、生死《しょうじ》は仏道の行履《あんり》なり、生死は仏家《ぶつけ》の調度なり。使也要使《しやようし》なり、明也明得《みょうやみょうとく》なり。ゆえに諸仏は、この通塞に明明《みょうみょう》なり、この要使に得得《とくとく》なり。この生死の際にくらからん、たれかなんぢをなんぢといはん、たれかなんぢを了生達死漢《りょうしょうたっしのかん》といはん。生死にしづめりときくべからず、生死にありとしるべからず。生死を生死なりと信受すべからず。不会《ふえ》すべからず、不知すべからず。
>
> （『全集』第一巻、六四頁）

と述べている。われわれはやはりこの自分自身の生死の営みに通達すべきなのである。そのこと

を資助すべく、道元も説法を重ねている。では、我々は自己の生死について、どのように了解すべきなのであろうか。道元はこのことについて、どのように説いているのであろうか。

道元は『正法眼蔵』に「生死」の巻を用意し、その中で生死の問題について詳しく語っている。以下はその一節である。

　生より死にうつる、と心うるは、これ、あやまりなり。生《しょう》は、ひとときのくらいにて、すでにさきあり、のちあり。故《かるがゆえ》に、仏法の中には、生《しょう》すなはち不生《ふしょう》、といふ。滅《めつ》も、ひとときのくらいにて、又《また》、さきあり、のちあり。これによりて、滅すなはち不滅、といふ。生《しょう》といふときには、生よりほかにものなく、滅《めつ》といふとき、滅のほかにものなし。かるがゆえに、生《しょう》、きたらばただこれ生《しょう》、滅《めつ》、来《きた》らばこれ滅にむかひて、つかふべしといふことなかれ、ねがふことなかれ。（『全集』第二巻、五二八〜五二九頁）

生から滅にうつる、生きているものが死ぬ、ということはないという。生の時には生しかなく、滅の時には滅しかない。生は生そのもので死に相対するものではないので、生とも言えない、ゆえに不生である。滅は滅そのもので、生に相対するものではないので、滅とも言えない、ゆえに不滅であるというのである。

このことについて、別に『正法眼蔵』「現成公案《げんじょうこうあん》」の巻に、次の説示がある。

たき木《ぎ》、はいとなる、さらにかへりてたき木となるべきにあらず。しかあるを、灰はのち、薪《たきぎ》はさきと見取《けんしゅ》すべからず。しるべし、薪は薪の法位に住して、さきあり、のちあり、前後ありといへども、前後際断せり。灰は灰の法位にありて、のちあり、さきあり。かのたき木、はいとなりぬるのち、さらにたき木とならざるがごとく、人のしぬるのち、さらに生《しょう》とならず。しかあるを、生《しょう》の死になるといはざるは、仏法のさだまれるならひなり、このゆえに不《ふ》生《しょう》といふ。死の生にならざる、法輪のさだまれる仏転なり、このゆえに不滅といふ。生も一時のくらいなり、死も一時のくらいなり。たとへば冬と春とのごとし。冬の春となるとおもはず、春の夏といはぬなり。

(『全集』第一巻、三～四頁)

ここで、人は死後、生まれないとある。さきほどの四有の輪廻からすれば、形を変えてふたたび生まれることもありそうであるが、ここで言いたいことは、ある実体的な個体があってそれが連続的に変化するのではないということなのであろう。生が死になることはないというのである。それは死ぬ以前、生きている間でも同様であって、生は生の位にあって前後際断しており、死は死の位にあって前後際断しているからである。とすれば、生のときは生のただなかにあってその時その時絶対、死のときは死のただなかにあってその時その時絶対ということになる。つまりいま・ここに絶対の生を見出すべきなのである。こうして、この立場が開ければ、生死の問題の解決に導かれることになろう。

この「生は生で絶対、死は死で絶対」という考え方は、圜悟克勤《えんごこくごん》の言葉「生也全機現、死也全機現」そのものである。この言葉について、道元は『正法眼蔵』「全機《ぜんき》」の巻に、次のように説いている。

> 圜悟《えんご》禅師克勤《こくごん》和尚云、生也全機現、死也全機現〈生《しょう》も也《ま》た全機現、死も也《ま》た全機現〉。
> この道取、あきらめ参究すべし。参究すといふは、生也全機現《しょうやぜんきげん》の道理、はじめ・おはりにかかはれず、尽大地・尽虚空なりといへども、生也全機現をあひ罣礙《けいげ》せざるのみにあらず、死也全機現《しゃぜんきげん》をも罣礙せざるなり。死也全機現のとき、尽大地・尽虚空なりといへども、死也全機現をあひ罣礙せざるのみにあらず、生也全機現をも罣礙せざるなり。このゆえに、生《しょう》は死を罣礙せず、死は生を罣礙せざるなり。尽大地・尽虚空、ともに生にもあり、死にもあり。しかあれども、一枚の尽大地、一枚の尽虚空を、生にも全機し、死にも全機するにはあらざるなり。一にあらざれども異にあらず、異にあらざれども即にあらず、即にあらざれども多にあらず。このゆえに、生にも全機現の衆法あり、死にも全機現の衆法あり、生にあらず死にあらざるにも全機現あり。全機現に生あり、死あり。このゆえに、生死の全機は、壮士の臂《ひじ》を屈伸《くっしん》するがごとくにもあるべし、如人夜間背手摸枕子《にょにんやかんはいしゅもちんす》〈人の夜間に背手して枕子を摸《さ》ぐるが如し〉にてもあるべし。これに許多《こた》の神通光明ありて現成するなり。正当現成のときは、

現成に全機せらるるによりて、現成よりさきに現成あらざりつると見解《けんげ》するなり。しかあれども、この現成よりさきは、さきの全機現なり。さきの全機現ありといへども、いまの全機現を罣礙せざるなり。このゆえに、しかのごとくの見解、きほひ現成するなり。

（同前、二六〇～二六一頁）

ここでもやや込み入ったレトリックが用いられているが、要はその時その時の全機現があるのみで、しかもそれらの全機現は相互に妨げ合うことはないということである。世界が世界ごと、そのつどそのつど全体、現成する。そこに生もあり、死（滅）もある。その生死は、およそ短い時間のうちに、一瞬のうちに、行われ、相続されていく。そこに、おおくの「神通光明」があって現成するというべきであろう。その核心は、むしろ「現成に全機せらるる」の句にあろう。その全機現のつらなりながら時時なるは、自己を超えるものがそのつど自己として全機現することを運ぶからであろう。その自己を超えるものが、道元にあっては、透脱ないし脱落と表現される。同じ「全機」の巻の冒頭に、次のようにある。

諸仏の大道、その究尽《ぐうじん》するところ、透脱なり、現成《げんじょう》なり。その透脱といふは、あるいは生《しょう》も生を透脱し、死も死を透脱するなり。このゆえに、出生死《しゅっしょうじ》あり、入生死《にっしょうじ》あり、ともに究尽の大道なり。捨生死あり、度生死あり、ともに究尽の大道なり。現成これ生なり、生これ現成なり。その現成のとき、生の全現成にあらずといふことなし、死の全現成にあらずといふことなし。

この機関、よく生ならしめ、よく死ならしむ。この機関の現成する正当恁麼時《しょうとういんもじ》、かならずしも大にあらず、かならずしも小にあらず、遍界にあらず、局量にあらず。長遠《ちょうおん》にあらず、短促《たんそく》にあらず。いまの生は、この機関にあり、この機関は、いまの生にあり。

生は来にあらず、生は去《こ》にあらず、生は現にあらず、生は成《じょう》にあらざるなり。しかあれども、生は全機現なり、死は全機現なり。しるべし、自己に無量の法あるなかに、生あり、死あるなり。

（同前、二五九〜二六〇頁）

こうして、生死を超える（透脱する）透脱底から「出生死・入生死」の日常底が現成する。捨生死・度生死の現成底が展開する。その「透脱（脱落）即現成」ということに、諸仏の大道がある。「この機関」が自己の生を成立せしめているのみである。ゆえにその、時時の全現成に一如するほかなく、そこに徹底できたとき、生から死へという生死の苦悩を解脱することができていよう。このとき、どこから来たも、どこへ行くもない。もはや対象的にはつかめない、その絶対主体を生き抜くのみとなるのである。

この透脱底、脱落底を、道元は、「仏の御《おん》いのち」ともいう。その立場から、「生死」の巻では、次のように説くのである。

この生死《しょうじ》は、即《すなわ》ち仏の御《おん》いのちなり。これをいとひすてんとすれば、すなはち仏の御《おん》いのちをうしなはんとするなり。これにとどまりて、生死に著《じゃく》すれば、これも、仏のいのちを、うしなふなり、仏のありさまを、とどむるなり。いとふことなく、したふことなき、このとき、はじめて仏のこころにいる。

ただし、心《こころ》を以《もつ》て、はかることなかれ、ことばをもつて、いふことなかれ。ただ、わが身《み》をも心《こころ》をもはなちわすれて、仏のいへになげいれて、仏のかたよりおこなはれて、これにしたがひもてゆくとき、ちからをもいれず、こころをもつひやさずして、生死をはなれ、仏となる。たれの人か、こころにとどこほるべき。

（『全集』第二巻、五二九頁）

この生死を仏のおんいのちに任すべきことを、『正法眼蔵』「行仏威儀」では次のように言う。

了生達死の大道、すでに豁達《かったつ》するに、ふるくよりの道取あり、大聖《だいしょう》は生死を心にまかす、生死を身にまかす、生死を道にまかす、生死を生死にまかす。この宗旨あらはるる、古今の時にあらずといへども、行仏の威儀、忽爾《こつじ》として行尽《ぎょうじん》するなり、道環として生死身心の宗旨、すみやかに弁肯《べんこう》するなり。行尽・明尽《みょうじん》、これ強為《ごうい》の為《い》にあらず、迷頭認影《めいとうにんよう》に大似《だいじ》なり、回光返照《えこうへんしょう》に一如なり。その明上又明《みょうじょうゆうみょう》の明《みょう》は、行仏に弥綸《みりん》なり。これ行取に一任せり。こ

の任任の道理、すべからく心《しん》を参究すべきなり。……　（『全集』第一巻、六七頁）

仏は、生死を心に、身に、道にまかせ、ついには生死を生死にまかせる。それは、自己を自己にまかせ、行を行にまかせることにもほかならないであろう。「行仏の威儀、忽爾として行尽するなり」という。いわば行仏は仏行を行尽するといったところであろう。この「任任の道理」を了解するには、自己の心をすべからく参究すべきなのである。

こうして、生死をはこぶ仏の御いのちに一如して、生の時は生になりつくすことで、生死を透脱するというのが、道元の生死観の要点ということになるであろう。

四　生死去来真実人体としての自己

そうすると、この生死する自己がそのまま真実のいのちということになる。この事実に基づいて、道元はしばしば「生死去来真実人体《しょうじこらいしんじつにんたい》」という言葉を用いている。尽十方《じんじっぽう》真実人体ともいうことがあり、それがそのまま生死去来真実人体なのであろう。その生死去来真実人体について、「身心学道《しんじんがくどう》」の巻では次のように明かしている。

生死去来真実人体《しょうじこらいしんじつにんたい》といふは、いはゆる生死は凡夫の流転なりといへども、大聖《たいしょう》の所脱なり。超凡越聖《ちょうぼんおつしょう》せん、これを真実体とするのみにあらず。これに二種・七種のしなあれど、究尽《ぐうじん》するに、面面みな生死なるゆえに恐怖《くふ》すべきにあらず。ゆえいかんとなれば、いまだ生《しょう》をすてざれども、いますでに死をみる。いまだ死をすてざれども、いますでに生をみる。生は死を罣礙《けいげ》するにあらず、死は生を罣礙するにあらず。生死ともに凡夫の知るところにあらず。生は栢樹子《はくじゅし》のごとし、死は鉄漢のごとし。栢樹は栢樹に礙《げ》せらるとも、生はいまだ死に礙せられざるゆえに学道なり。生は一枚にあらず、死は両疋《ひつ》にあらず。死の生に相対するなし、生の死に相待するなし。（同前、五一〜五二頁）

仏教では、「二種」の生死および「七種」の生死を説いているという。二種生死とは、法相唯識《ほっそうゆいしき》に説かれる分段《ぶんだん》生死と変易《へんにゃく》生死のことで、いわゆる業にもとづく生死輪廻と、高位の聖者（十地の八地以上）の、自らの意思に基づく生死とである。七種生死とは、天台宗《てんだいしゅう》によるものがあり、それは分段生死（三界の果報）、流来《るらい》生死（迷真の初）、反出《ほんしゅつ》生死（背妄の初）、方便《ほうべん》生死（涅槃に入れる二乗）、因縁《いんねん》生死（初地の変易）、有後《うご》生死（十地の変易）、無後《むご》生死（金剛心《こんごうしん》）であるという。初地の変易などが言われているのは、法相宗と天台宗とで、修道《しゅどう》の見方が異なっているからである。いずれにしても、凡夫から仏に至るまですべて個人の生死に違いはなく、またその生死の事実以外なにもない。しかもそこでは、生は生で絶対、死は死で絶対である。そこに生死去来真実人体があるのである。

そこを、同じ「身心学道」の巻の中、次の説示はより懇切に解説している。

> 圜悟《えんご》禅師いはく、生也全機現、死也全機現。闔塞太虚空、赤心常片片〈生《しょう》も全機現、死も全機現、太虚空に闔塞《ひっそく》し、赤心常に片片たり〉。
> この道著、しづかに功夫《くふう》点検すべし。圜悟禅師かつて恁麼いふといへども、なおいまだ生死の全機にあまれることをしらず。去来《こらい》を参学するに、去《こ》に生死あり、来《らい》に生死あり。生に去来あり、死に去来あり。去来は、尽十方界を両翼三翼《よく》として飛去飛来《ひこひらい》す、尽十方界を三足五足として進歩退歩《しんぽたいほ》するなり。生死を頭尾《ずび》として、尽十方界真実人体は、よく翻身回脳《ほんしんかいのう》するなり。翻身回脳するに、如一銭大《にょいっせんだい》〈一銭大の如し〉なり、似微塵裡《じみじんり》〈微塵裡に似る〉なり。平坦坦地、それ壁立千仞《へきりゅうせんじん》なり。壁立千仞処、それ平坦坦地なり。このゆえに、南州・北州の面目あり、これを検して学道す。非想非非想の骨髄あり、これを抗して学道するのみなり。
> （同前、五二頁）

圜悟の言葉の中、「太虚空に闔塞し」は、主体そのものに徹底しているところ、「赤心常に片片たり」は、そこにおいて日常の一歩一歩であること（平常底《びょうじょうてい》）を意味していよう。道元がここで言おうとしていることは、要は、即今・此処（一銭大・微塵裡）において、世界ごと生滅しつつ相続してやまないのであり、そこに真実の自己があるということである。「平坦坦地、それ壁立千仞なり。壁立千仞処、それ平坦坦地なり」とは、その前後際断の相続の、非連続の連続のあり方を明かしていよう。それは、仏の御いのちそのものである自己の生死を言い換えたものである。

さらに、『正法眼蔵』「仏性《ぶっしょう》」の巻の次の箇所は、道元の生死観をよくまとめたものとなっていよう。百丈《ひゃくじょう》の話についての評釈である。

> 百丈山大智禅師、衆に示して云く、仏は是《こ》れ最上乗なり、是れ上上智なり、是れ仏道立此《りっし》人《にん》なり、是れ仏有《ぶつう》仏性なり、是れ導師なり、是れ使得無所礙風《しとくむしょげふう》なり、是れ無礙慧《むげえ》なり。後《ここ》に於て能《よ》く因果を使得し、福智自由なり。是れを車と作して因果を運載す。生《しょう》に処《しょ》して生の所留を被《こうむ》らず、死に処して死の所礙を被らず、五陰《おん》に処して門の開《ひら》くるが如く、五陰の礙を被らず。去住自由にして、出入無難《ぶなん》なり。若し能く恁麼《いんも》ならば、階梯《かいてい》の勝劣を論ぜず、乃至《ないし》蟻子《す》の身《み》も、但《ただ》能く恁麼ならば、尽《ことごと》く是れ浄妙国土、不可思議なり。
>
> これすなはち百丈の道処なり。いはゆる五蘊《うん》は、いまの不壊身《ふえしん》なり。いまの造次は、門開《もんかい》なり、不被五陰礙《ふひごおんげ》なり。生《しょう》を使得するに生にとどめられず、死を使得するに死にさへられず。いたづらに生を愛する事なかれ、みだりに死を恐怖《くふ》する事なかれ。すでに仏性の処在なり、動著し厭却《えんきゃく》するは外道なり。現前の衆縁と認ずるは、使得無礙風なり。これ最上乗なる是《ぜ》仏《ぶつ》なり。この是仏の処在、すなはち浄妙国土なり。
>
> （同前、三五～三六頁）

百丈の言葉は、仏とは最上・上上の智を実現した者であるがゆえに、自由な主体として、因果に縛られるより、因果を運んでいくのであり、身心に邪魔されるより身心をも自由に用いて、「去住自由にして、出入無難」であるという。そのようであれば、その居るところが浄妙国土に成るというのである。

そのありようを道元は説明して、生に愛着することもなく、ただ生そのものを生き抜く。死を恐怖することもなく、ただ死を死に抜く、そこに、生死に出入する自由、生死を使い得る自由が成立すると示している。それがすでに仏性とともにある自己のあるべきあり方なのである。もちろん、そのつどそのつどの自己は、衆縁の中での現成である。しかしその衆縁に従うとき、かえって主体的でありうる。その即今・此処の自己こそ、浄妙国土に所在する仏そのものなのである。

まとめ

以上、道元の、自己の生死にかかる数々の教えの言葉を見てきた。どこまでも生死即涅槃であり、「この生死は、即ち仏の御いのちなり」である。その仏の御いのちは、一瞬一瞬、絶対の生として全機現してやまない。しかもそのことが平常底（平坦坦地）なのである。その生に一如し、その生を生き切る時、即今・此処において生死を透脱するのである。

今、この章を結ぶにあたり、最後に、こうした道元の生死観を、きわめて解り易く示した、『正法眼蔵』「生死」の巻の次の説法を掲げておこう。以下を繰り返し読んで味わう時、道元の生死観の核心を了解できるとともに、生死の問題の解決を得ることができると思われるのである。

生死《しょうじ》の中《なか》に仏《ほとけ》あれば、生死なし。又云《またいわ》く、生死の中に仏なければ、生死にまどはず。こころは、夾山《かっさん》・定山《じょうざん》といはれし、ふたりの禅師《ぜんじ》のことばなり。得道《とくどう》の人《ひと》のことばなれば、さだめてむなしくまうけじ。

生死をはなれんとおもはん人、まさにこのむねをあきらむべし。もし人、生死のほかに、ほとけをもとむれば、ながえをきたにして、越《えつ》にむかひ、おもてをみなみにして、北斗《ほくと》をみんとするがごとし。いよいよ生死の因をあつめて、さらに解脱《げだつ》のみちをうしなへり。ただ、生死すなはち涅槃《ねはん》、とこころえて、生死としていとふべきもなく、涅槃としてねがふべきもなし。このとき、はじめて生死をはなるる分《ぶん》あり。（『全集』第二巻、五二八頁）

仏となるに、いとやすきみちあり。もろもろの悪をつくらず、生死に著するこころなく、一切衆生《いっさいしゅじょう》のためにあはれみふかくして、上《かみ》をうやまひ、下《しも》をあはれみ、よろづをいとふこころなく、ねがふ心なくて、心におもふことなく、うれふることなき、これを仏となづく。又《また》ほかに、たづぬることなかれ。（同前、五二九頁）

第三章　道元の修証論　Ⅰ

はじめに

道元は、比叡山に上って間もなく、天台の本覚《ほんがく》思想ないし密教思想の中に、大きな疑問を持つようになった。その疑問とは、周知のように、次のようなものである。

本自《よ》り法身法性の如くんば、諸仏甚麼《なん》の為更に発心して三菩提の道を修行す。

（本書第一章、八頁参照）

すなわち、本来仏であるのなら、なぜ改めて修行しなければならないのか、という疑問である。この問いが道元の大疑団《だいぎだん》となって、ついには宋にまで渡って仏道の本旨を追究しぬくほどであった。

確かに天台本覚思想においては、すでに仏なのだから、何もしないのがよいのだ、と説いたりしていた。一方、密教の方でも、成仏の成は、不生不滅《ふしょうふめつ》で、すでに成仏していることを意味すると説いたりもした。

これらの思想にふれて道元は、しかも修行が求められるのはなぜかと、率直に思うのであった。おそらく道元にしても、自分は凡夫と変わらない存在であり、修行は必要なことと感じていたことであろう。とすれば、この疑問は、修行の必要性以上に、むしろ本来、仏であるということはいったいどういうことなのか、への疑問にもほかならなかったであろう。

その疑問への明瞭な了解は、いくら経論を尋ねても得られるものでもないのかもしれない。おそらく実際に悟りを成就し、仏とは何たるかを身をもって体得した人に直接、尋ねることが必要であろう。その当時、比叡山に密教等の修行によって、成仏体験を得たと思われる人はいなかったのであろうか。道元がこの人と思って教えを請いに訪ねた三井寺《みいでら》の公胤《こういん》が、「我伝え聞く、大宋国に仏心印を伝える正宗あり。直に入宋して尋ぬべし」（本書、九頁）と道元に勧めたことは、公胤が自分で修学してきた教理よりも、行に基づく実際の開悟の体験を重んじたという事情があったと推測される。

ともあれ、道元は仏とは何か、本来仏である自己がなぜ修行しなければならないのか、の大疑団の解決を求めて、禅の道に入っていくのであった。そうして結局、宋の天童山《てんどうさん》の如浄《にょじょう》の下で悟道を得ることができ、その後、この問題にも一つの決着を得たのだと思われる。ただしこの決着のさらなる深い了解は、その後の修行僧らに対する日々の指導の中での、考察・確認を経てのことでもあったであろう。以下、道元における修行と証悟の問題について、いささか尋ねてみたい。

一　只管打坐の修行について

道元は、宋において心から信頼した如浄禅師の教えを、『宝慶記《ほうきょうき》』にまとめている。その中、修行がいかに必要かについて説く如浄の、次のような言葉がある。

拝問す。因果は必ず感ずべきや。和尚、示して曰く。因果を撥無《ほつむ》すべからず。所以《ゆえ》に永嘉《ようか》の曰く、豁達《かったつ》の空《くう》は因果を撥《はら》う、莽々蕩々《もうもうとうとう》として殃禍《おうか》を招く、と。もし、因果を撥無《ほつむ》すと言わば、仏法中の断善根《だんぜんごん》の人なり。あにこれ仏祖の児孫《じそん》ならんや。

（八。『全集』第七巻、一三〜一五頁）

拝問す。長沙《ちょうしゃ》和尚と皓月供奉《こうげつぐぶ》と、業障《ごっしょう》は本来空《ほんらいくう》なるの道理を問論す。……堂頭和尚老師大禅師、示して曰く、長沙の道《い》うところ（本来空は業障・業障は本来空）は終《つい》に不是なり、長沙は未だ三時業を明らめざるなり。

（一六。同前、二一頁）

上のいずれにも、すべてが空《くう》であるからといって、因果を否定してしまってはいけないということが説かれている。確かに仏教では行為の世界に「善因楽果《ぜんいんらくか》・悪因苦果《あくいんくか》」の法則が厳然として存在していると説かれる。この場合の善とは要は仏道修行のことであり、悪とは無明《むみょう》・煩悩《ぼんのう》に基づく行為のことである。『成唯識論《じょうゆいしきろん》』の定義によれば、「能《よ》く此世《このよ》・彼世《かのよ》に（自他を）順益《じゅんやく》するが為に、故に名づけて善と為す。能く此世・彼世に（自他を）違損《いそん》するが為に、故に不善と名づく」（新導本『成唯識論』巻第五、一九頁）とある。善は自己（及び他者）のいのちの願いに順じてその者を利益するものであり、悪は自己（及び他者）のいのちの願いに逆らってその者を損ねていくものである。それを解りやすく示すに、善をなせば死後、また人間界やそれ以上の世界に生まれ、悪をなせば地獄《じごく》・餓鬼《がき》・畜生《ちくしょう》等に生まれると説かれたのであった。

それはともかく、禅宗にはこの行為の法則に関して、有名な「百丈野狐《ひゃくじょうやこ》」の公案がある。「不落因果《ふらくいんが》」を唱えた僧が野狐の身となり、「不昧因果《ふまいいんが》」の言葉によって、狐身を脱しえたという。いったいこのことは何を意味しているのか、というのである。少なくとも、因果をくらますことはできないことは事実であろう。ちなみに、道元はこの公案について、『正法眼蔵』「大修行」の巻にて詳説している（『全集』第二巻、一八五頁以下）。

ただし、「善因楽果・悪因苦果」の法則のみでは、宗教上の救いはありえないことになる。宗教においては自己とは何かの深い自覚・了解が問題なのであり、行為の法則を受け入れる以前に、いま・ここでの自己の意味を領納できることは、必要なことに違いない。あるいはやはりどこかに行為の法則をも超越した世界があること等の洞察なしに、自己の宗教的課題が解決されることは難しいであろう。そのことはまた後に見るとして、如浄は、いかに修行が肝心であるかを、厳然として存在する行為の法則上から強調するのであった。如浄自身、自らの修行をふりかえって、次のように言っている。

堂頭和尚、示して曰く、……我れは三十余年、時とともに功夫弁道して、未だ曽て退を生ぜず。今年六十五歳、老に至って弥《いよい》よ堅し。你《なんじ》もまた、かくのごとく弁道功夫せよ、と。あたかも、これ仏祖が金口《こんく》の記なり。（三八。『全集』第七巻、四五頁）

では、如浄の三十数年の修行はどういうものであったかというと、この中略（……）の部分に、次のようにある。

世尊の言《のたまわ》く、聞思は、なお門外に処するがごとく、坐禅は、直《じき》に乃ち、家に帰って穏坐するがごとし、と。所以《ゆえ》に坐禅すること、ないし、一須臾・一刹那なりとも、功徳は無量なり。（同前）

仏道の修行は、聞《もん》・思《し》・修《しゅ》の順で深まっていくとされるが、その修の核心は坐禅のみとの説示である。それがなぜかの明確な根拠は必ずしも示されていないが、「家に帰って」というところに、本来の自己に帰っての意味があり、その点で、他の修行よりも坐禅こそがもっとも功徳無量であるというのであろう。こうして、如浄の教えは、次のようなものとなる。

堂頭和尚、示して曰く、参禅は身心脱落なり。焼香・礼拝《らいはい》・念仏・修懺《しゅさん》・看経《かんきん》を用いず。祇管《しかん》に打坐《たざ》するのみなり。

（一五。同前、一九頁）

身心脱落については後に検討を進めるとして、ここに念仏も看経も用いない、只管打坐のみという、力強い説示がある。この思想を、道元が日本に帰ってからも繰り返し示したことは、よく知られていよう。特に帰国間もない頃、たとえば『普勧坐禅儀《ふかんざぜんぎ》』には、次のように示される。

いわんや、かの祇薗（園）の生知たる、端坐《たんざ》六年の蹤跡《しょうせき》見つべし。少林の心印を伝うる、面壁九歳《めんぺきくさい》の声名《しょうみょう》なお聞こゆ。古聖《こしょう》すでに然り、今人《こんじん》なんぞ弁ぜざる。ゆえに、須《すべから》く、言《こと》を尋ね、語《ご》を逐《お》うの解行《げぎょう》を休すべし。須《すべから》く、回光返照《えこうへんしょう》の退歩《たいほ》を学すべし。身心自然《しんじんじねん》に脱落《だつらく》して、本来の面目現前《めんもくげんぜん》せん。恁麼《いんも》の事《じ》を得んと欲せば、急《きゅう》に恁麼《いんも》の事《じ》を務《つと》めよ。

（『全集』第五巻、五頁）

また、立宗宣言ともいうべき『弁道話《べんどうわ》』には、次のようにある。

宗門の正伝《しょうでん》にいはく、この単伝正直《しょうじき》の仏法は、最上のなかに最上なり。参見知識のはじめより、さらに焼香・礼拝《らいはい》・念仏・修懺《しゅさん》・看経《かんきん》をもちいず、ただし打坐《たざ》して身心脱落《しんじんだつらく》することをえよ。

(『全集』第二巻、四六二頁)

こうして、道元は坐禅に専心して自然に身心脱落し、本来の自己を体証すべきことを訴えるのであった。

なお、道元自身も、最初に天童山に掛錫《かしゃく》した当初から、先輩の雲水の慈誡を受けて、語録等の研鑽を断念し、坐禅ひとすじに修行していったのであった。そのことについて、『正法眼蔵随聞《ずいもん》記《き》』に、次のようにある。

……予《よ》、後に此《この》理を案ずるに、語録公案等を見て、古人の行履《あんり》をも知り、或《あるい》は、迷者《めいじゃ》の為に説き聞かしめん、皆《みな》、是《これ》、自行化他《じぎょうけた》の為に無用也。只管打坐《しかんたざ》して大事を明《あきら》め、心理《しんのり》を明《あきら》めなば、後には一字を不知《しらず》とも、他に開示《かいじ》せんに、用ひ不可尽《つくすべからず》。故に彼《か》の僧、畢竟《ひっきょう》して、何《なんの》用ぞとは云ひけると。是、真実の道理也と思《おもう》て、其《その》後ち、語録等を見る事をとどめて、一《いっ》

向打坐《こうにたざ》して、大事を明《あきら》め得たり。（三。『全集』第七巻、九〇頁）

ここに、ある省発《せいはつ》の後には一向に打坐したとある。このように、道元の禅の背景には、善因楽果・悪因苦果の法則を前提に、修行としては只管打坐に集約されるものなのであった。

参考までに、『正法眼蔵』「坐禅箴《ざぜんしん》」の巻には、「しるべし、仏仏祖祖の要機とせるは、これ坐仏なりといふことを。……おほよそ西天《さいてん》・東地に仏法つたはるといふは、かならず坐仏のつたはるるなり。それ要機なるによりてなり。仏法つたはれざるには、坐禅つたはれず。嫡嫡相承《てきてきそうじょう》せるは、この坐禅の宗旨のみなり。この宗旨、いまだ単伝せざるは、仏祖にあらざるなり。……ここをもて、仏祖かならず坐禅を単伝すると一定《いちじょう》すべし。」（『全集』第一巻、一一一頁）とある。

二　只管打坐と悟りについて

ところで、この只管打坐と悟道との関係についてさらに尋ねると、すでに上に見たように、『弁道話』には、「ただし打座して身心脱落することをえよ」とあった。『普勧坐禅儀』の「恁麼の事を得んと欲せば、急に恁麼の事（坐禅）を務めよ」も同じことだし、『随聞記』では、自ら「一向打坐して、大事を明め得たり」とあった。これらによれば、坐禅は悟道への通路であるかのように説かれていると言わざるを得ない。もっと言えば、坐禅は悟りへの手段としてとらえられているということである。実際、如浄の教えには、そうした傾きがあった。如浄は道元に、次のようにも語っていたのである。

堂頭和尚、示して曰く。身心脱落とは坐禅なり。祇管に坐禅する時、五欲を離れ、五蓋を除くなり。

（『宝慶記』一五。『全集』第七巻、一九頁）

這箇《しゃこ》は便ちこれ六蓋を離るるの法なり。仏々祖々は階級を待たず、直指単伝《じきしたんでん》して五蓋・六蓋を離れ、五欲等を呵《か》したまえり。祇管に打坐して功夫を作し、身心脱落し来るは、乃ち五蓋・五欲等を離るるの術なり。この外に、すべて別事なし、渾《まった》く一箇の事《じ》なし。あに、二に落ち、三に落つるものあらんや。

（『宝慶記』二九。同前、三七頁）

蓋とは、行者の善心を覆う煩悩のこと。五蓋は、貪欲《とんよく》蓋・瞋恚《しんい》蓋・睡眠《すいめん》蓋・掉悔《じょうけ》蓋・疑《ぎ》蓋のこと、五欲は、五感の対象、色《しき》・声《しょう》・香《こう》・味《み》・触《そく》への貪着のことである（五欲には、財欲・色欲・飲食欲・名欲・睡眠欲もあるという）。如浄は坐禅を、「法」（方法）とも「術」とも言うのである。これらの教えを受けて、道元が帰国当初、こうした立場で雲水らを指導していたことは、ごく自然なことであったに違いない。実際、雲水らの指導の現場では、そのような指導が実際になされていたことが、『正法眼蔵随聞記』からはうかがえるのである。次は、その一例である。

一日、示云《じにいわく》、古人、云《いわく》、霧の中を行けば、不覚《おぼえざるに》衣《ころも》しめる。よき人に近《ちかづ》けば、不覚《おぼえざるに》よき人となる也。昔、倶胝《ぐてい》和尚に使へし、一人の童子の如きは、いつ学《がく》し、いつ修したりとも見へず、不覚《おぼえざれ》ども、久参《きゅうさん》に近づいしに、悟道す。坐禅も、自然《じねん》に、久《ひさし》くせば、忽然《こつねん》として大事を発明《ほつみょう》して、坐禅の正門《しょうもん》なる事を、知る時も有《ある》べし。（五。『全集』第七巻、一一七頁）

ここに、「坐禅も、自然に、久くせば、忽然として大事を発明」するとある。そう説いて、なかなか先の見えにくい修行に取り組む雲水たちを叱咤激励《しったげきれい》するのであった。

このほか、『正法眼蔵』「渓声山色《けいせいさんしょく》」の巻には、「しかありしも、正師のおしえにあひて、ひるがへして正法をもとむれば、おのづから得道す」（『全集』第一巻、二八〇頁）とある。「三十七《さんじゅうしち》品菩提分法《ほんぼだいぶんぽう》」の巻には、「この三十七品菩提分法、すなはち仏祖の眼睛鼻孔《がんぜいびくう》・皮肉骨髄・手足面《しゅそくめん》目《もく》なり。仏祖一枚、これを三十七品菩提分法と参学しきたれり。しかあれども、一千三百六十九品《ぼん》の公案現成なり、菩提分法なり。坐断すべし、脱落すべし」（『全集』第二巻、一五〇頁）とある。また「発菩提心《ほつぼだいしん》（発無上心《ほつむじょうしん》）」の巻には、「四大五蘊をめぐらして誠心《じょうしん》に修行すれば、得道す、草木牆壁《そうもくしょうへき》をめぐらして誠心に修行せん、得道すべし」（同前、一六六頁）とある。さらに、「自証三昧《じしょうざんまい》」の巻にも、「今生にも法を他のためにとく。誠心あれば、自己の得法やすきなり」（同前、一九九頁）とあるほか、「しかあるに、たとひ知識にもしたがひ、たとひ経巻にもしたがふ、みなこれ自己にしたがふなり。……この参学に、自己を脱落し、自己を契証《かいしょう》するなり」（同前、一九八頁）とある。

なお、仏道修行の中で得道の時節がありえることに関して、他にも次のような例がある。「監寺に充たりし時、大事を発明せし例」（『永平寺知事清規《えいへいじちじしんぎ》』（寛元四年）、『全集』第六巻、一〇三頁）、「典座の時に大事を発明せし例」（同前、一〇七頁）、「……誠なるかな誠なるかな。勧励あらんがごときは、即ち能く精進し、弁道坐禅して、大事の因縁を成熟《じょうじゅく》するなり」（『永平広録《えいへいこうろく》』四三二、『全集』第四巻、一九頁）。

その他、香厳撃竹《きょうげんぎゃくちく》・霊雲桃花《れいうんとうか》の悟道の因縁（聞声悟道《もんしょうごどう》・見色明心《けんしきみょうしん》）があったことについては、後の第七章にまとめて見るように、道元は僧堂における指導の中でしばしば強調していた。

以上、道元においては、善因楽果・悪因苦果の法則は否定できず、修行（善の実践）は必要であり、その修行は坐禅に帰着し、坐禅を通じて悟りに到ることが認識されていたことをひとまず確認した。実は、如浄の言葉、そして道元自身の言葉には、端的に坐禅は身心脱落であるということも説かれるのであるが、このことについては後（本書、八六頁以降）にまた検討することにする。

三　修証の内容の基本

道元の説法において、この修証には、一応、各段階がありうることも説かれているので、次にそのことを見ておこう。各段階といっても、ごく簡略なものであって、「発心《ほっしん》・修行《しゅぎょう》・菩提《ぼだい》・涅《ね》槃《はん》」というものである。このことを説く文を『正法眼蔵』の中から拾うと、次のようである。

しかあればすなはち、即心是仏とは、発心《ほっしん》・修行《しゅぎょう》・菩提《ぼだい》・涅槃《ねはん》の諸仏なり。いまだ発心・修行・菩提・涅槃せざるは、即心是仏にあらず。（「即身是仏」、『全集』第一巻、五八頁）

仏祖の大道、かならず無上の行持《ぎょうじ》あり、道環《どうかん》して断絶せず。発心《ほっしん》・修行《しゅぎょう》・菩提《ぼだい》・涅槃《ねはん》、しばらくの間隙《けんきゃく》あらず、行持道環なり。（「行持」上、同前、一四五頁）

丈六金身をもて丈六金身するを、発心《ほっしん》・修行《しゅぎょう》・菩提《ぼだい》・涅槃《ねはん》と現成《げんじょう》する、すなはち有《う》なり、時《じ》なり。（「有時」、同前、二四三頁）

諸仏の妙法は、ただ唯仏与仏《ゆいぶつよぶつ》なるゆえに、夢《む》・覚《かく》の諸法、ともに実相なり。覚中の発心・修行・菩提・涅槃あり、夢裏の発心・修行・菩提・涅槃あり。夢・覚おのおの実相なり、大小せず、勝劣せず。（「夢中説夢」、同前、三〇〇頁）

よく三界をして発心《ほっしん》・修行・菩提・涅槃ならしむ、これすなはち皆是我有《かいぜがう》なり。

（「三界唯心」、同前、四四四頁）

このゆえに生死《しょうじ》去来《こらい》あり、このゆえに発心・修行・菩提・涅槃あり。発心・修行・菩提・涅槃を挙《こ》して、生死去来真実人体を参究し接取するに、把定《はじょう》し放行《ほうぎょう》す。

（「諸法実相」、同前、四六〇頁）

しかあれば、発心《ほっしん》・修行《しゅぎょう》・菩提《ぼだい》・涅槃《ねはん》は、同時の発心・修行・菩提・涅槃なるべし。

（「発菩提心（発無上心）」、『全集』第二巻、一六四頁）

まさにしるべし、坐の尽界と余の尽界と、はるかにことなり。この道理をあきらめて、仏祖の発心《ほっしん》・修行《しゅぎょう》・菩提《ぼだい》・涅槃《ねはん》を弁肯《べんこう》するなり。

（「三昧王三昧」、同前、一七七頁）

参考までに、「仏向上事《ぶっこうじょうじ》」の巻には、「発心《ほっしん》・修行《しゅぎょう》・取証《しゅしょう》はなきにあらず、不得なり。その大意は不知なり。修証《しゅしょう》は無《む》にあらず、修証は有《う》にあらず、不知なり、不得なり。又その大意は、不得不知なり。聖諦修証《しょうたいしゅしょう》なきにあらず、不得不知なり。聖諦修証あるにあらず、不得不知なり」（『全集』第一巻、二九二頁）とある。

このように、『正法眼蔵』には、しばしば「発心・修行・菩提・涅槃」の事が説かれている。

後に見るように、それらが本来、同時であれ、道環であれ、そこに修・証の内容は一応区別されることを、道元が意識していたことは否めないであろう。もちろんこの区別・次第、発心・修行（因）があってはじめて菩提・涅槃（果）も実現するということは、正しく仏教の伝統的な修道観に基づいているものである。

このとき、当然、初めの発心がきわめて大切である。発心がなければ、何も始まらないからである。この発心について、たとえば道元は「他心通」の巻において、次のように説いている。

他心通は、西天竺国の土俗として、これを修得《しゅとく》するともがら、ままにあり。発菩提心《ほつぼだいしん》によらず、大乗の正見《しょうけん》によらず。他心通をえたるともがら、他心通のちからにて仏法を証究せる勝躅《しょうちょく》、いまだかつてきかざるところなり。他心通を修得してのちにも、さらに凡夫のごとく発心《ほっしん》し修行せば、おのずから仏道に証入すべし。（『全集』第二巻、二四五〜二四六頁）

たとえ他心通《たしんつう》等の神通力を得ていようとも、それによって仏法を証することはできない。いまだ発心なしに獲得された超能力など、仏法とは何ら関係ないのである。仏道に証入するには、あくまでも仏道に沿って発心・修行することが必要なのである。

ではその発心とはどういうことであるべきなのであろうか。このことについて道元の説くところを紹介しておこう。まずは『正法眼蔵』「身心学道《しんじんがくどう》」の巻からである。

発菩提心《ほつぼだいしん》は、あるいは生死にしてこれをうることあり、あるいは涅槃《ねはん》にしてこれをうることあり、あるいは生死・涅槃のほかにしてこれをうることあり。ところを待つにあらざれども、発心のところにさへられざるあり。境発《きょうほつ》にあらず、智発《ちほつ》にあらず、菩提心発《ぼだいしんぽつ》なり、発菩提心なり。発菩提心は、有《う》にあらず無にあらず、善にあらず悪にあらず、無記にあらず。報地によりて縁起《えんぎ》するにあらず、天有情《うじょう》はさだめてうべからざるにあらず。ただまさに時節とともに発菩提心するなり、依《え》にかかはれざるがゆえに。発菩提心の正当恁麼時には、法界ことごとく発菩提心なり。

（『全集』第一巻、四八頁）

ここに、発心の透脱性、全体性がよく描かれている。発心とは、自己がある心を発すということではない。自己を透脱した深みから催されての発なのである。むしろ「菩提心発」なのであり、そこに自己があるのである。あるいはこの自覚を、当人は必ずしも持ちえないかもしれない。しかしたとえそのことに気がつかずとも、正しい発心なら、構造として、この菩提心発が現成しているというべきなのであろう。

他に、次の説もある。新草の「発菩提心」の巻である。

発心とは、はじめて自未得度先度他《じみとくどせんどた》の心をおこすなり、これを、初発菩提心《しょほつぼだいしん》、といふ。この心をおこすよりのち、さらにそこばくの諸仏にあふたてまつり、供養したてまつるに、見《けん》仏聞法《ぶつもんぼう》し、さらに菩提心をおこす、雪上加霜《せつじょうかそう》なり。（『全集』第二巻、三三四頁）

おおよそ菩提心とは、いかがして一切衆生をして菩提心をおこさしめ、仏道に引導せましと、ひまなく三業《さんごう》にいとなむなり。いたづらに世間の欲楽《よくらく》をあたふるを、利益衆生《りやくしゅじょう》とするにはあらず。この発心《ほっしん》、この修証《しゅしょう》、はるかに迷悟の辺表《へんぴょう》を超越《ちょうおつ》せり。三界に勝出し、一切に抜群せる、なほ声聞《しょうもん》・辟支《びゃくし》仏《ぶつ》のおよぶところにあらず。（同前、三三三頁）

こうして、発心の内容が、その後の修行の内容を規定していくことになる。もっとも、その修行の核心は只管打坐に極まるべきものであった。やがて菩提・涅槃は身心脱落の正当恁麼時《しょうとういんもじ》に開かれていくことであろう。今は、仏道の初心にして菩提・涅槃に通じている発菩提心の様子についてのみ、見ておく。ともあれ、このような道元の説示を、我々はけっして忘れるべきではないであろう。

四　行持道環の思想

以上のような説法から、道元の修証論の基本には、発心・修行・菩提・涅槃の過程ないし因果が存在していたといえる。ただし道元の場合、その見方は単純に直線的な時間の中で進行するものとのみ見るものではないことは言うまでもない。このことについて、たとえば「即心是仏」の巻には、次のようにある。

しかあればすなはち、即心是仏とは、発心《ほっしん》・修行《しゅぎょう》・菩提《ぼだい》・涅槃《ねはん》の諸仏なり。いまだ発心・修行・菩提・涅槃せざるは、即心是仏にあらず。たとひ一刹那に発心修証するも、即心是仏なり、たとひ一極微《ごくみ》中に発心修証するも、即心是仏なり、たとひ無量劫に発心修証するも、即心是仏なり、たとひ一念中に発心修証するも、即心是仏なり、たとひ半拳裏に発心修証するも、即心是仏なり。しかあるを、長劫《ちょうごう》に修行作仏するは即心是仏にあらず、といふは、即心是仏をいまだ見ざるなり、いまだしらざるなり、いまだ学せざるなり。即心是仏を開演する正師《しょうし》を見ざるなり。（『全集』第一巻、五八頁）

ここはむしろ即心是仏のうえに発心・修行・菩提・涅槃があることを説いたところであり、のちに詳しく見る修証一等《しゅしょういっとう》を例証するものであろうが、その場合に、一刹那の発心修証から無量《むりょう》劫《ごう》の発心修証まで説かれている。発心・修行・菩提・涅槃が一刹那に、一念に、つまりは同時に、あることがありうるのである。

さらに道元は、この発心・修行・菩提・涅槃が各々の位に止まるのではなく、互いに浸透しあっているさまを、「説心説性《せっしんせっしょう》」の巻において次のような論理において説いている。

仏道は、初発心《しょほっしん》のときも仏道なり、成正覚《じょうしょうがく》のときも仏道なり、初・中・後ともに仏道なり。たとへば、万里をゆくものの、一歩も千里のうちなり、千歩も千里のうちなり。初一歩と千歩とことなれども、千里のおなじきがごとし。しかあるを、至愚のともがらはおもふらく、学仏道の時は仏道にいたらず、果上のときのみ仏道なり、と。挙道説道《こどうせつどう》をしらず、挙道《こどう》行道《ぎょうどう》をしらず、挙道証道《こどうしょうどう》をしらざるによりて、かくのごとし。迷人のみ仏道修行して大悟すと学して、不迷の人も仏道修行して大悟すとしらず、きかざるともがら、かくのごとくいふなり。

（同前、四五三頁）

ここには、因・果すなわち修・証を截然《せつぜん》と区別してとらえる見方を否定するものがある。もちろん因・果、修・証がないというのではない。しかしその両者は同じ一つの仏道上のことであり、このまさしく一つの仏道であるという意義において、因（修）・果（証）の両者は、あるいは初・中・後は一つのものなのである。とすれば、初めの一歩も、無窮の仏道すべてを挙しての一歩である。あらゆる修証は、仏道すべてを挙してのそれなのである。故にあらゆる修証は仏道において一つである。発心・修行の一歩一歩の多は即ち一である。この説明は、華厳宗《けごんしゅう》の一入一切・一切入一、一即一切・一切即一を想起させる。このことは時間的にも言えるのであるから、

「初発心時《しょほっしんじ》、便成《べんじょう》正覚《しょうがく》」(『華厳経』「梵行品」、大正九巻、四四九頁下。『華厳経』にはその他にもいくつも同趣旨の句がある) ということにもなるわけである。

しかも修行は因位のみにあるのではない。果位にも修証があるという。次は「安居《あんご》」の巻の説である。

仏祖一大事の本懐なるがゆえに、得道のあしたより涅槃《ねはん》のゆふべにいたるまで、開演するところ、ただ安居の宗旨のみなり。……ただ因地に修習するのみにあらず、果位の修証なり。大覚世尊、すでに一代のあひだ、一夏《いちげ》も欠如《けつじょ》なく修証しましませり。しるべし、果上の仏証なりといふことを。

(『全集』第二巻、二三五〜二三六頁)

釈尊でさえ、菩提樹下での成道以後も、なお一夏の安居を欠くこともなく修証された。故に果位にも修証は存在するのは明らかだというのである。

こうして、道元の修証は決して「発心《ほっしん》は一発《いちほつ》にしてさらに発心せず、修行は無量なり、証果は一証なりとのみきく」というようなものではありえないことになる(「発菩提心(発無上心)」、同前、一六四頁)。発心・修行・菩提・涅槃は、実はたがいに浸透しあうものとなろう。発心の中にすでに菩提・涅槃が含まれ、菩提・涅槃の中に発心が含まれているのである。ここから、「行持《ぎょうじ》」上の巻に説かれる、仏祖の大道、かならず無上の行持《ぎょうじ》あり、道環《どうかん》して断絶せず、発心《ほっしん》・修行《しゅぎょう》・菩提《ぼだい》・涅槃《ねはん》、しばらくの間隙《けんきゃく》あらず、行持道環なり。このゆえに、みづからの強為《ごうい》にあらず、他の強為にあらず、不曽染汚《ふぞうぜんな》の行持なり。（『全集』第一巻、一四五頁）

という、「発心・修行・菩提・涅槃、しばらくの間隙あらず、行持道環なり」との「行持道環《ぎょうじどうかん》」の思想も生まれて来るであろう。すべての仏道には菩提・涅槃が浸透しているがゆえに、おのずからなる、行者のはからいに染まらない行持がなされていくのである。

五　修証一等の立場

それは、修証一等の説のすぐそばにあるものである。道元は、修と証とは一つだというのである。このことについて、『弁道話』では次のように説いている。やや長くなるが、該当箇所をそつくり引用しよう。

とふていはく、この坐禅の行《ぎょう》は、いまだ仏法を証会《しょうえ》せざらんものは、坐禅弁道してその証をとるべし。すでに仏正法をあきらめえん人は、坐禅なにのまつところかあらむ。

しめしていはく、癡人《ちにん》のまへにゆめをとかず、山子《さんす》の手には舟棹《しゅうとう》をあたへがたしといへども、さらに訓《おしえ》をたるべし。

それ、修《しゅ》・証《しょう》はひとつにあらずとおもへる、すなはち外道《げどう》の見《けん》なり。仏法には、修証《しゅしょう》これ一等なり。いまも証上の修《しゅ》なるゆえに、初心の弁道すなはち本証の全体なり。かるがゆえに、修行《しゅぎょう》の用心をさづくるにも、修のほかに証をまつおもひなかれ、とをしふ。直指《じきし》の本証なるがゆえなるべし。

すでに修《しゅ》の証《しょう》なれば、証にきはなく、証の修なれば、修にはじめなし。ここをもて、釈迦《しゃか》如来・迦葉《かしょう》尊者、ともに証上の修に受用《じゅゆう》せられ、達磨《だるま》大師・大鑑高祖、おなじく証上の修に引転《いんでん》せらる。仏法住持のあと、みなかくのごとし。すでに証をはなれぬ修あり、われらさいはひに一分《いちぶん》の妙修《みょうしゅ》を単伝せる、初心の弁道すなはち一分の本証を無為の地にうるなり。しるべし、修をはなれぬ証を染汚《ぜんな》せざらしめんがために、仏祖、しきりに修行のゆるくすべからざるとをしふ。妙修《みょうしゅ》を放下《ほうげ》すれば、本証《ほんしょう》、手《て》の中《うち》にみてり、本証を出身《しゅっしん》すれば、妙修、通身《つうしん》におこなはる。

又《また》、まのあたり大宋国にしてみしかば、諸方の禅院みな坐禅堂をかまへて、五百六百、および一二千僧《いちにせんそう》を安《あん》じて、日夜に坐禅をすすめき。その席主とせる伝仏心印の宗師《しゅうし》に、仏法の大意をとぶらひしかば、修証の、両段《りょうだん》にあらぬむねを、きこえき。

このゆえに、門下の参学のみにあらず、求法《ぐほう》の高流《こうる》、仏法のなかに真実をねがはむ人、初《しょ》心《しん》・後心《ごしん》をえらばず、凡人《ぼんにん》・聖人《しょうにん》を論ぜず、仏祖のをしへにより、宗匠《しゅうしょう》の道《どう》をおふて、坐禅弁道すべし、とすすむ。

（『全集』第二巻、四七〇～四七一頁）

修行の中核にもほかならない坐禅はただちに本証であるという。ここに修証一等の思想が詳しく説示されている。すべては証上の修行なのであり、たとえ初心の弁道も本証の一分を実現しえているものなのである。この証上の修は、古来、本証の妙修とも言われることが多い。

なお、この修証一等の別のしかたの説明として、道元独特の〝波羅蜜多《はらみった》説〟がある。布施《ふせ》・持《じ》戒《かい》・忍辱《にんにく》・精進《しょうじん》・禅定《ぜんじょう》・智慧の六波羅蜜（多）は、大乗仏教のもっとも根本的な修行であり、その波羅蜜多、pāramitā は、古来、一義的に訳すのが困難な言葉として、漢語に翻訳されずにきた語である。その意味には、「到彼岸《とうひがん》」と「最勝」の二つの意味があるからである。道元は『正法眼蔵』「仏教」の巻において、この波羅蜜多（波羅蜜）の語の意味を取り上げ、

波羅蜜といふは、彼岸到《ひがんとう》なり。彼岸は去来《こらい》の相貌蹤跡《そうぼうしょうせき》にあらざれども、到は現成するなり、到は公案なり。修行の、彼岸へいたるべしとおもふことなかれ。これ彼岸に修行あるゆえに、修行すれば彼岸到なり。この修行、かならず偏界現成の力量を具足するがゆえに。

（『全集』第一巻、三八七頁）

と説いている。修行というものは、到彼岸（彼岸に到る）なのではなく、「彼岸到」（彼岸が到る）なのだというのである。すなわち、この「修行すれば彼岸到なり」の指摘は、修行において彼岸すなわち悟りの世界がまさに到来・現前していることを述べたものである。「彼岸に修行あるゆえに」には、本証の妙修を見ることが出来る。なお、この「仏教」の巻では、

六波羅蜜といふは、檀《だん》波羅蜜・尸《し》羅《ら》波羅蜜・羼提《せんだい》波羅蜜・毗《び》梨《り》耶《や》波羅蜜・禅《ぜん》那《な》波羅蜜・般《はん》若《にゃ》波羅蜜なり。これは、ともに無上菩提なり。無生《むしょう》・無作《むさ》の論にあらず。（同前、三八六頁）

とも言っている。坐禅だけでなく、布施行も持戒、忍辱等の行も、無上菩提そのものだという。『般若経』では、六波羅蜜は般若波羅蜜多（智慧波羅蜜多）に帰着するという。般若波羅蜜多の中に、他のすべての波羅蜜が包摂され、含まれているというのである。定慧《じょうえ》一等《いっとう》を謳う中国祖師禅においては、それはむしろ坐禅に極まるものとなろう。しかし道元は、布施から始めて他の五波羅蜜を修し、忍辱から始めて他の五波羅蜜を修し等々、いずれもありうることを説く。ということは、般若に力点を置くのではなく、波羅蜜ということを重視して、波羅蜜（彼岸到）であるがゆえに六波羅蜜のすべては無上菩提であるというのであろう。

ともあれ、道元にとっては、修行は彼岸に行く（到彼岸）ことではなく、彼岸が現前する（彼岸到）ことであるのである。ここからも、道元の仏道においては、証上の修ないし本証の妙修の

修行であることが知られよう。

六　参禅は身心脱落なり

この立場からは、坐禅は本証そのものということになる。そうすると、かの『弁道話』の、「さらに焼香・礼拝《らいはい》・念仏・修懺《しゅさん》・看経《かんきん》をもちいず、ただし打坐《たざ》して身心脱落《しんじんだつらく》することをえよ」（『全集』第二巻、四六二頁）という表現が、微妙に変わってくることにもなる。ふり返ってみれば、如浄は坐禅を術と言っていたにもかかわらず、「堂頭和尚、示して曰く、参禅は身心脱落なり。焼香・礼拝《らいはい》・念仏・修懺《しゅさん》・看経《かんきん》を用いず、祇管《しかん》に打坐《たざ》するのみなり」（『宝慶記』一五、『全集』第七巻、一九頁）とあったように、そこには「参禅は身心脱落なり」と言い切る仕方もあったのであった。それはもしかして、道元がそのように改めたのかもしれず、その実際はわからない（なお、水野弥穂子は、『宝慶記』は二十年前のノートの断片ではなく、十二巻『正法眼蔵』執筆の時期とあまり隔たりを持たないころに「草し始め」られたものであるということを、筆者はかねてから主張している」と述べている。水野弥穂子『十二巻『正法眼蔵』の世界』、大蔵出版、一九九四年、一九頁）。ともかく道元は、如浄も「坐禅即身心脱落である」と言っていたと、しきりに伝えるのである。そして道元自身は、『弁道話』の後は、この立場を重視していく。わずかに『正法眼蔵』「仏経」の巻には、「先師、尋常《よのつねに》に道《いわ》く、我が箇裏、焼香・礼拝《らいはい》・念仏・修懺《しゅさん》・看経《かんきん》を用いず、祇管に打坐し、弁道功夫《べんどうくふう》し、身心脱落《しんじんだつらく》なるべし」（『全集』第二巻、一七頁）とあって、いくぶん始覚門《しかくもん》的かともおもわれるが、他にたとえば「行持」下の巻には、先師の様子を伝えて次のように出る。

又いはく、参禅は身心脱落なり。焼香・礼拝・念仏・修懺・看経を用いず、祇管に坐して始めて得てん。（『全集』第一巻、一九八頁）

また、「三昧王三昧《さんまいおうざんまい》」の巻にも、次のように記されている。

先師《せんし》古仏云く、参禅は身心脱落《しんじんだつらく》なり、祇管打坐《しかんたざ》して始めて得《え》ん。焼香《しょうこう》・礼拝《らいはい》・念仏・修《しゅ》懺《さん》・看経《かんきん》を要せず。（『全集』第二巻、一七八頁）

「得てん」も「得ん」も、それでよいという意味である。このほか、道元の『永平広録』にも、

上堂。仏仏祖祖の家風は、坐禅弁道のみなり。先師天童云く、跏趺坐《かふざ》は乃ち古仏の法なり。参禅は身心脱落なり。焼香・礼拝・念仏・修懺・看経を要《もち》いず、祇管《ただ》打坐せば始て得《よろ》しと。（四三二。『全集』第四巻、一九頁）

とある。この最後の「始て得し」も、そうであってはじめてよろしいということで、坐禅以外に他の行法を用いる必要はないということとともに、悟りを求めずともよいと言っているかのようでもある。ともあれ、ここにも如浄の言葉として「参禅は身心脱落なり」の語を見ることが出来る。

なお、『永平広録』には、如浄の「参禅は身心脱落なり」との語を取り上げて説法する場面を、他に三一八、三三七、四三七などに見ることが出来る。詳しくは本書第八章「道元の坐禅観」を参照されたい。

参考までに、やや別の表現になるが、同様の趣旨を述べる言葉が、さらに次のように見られる。

遍参は、ただ祗管打坐《しかんたざ》、身心脱落《しんじんだつらく》なり。而今《にこん》の去那辺去《こなへんこ》、来遮裏来《らいしゃりらい》、その間隙《けんきゃく》あらざるがごとくなる、渾体《こんたい》遍参なり、大道の渾体なり。

（「遍参」、『全集』第二巻、一一七頁）

身《しん》の結跏趺坐すべし、心《しん》の結跏趺坐すべし、身心脱落《しんじんだつらく》の結跏趺坐すべし。

（「三昧王三昧」、同前、一七七頁）

こうして、道元は坐禅が身心脱落の世界であることを、終始、説くようになっていた。そこに、修証一等の禅があり、すなわち対象的な分別を絶している坐禅のただなかに本証を証している世界があることを述べているであろう。このような立場から、たとえば『正法眼蔵』「坐禅箴」の巻には、「まことにしるべし、初心の坐禅は最初の坐禅なり、最初の坐禅は最初の坐仏なり」（『全集』第一巻、一〇九頁）とも説くのであろう。坐禅は坐仏にもほかならない、というのである。古来、「一寸坐れば一寸の仏」ともいう。

ともあれ、このように道元においては、修証一等であり、その修行の中核は坐禅であるので、坐禅即証上の修、本証の妙修、ということにもなるのであった。

七　修証は無きにあらず

しかしながらこのとき、すでに本証の世界が有るとしたら、なぜ修行しなければならないのか、というあの問題が再び浮上してこよう。実は修証一等である以上は、修行を離れた本証がどこかにあるというわけではない、ということをまず確認しておく必要はある。と同時に、やはり本証の世界が有るとしても、これを体得するには修行なしにはありえない。ゆえに修行していくほかないのである。このことについて、『弁道話』には、前の説と同時に次のように明確に説くのであった。

この法は、人人《にんにん》の分上にゆたかにそなはれりといへども、いまだ修《しゅ》せざるにはあらはれず、証《しょう》せざるにはうることなし。（『全集』第二巻、四六〇頁）

本来、悟りの心は人々に豊かに具わっている。「この生死《しょうじ》は、即《すなわ》ち仏の御《おん》いのちなり」（『正法眼蔵』「生死」、同前、五二九頁）でもある。しかしながら修行なしにはそのことを自覚することは出来ないのである。『弁道話』のこの一句は、構造上、『大乗起信論《だいじょうきしんろん》』の本覚と始覚の関係によく似ている。『起信論』では、本覚にもかかわらず不覚の状態にあり、ゆえに修行して始覚に至れば、本覚に同ずとあった。『大乗起信論』そのものにおいては、本覚思想を説くと同時に修行の重要性もしっかり論じられており、本覚ゆえに修行の必要はない、と説いているわけではない。なお、その発心から成仏までの修行にかかる時間は、実に唯識思想の説くところと同じく、三大《さんだい》阿僧祇劫《あそうぎこう》の時間を要するとされている。

道元もまた、「人人の分上にゆたかにそなはれりといへども」、修行しなければそれを自覚、発揮していくことは出来ないという。実は『永平広録』の「参禅は乃ち身心脱落なり」、「坐禅は身心脱落なり」、の句が見えた上堂（四三二）においても、むしろ坐禅に精進すべきことを熱烈に訴えているものなのであり、たとえば「それ坐禅は、乃ち第一に瞌睡《かつ》することなかれ。これ刹那、須臾なりといえども、猛壮を先となす」とあって、懈怠《けたい》を厳しく戒め、「誠なるかな誠なるかな。勧励あらんがごときは、即ち能く精進し、弁道坐禅して、大事の因縁を成熟《じょうじゅく》するなり」（『全集』

第四巻、一九頁）という。

あるいは、『永平広録』に次の説法もある。

上堂。即ちこの身心、陰聚《おんじゅ》にあらず。妙存卓卓、あに情縁ならんや。来なく、去なく、声色に応ず。還《ま》た我、中を翻して八辺に徙《わた》る。対待を亡じて、脚跟地に点ず。何の生滅かあらん。気宇、天を衝《つ》く。かくのごとくなりと雖然《いえど》も、言うことなかれ、殺仏《せつぶつ》、終《つい》に果なしと。得仏の由来は、実《まこと》に坐禅なり。（二八六。同前、一八九頁）

我々は、盤珪《ばんけい》が説いたように、不生《ふしょう》にして霊明な仏心のうちに生きている。日常を生きる（生・滅、常・断等の八辺にわたる）としても、その立場にあれば、対象にひきまわされることなく、主体そのものを実現することが出来る。このとき、「気宇、天を衝く」ほどでもあり、「殺仏《せつぶつ》殺祖《せっそ》」の境涯にも生きていよう。

ここの「殺仏」の語に関して、『正法眼蔵』「坐禅箴」の巻に、「いわゆるさらに坐仏を参究するに、殺仏《せつぶつ》の功徳あり。坐仏の正当恁麼時《しょうとういんもじ》は、殺仏なり。殺仏の相好光明《そうごうこうみょう》は、たづねんとするに、かならず坐仏なるべし。……」（『全集』第一巻、一一〇頁）とある。殺仏とは、対象的に仏を見ることのない、身心脱落の坐禅そのもの、すなわち坐仏をいうとしているわけである。今の上堂はその只管打坐に、果がないわけではないという。その果を得仏と表現している。その得仏の果は、坐禅によってこそであると示すのである。
こうして、道元は只管打坐を強調するも、その行の中で悟を得、仏を得ることはありうることも、述べていた。その心は、南嶽懐譲《なんがくえじょう》の次の言葉、「修証は無きにあらず、染汚《ぜんな》することは即ち得じ」がもっともよく表していることであろう。この句はもと、『景徳伝灯録《けいとくでんとうろく》』巻第五の、南嶽懐譲の章に出る話であって、詳しくは次のようである。

……乃ち直に曹渓《そうけい》に詣り、六祖に参ず。
祖問う、什麼《いずれ》の処よりか来たる。
曰く、嵩山《すうざん》より来る。
祖曰く、什麼物《なにもの》か恁麼《いんも》に来たる。
曰く、一物《いちもつ》を説似（示）すれば即ち中《あた》らず。
祖曰く、還《ま》た修証すべきや否や。
曰く、修証は無きにあらず、汚染することは即ち得じ。
祖曰く、只だ此の不汚染、諸仏の護念する所なり。……
（大正五一巻、二四〇頁下）

……そこで、南嶽懐譲は六祖慧能《えのう》のいる場所に行き、慧能に参じた。
慧能は懐譲に、どこより来たかと問うた。

懐譲は嵩山より来ましたと答えた。

すると慧能は、いったい何ものがそのようにしてきたのか、と問うた。

懐譲は、ちょっとでも言えば即、あたりません、と答えた。

慧能は、修行し証悟する必要はないのか、と問うた。

懐譲は、修行や証悟は無いわけではありませんが、もとよりそれを汚すことはできないでしょう、と答えた。

慧能は、その不染汚のところは、諸仏が留意し守っているところにほかならない、と懐譲の答えを肯うのであった。


「いったいなにものがそのようにやってきたのか」という問いに、以前、南嶽懐譲はまったく答えられなかったのであったが、今回は自らの見解を呈することができた。しかしそれは、「ちょっとでも説けば、当たらない」というものであった。六祖は、その答えを認めた。本当の自己存在は、説けないし、というよりむしろ対象的につかまえられないのである。そこに自己の本来のあり方がある。それこそ、「天上天下《てんじょうてんげ》唯我独尊《ゆいがどくそん》」の自己であろう。

それはともかく、「染汚することは即ち得じ」とは、したがって修行にも証悟にもとらわれるべきでない、ということでもある。自分は修行したとか、自分は悟りを開いたとか、そうした意識をかつぎまわることをしてはならないということである。ただ、坐禅するのみ、しかも坐禅したということにもとらわれてはならない。すべてにおいて、跡を消すということが大事なことである。しかしその中に、修行と証悟の区別がないわけではない。修証一等ではあるけれども、修証なきにあらずなのである。

道元は南嶽懐譲のこの句を好み、しばしば依用している。この句が『正法眼蔵』に引用されている例を、ここに掲げてみよう。

坐禅は習禅にはあらず、大安楽の法門なり、不染汚《ふぜんな》の修証《しゅしょう》なり。

（「坐禅儀」、『全集』第一巻、一〇一頁）

諸仏・七仏より、仏仏祖祖の正伝するところ、すなはち修証三昧なり。いはゆる或従《わくじゅう》知識・或従経巻なり、これはこれ仏祖の眼睛なり。

このゆえに、曹渓《そうけい》古仏、僧に問うて云く、還《ま》た修証《しゅしょう》を仮《か》るや也《ま》た無《いな》や。僧云く、修証は無きにあらず、染汚することは即ち得じ。

しかあればしるべし、不染汚《ふぜんな》の修証、これ仏祖なり、仏祖三昧の霹靂《びゃくりゃく》風雷《ふうらい》なり。

（「自証三昧《じしょうざんまい》」、『全集』第二巻、一九六頁）

仏道は不道を擬《ぎ》するに不得なり、不学を擬するに転遠《てんおん》なり。

郵便はがき

料金受取人払郵便

神田局
承認

1743

差出有効期間
2023年12月31日まで
(切手不要)

101-8791

535

千代田区外神田
二丁目十八—六

春秋社

愛読者カード係

*お送りいただいた個人情報は、書籍の発送および小社のマーケティングに利用させていただきます。

(フリガナ) お名前	歳	ご職業
ご住所 〒		
E-mail 小社より、新刊/重版情報、「web 春秋 はるとあき」更新のお知らせ、イベント情報などをメールマガジンにてお届けいたします。	電話	

※新規注文書(本を新たに注文する場合のみご記入下さい。)

ご注文方法 □書店で受け取り □直送(代金先払い) 担当よりご連絡いた

書店名	地区	書名	

購読ありがとうございます。このカードは、小社の今後の出版企画および読者の皆様と
ご連絡に役立てたいと思いますので、ご記入の上お送り下さい。

〈書名〉※必ずご記入下さい

●お買い上げ書店名（　　　地区　　　書店　）

本書に関するご感想、小社刊行物についてのご意見

上記をホームページなどでご紹介させていただく場合があります。（諾・否）

メディア ア名 ）	●本書を何でお知りになりましたか 1. 書店で見て 2. 新聞の広告で （1）朝日 （2）読売 （3）日経 （4）その他 3. 書評で（　　　紙・誌） 4. 人にすすめられて 5. その他	●お買い求めになった動機 1. 著者のファン 2. テーマにひかれて 3. 装丁が良い 4. 帯の文章を読んで 5. その他 （　　　）
満足　□ 不満足	●定価 □ 安い　□ 高い	●装丁 □ 良い　□ 悪い

読んで面白かった本　（著者）　（出版社）

社　電話 03-3255-9611　FAX 03-3253-1384　振替 00180-6-24861
E-mail:info@shunjusha.co.jp

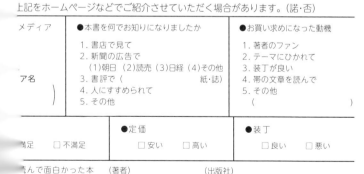

南嶽大慧禅師のいはく、修証はなきにあらず、染汚することえじ。

仏道を学せざれば、すなはち外道《げどう》・闡提《せんだい》等の道に堕在す。このゆえに、前仏後仏かならず仏道を修行《しゅぎょう》するなり。

（「身心学道」、『全集』第一巻、四五頁）


しかあればすなはち、修証《しゅしょう》は無《む》にあらず、修証は有《う》にあらず、修証は染汚《ぜんな》にあらず。無仏・無人の処在に百千万ありといへども、行仏を染汚せず。ゆえに行仏の修証に染汚せられざるなり。修証の不染汚なるにはあらず。この不染汚、それ不無なり。

（「行仏威儀《ぎょうぶついいぎ》」、同前、六〇頁）


仏祖の護持しきたれる修証あり、いはゆる不染汚《ふぜんな》なり。（「洗浄」、『全集』第二巻、八〇頁）

以上、修証一等の坐禅の中に、修と証、すなわち得道につながる修行の意味と、さらには証悟の時節がないわけではないことを辿ってきた。修証一等にして、修・証の区別もある。発心・修行・菩提・涅槃の各意義はあって、しかもそれらは道環している。こうして、その両面を只管打坐に見るのでなければならないであろう。

八　道は無窮なり

　ところで、一般に仏道修行というものは、悟りに達したらその目的は達成されるのであり、以後にはもはや修行は必要なくなると考えられるかもしれない。臨済宗《りんざいしゅう》では、見性《けんしょう》ということをやかましく言うが、しかし見性とは多数ある公案体系の初関を突破したところを言うものであり、その後、さらに修行は続いていくものである。今日の白隠《はくいん》下での室内（公案体系）においては、「法身《ほっしん》・機《き》関《かん》・言詮《ごんせん》・難透《なんとう》・向上《こうじょう》」、そして「末後の牢関」と公案が用意されている（秋月龍珉『公案――実践的禅入門』、ちくま学芸文庫、二〇〇九年、八二頁）。これらをすべて修了すれば、大《だい》事了畢《じりょうひつ》ということになるのである。しかしもちろん、心ある禅僧は、その後も坐禅（正念相続《しょうねんそうぞく》）をさらに深めていくに違いない。

　道元もまた、むしろ道元こそ、悟りをひらいてもそこで修行が終わるわけではないことを、口を酸っぱくして説いている。その根拠は、『弁道話』の、「すでに修《しゅ》の証《しょう》なれば、証にきはなく、証の修なれば、修にはじめなし」（『全集』第二巻、四七〇頁）にあるであろう。修にはじめがないとは、意表をつく言葉であるが、我々がもとより本証の中に生かされていることを指摘するものと思われる。もちろん、この本証はきわ（際）のないものであって、それゆえ修に終わりもないことになるわけである。

この立場から、道元は悟りを待つ坐禅、待悟禅をきびしく斥けるとともに、何らか得るものがあって、そこで修行をやめてしまう者たちを激しく批判するのであった。同じ『弁道話』には、修証一等のことを語った後、次のように結んでいる。

きかずや、祖師のいはく、修証はすなはちなきにあらず、染汚《ぜんな》することはえじ。又《また》いはく、道《どう》をみるもの、道を修《しゅ》す、と。しるべし、得道のなかに修行すべしといふことを。

(同前、四七一頁)

こうして、道元は、「道は無窮《むぐう》なり」との語を示すのである。『正法眼蔵随聞記』に、「学道の人、若し悟《さとり》を得ても、今は至極《しごく》と思《おもう》て、行道を罷《やむる》ことなかれ。道は無窮なり。さとりても、猶《なお》行道すべし。良遂座主《りょうすいざす》、麻谷《まよく》に参《さんぜ》し、因縁を思ふべし」とある(一。『全集』第七巻、五六頁)。

この辺を説くものを、『正法眼蔵』の中にさらに探ってみると、まず「現成公案」の巻に、仏法を深く了解しあるいは体得すればするほど、「ひとかたはたらず」との思いのうちに、おのずから修行していくと言っている。それは、仏の世界の徳には尽きないものがあるからでもあるのである。(「身心に、法いまだ参飽《さんぽう》せざるには、法すでにたれりとおぼゆ。法もし身心に充足すれば、ひとかたはたらずとおぼゆるなり。」『全集』第一巻、四頁)

それはともかく、「坐禅箴」には、次のように、仏道上、坐禅を軽視する輩を批判している。

しかあるに、近年おろかなる杜撰《ずさん》いはく、功夫坐禅、得胸襟無事了、便是平穏地也〈功夫坐禅は、胸襟の無事なることを得了《えおわ》らば、便《すなわ》ち是《こ》れ平穏地なり〉。この見解《けんげ》、なほ小乗の学者におよばず、人天乗よりも劣《れつ》なり、いかでか学仏法の漢といはむ。見在《げんざい》大宋国に、恁麼《いんも》の功夫人《くふうにん》おほし。祖道の荒蕪《こうぶ》かなしむべし。

又《また》一類の漢あり、坐禅弁道は、これ初心晩学の要機なり、かならずしも仏祖の行履《あんり》にあらず、行亦禅、坐亦禅、語黙動静体安然《ごもくどうじょうたいあんねん》〈行も亦た禅、坐も亦た禅、語黙動静に体《たい》は安然〉なり、ただいまの功夫《くふう》のみにかかはることなかれ。臨済《りんざい》の余流と称するともがら、おほくこの見解《けんげ》なり。仏法の正命《しょうみょう》つたはれることおろそかなるによりて、恁麼道《いんもどう》するなり。なにかこれ初心、いづれか初心にあらざる、初心いずれのところにかおく。

しるべし、学道の定まれる参究には、坐禅弁道するなり。……（同前、一〇四〜一〇五頁）

一方、「諸法実相」の巻には、次のようにある。

初発心《しょほっしん》に成仏し、妙覚地に成仏す。無量百千万億度作仏《さぶつ》せる菩薩あり。作仏よりのちは、行《ぎょう》を廃《はい》してさらに所作《しょさ》あるべからず、といふは、いまだ仏祖の道《どう》をしらざる凡夫なり。

（同前、四六一頁）

とすれば、道元の修証一等の説は、結局、道は無窮なりを物語るものなのであった。ここに、本来仏なのに、なぜ修行しなければならないのか、という大疑団への最終的な解答がある。それは、本来仏であるからこそ、実にそこに永遠の修行が発動するのである。

まとめ

道元の修証論を見てきた最後に、『正法眼蔵』「現成公案」の巻の結びにおかれた、この辺の機微をまとめて物語る話を、引用しておこう。あの「道は無窮なり」の語が出る『正法眼蔵随聞記』のお示しにふれられていた話である。

麻浴山《まよくざん》宝徹禅師、あふぎをつかふちなみに、僧きたりてとふ、風性《ふうしょう》常住、無処不周なり、なにをもてかさらに和尚あふぎをつかふ。師云《いわ》く、なんぢただ風性常住をしれりとも、いまだところとしていたらずといふことなき道理をしらず、と。僧曰《いわ》く、いかならんかこれ無処不周底の道理。ときに、師、あふぎをつかふのみなり。僧、礼拝す。（同前、六頁）

ある僧が宝徹《ほうてつ》禅師に、「風性常住、無処不周（風性は常住にして、処として周《あま》ねからざる無し）という言葉がある。それなのに、なぜ扇をつかうのか」と質問すると、宝徹禅師は、お前さんは風性常住は知っていても、無処不周ということが分かっていない、と答えた。僧が、それはどういうことですかと尋ねると、宝徹禅師はそれには答えず、ただ扇をつかうのみであったという。

道元はこの話に対し、次の文をもって結んでいる。

仏法の証験、正伝の活路、それかくのごとし。常住なればあふぎをつかふべからず、つかはぬをりも風をきくべきといふは、常住をもしらず、風性をもしらぬなり。風性は常住なるがゆえに、仏家《ぶつけ》の風《ふう》は、大地の黄金なるを現成せしめ、長河の蘇酪《そらく》を参熟せり。（同前）

ここに、道元が抱いたあの疑団への解答をみることが出来よう。「風性は常住なるがゆえに」（本証）、実際に風がそよげばこそ（妙修）、そこに妙浄なる仏国土が現成するのである。宝徹禅師が、「あふぎをつかふのみなり」ということには、不染汚《ふぜんな》の修証の端的を見る思いがする。只管打坐の只管の語は、「ひたすら」と読むよりも「ただ」と読むのがふさわしいであろう。

以上、道元の坐禅は、修証一等の只管打坐であり、それは証上の修、本証の妙修であってそこに坐仏が現成するとともに、一方、その中で証を得る体験はありえることであり、その後も永遠にその修証は続いていくものなのであった。

第四章　道元の修証論　II

はじめに

道元の修道論は、証上の修というようなきわめて深みのあるものであった。それは常に修証《しゅしょう》一等《いっとう》であり、行持《ぎょうじ》道環《どうかん》するものなのであった。しかもだからこそ、道は無窮なりとも言われる。そこでは、只管打坐がどこまでも修証されていくことが期待されている。

ではその道は、個人の永遠の修証に閉じられたものなのであろうか。もしそうだとすると、たとえその道が高尚で殊勝なものだとしても、それは二乗の道と本質的に変わらないものとなり、はたしてどれだけの意味があるのか疑問に思われる。この辺は、道元において、どのように示されているのであろうか。

一　自他協働の発心・修証

実は道元は発心について、「自未得度先度他《じみとくどせんどた》」の心をおこすことと言っていた。発心の時から、他者へのかかわりを根本とすべきだというのである。そこでは、「おおよそ菩提心とは、いかがして一切衆生をして菩提心をおこさしめ、仏道に引導せましと、ひまなく三業《さんごう》にいとなむなり」（新草「発菩提心《ほつぼだいしん》」、『全集』第二巻、三三三頁）とあった。発菩提心して、しかもそののちもその菩提心に基づいて、他者の救いを第一とする心でもって、身体の所作・言語活動・心の想念という「三業《さんごう》に」営むのだというのである。

とすれば、実は発心時はもちろん、修行時においても、他者を無視・軽視することはまったくないことになるはずである。この修行時における他者へのかかわりについては、他にも次のような説がある。

およそ学仏祖道は、一法《いっぽう》一儀を参学するより、すなわち為他《いた》の志気《しいき》を衝天《しょうてん》せしむるなり。しかあるによりて、自他を脱落するなり。さらに自己を参徹すれば、さきより参徹他己なり。よく他己を参徹すれば、自己参徹なり。……

自己を体達し、他己を体達す、仏祖の大道なり。ただまさに自初心の参学をめぐらして、他初心の参学を同参すべし。初心より自他ともに同参しもてゆくに、究竟《くきょう》同参に得到するなり。自功夫のごとく、他功夫をもすすむべし。（「自証三昧《じしょうざんまい》」、同前、二〇〇〜二〇一頁）

仏道を学ぶには、どんな些末なことにおいても、常にその時その時、他のためにという志気をみなぎらせ、その志気の発露として行ぜられなければならないという。修行し功徳を積んでのち、初めて他へというのではなく、初心のうちから、他とともに、他のために、参学に励むべきなのである。そうであってこそ、自己と他己とを脱落した真実に出会うことができる。自己に閉ざされた修学は、仏道における修学ではない。真の仏道においては、あくまでも他に開かれた修学でなければならないのである。

また、発心修証のありようが他との関係においてなされるべきというだけでなく、その発心修証そのものが、すでに他との連関のうちにあることも説かれている。たとえば発心に関しては、次のようにある。

釈迦牟尼仏言、明星出現時、我与大地有情、同時成道。〈釈迦牟尼仏言く、明星出現《みょうじょうしゅつげん》の時、我と大地有情《うじょう》と同時に成道す。〉

しかあれば、発心《ほっしん》・修行《しゅぎょう》・菩提《ぼだい》・涅槃《ねはん》は、同時の発心・修行・菩提・涅槃なるべし。仏道の身心《しんじん》は、草木瓦礫《がりゃく》なり、風雨水火なり。これをめぐらして仏道ならしむる。すなはち発心なり。虚空《こくう》を撮得《さつとく》して造塔・造仏すべし。渓水を掬啗《きくたん》して造仏・造塔すべし。これ発阿耨《ほつあのく》多羅三藐三菩提《たらさんみゃくさんぼだい》なり。一発菩提心《いちほつぼだいしん》を百千万発《ぽつ》するなり、修証《しゅしょう》もかくのごとし。

しかあるに、発心《ほっしん》は一発《いちほつ》にしてさらに発心せず、修行は無量なり、証果は一証なり、とのみきくは、仏法をきくにあらず、仏法をしれるにあらず、仏法にあふにあらず。千億発《ほつ》の発心は、さだめて一発心の発《ほつ》なり、千億人の発心は一発心の発なり、一発心は、千億の発心なり。修証・転法もまたかくのごとし。草木等にあらずば、いかでか身心あらん。身心にあらずば、いかでか草木あらん、草木にあらずば、草木あらざるがゆえに、かくのごとし。

（「発菩提心（発無上心）」、同前、一六四〜一六五頁）

道元は釈尊の悟りを、禅門の伝統に従って、見明星の時節に見ているようである。その釈尊の成道は、大地・有情と同時成道であった。しかしこのことは、釈尊にだけでなく、また成道にだけでない。発心《ほっしん》・修行《しゅぎょう》・菩提《ぼだい》・涅槃《ねはん》の仏道のすべてが大地・有情と同時の発心・修行・菩提・涅槃でありうる。否、あるのである。たとえば一人の発心は、千億人の発心と同時である。千億発の発心は、一発心の発である。一菩提心を千億発するのである。それはまことに不可思議な事態であるが、一人の発心は、一菩提心において他の多くの者の発心と何らかの内的連関を持つのである。

このことは、発心だけでなく、修証においてもそのようだという。まず、懺悔《さんげ》および信の次元において、「渓声山色」の巻に次のように言われる。

又、心《しん》も肉《にく》も、懈怠《けたい》にもあり、不信にもあらんには、誠心《じょうしん》をもはらして、前仏に懺悔《さんげ》すべし。恁麼するとき、前仏懺悔の功徳力、我をすくひて清浄《しょうじょう》ならしむ。この功徳、よく無《む》礙《げ》の浄信・精進を生長《しょうちょう》せしむるなり。浄信一現するとき、自他おなじく転ぜらるるなり。その利益《りやく》、あまねく情・非情にかぶらしむ。その大旨は、願《ねがわく》は、われたとひ過去の悪業《あくごう》おほくかさなりて、障道の因縁ありとも、仏道によりて得道せりし諸仏諸祖、われをあはれみて、業累《ごうるい》を解脱せしめ、学道さはりなからしめ、その功徳法門、あまねく無尽法界《ほっかい》に充満弥《み》綸《りん》せざらん、あはれみをわれに分布すべし。仏祖の往昔《おうしゃく》は吾等《われら》なり、吾等が当来は仏祖ならん。仏祖を仰観《ごうかん》すれば一仏祖なり、発心《ほっしん》を観想するにも一発心なるべし。あはれみを七通八達せんに、得便宜《とくべんぎ》なり、落便宜《らくべんぎ》なり。

（『全集』第一巻、二八三～二八四頁）

仏の前に懺悔するとき、浄心が生まれる。懺悔は、諸仏諸祖に学道への障りをなからしめ、さらにその功徳が宇宙にあまねく充満するよう、その憐れみを分けていただきたいと請うのである。この諸仏諸祖の広大な憐れみが、懺悔者に浄信をもたらすとき、それは単にその懺悔者一人を動かすだけではない、自他へともにはたらくのであり、その利益は生きとし生けるもののみばかりでなく、一切の存在に及ぶのである。一個の修道者と諸仏諸祖との間の交流は、他の多くの修道者とも内的連関をもつのである。

二　坐禅世界の風光

さらにまた、次の打坐修禅の光景を記す『弁道話《べんどうわ》』の一節は、圧倒的でさえある。やや長くなるが、ここは道元の仏道の真髄をなすものであるので、あえてすべて引用することにする。

もし人、一時《いちじ》なりといふとも、三業《さんごう》に仏印《ぶつちん》を標《ひょう》し、三昧《ざんまい》に端坐するとき、遍法界《へんほっかい》みな仏印となり、尽虚空《じんこくう》ことごとくさとりとなる。ゆえに、諸仏如来をしては、本地の法楽《ほうらく》をまし、覚道の荘厳《しょうごん》をあらたにす。および十方法界《じっぽうほっかい》・三途六道《さんずろくどう》の群類、みなともに一時に身心《しんじん》明《みょう》浄《じょう》にして、大解脱地《だいげだっち》を証し、本来面目《ほんらいめんもくげん》現ずるとき、諸法みな正覚《しょうがく》を証会《しょうえ》し、万物《まんもつ》ともに仏身を使用して、すみやかに証会《しょうえ》の辺際《へんざい》を一超《いっちょう》して、覚樹王《かくじゅおう》に端坐《たんざ》し、一時《いちじ》に無等等《むとうどう》の大法輪を転じ、究竟無為《くきょうむい》の深般若《じんはんにゃ》を開演す。

これらの等正覚《とうしょうがく》、さらにかへりてしたしくあひ冥資《みょうし》するみちかよふがゆえに、この坐禅《ざぜん》人《にん》、礭爾《かくじ》として身心脱落《しんじんだつらく》し、従来雑穢《じゅうらいぞうえ》の知見思量を截断《せつだん》して、天真の仏法に証会《しょうえ》し、あまねく微塵際《みじんさい》そこばくの諸仏如来の道場ごとに、仏事を助発《じょほつ》し、ひろく仏向上《ぶつこうじょう》の機にかうぶらしめて、よく仏向上の法を激揚《げきよう》す。このとき、十方法界の土地《どぢ》・草木《そうもく》・牆壁《しょうへき》・瓦礫《がりゃく》、みな仏事をなすをもて、そのおこすところの風水の利益にあづかるともがら、みな甚妙不可思議《しぎ》の仏化《ぶっけ》に冥資《みょうし》せられて、ちかきさとりをあらはす。この水火《すいか》を受用《じゅゆう》するたぐひ、みな本証の仏化を周旋《しゅうせん》するゆえに、これらのたぐひと共住《ぐうじゅう》して同語するもの、またことごとくあひたがひに無窮《むぐう》の仏徳そなはり、展転広作《てんでんこうさ》して、無尽、無間断《むけんだん》、不可思議、不可称量の仏法を、遍法界《へんほっかい》の内外《ないげ》に流通《るづう》するものなり。しかあれども、このもろもろの当人《とうにん》の知覚に昏《こん》ぜざらしむることは、静中《じょうちゅう》の無造作《むぞうさ》にして、直証《じきしょう》なるをもてなり。もし、凡流《ぼんる》のおもひのごとく、修証《しゅしょう》を両段にあらせば、おのおのあひ覚知すべきなり。もし、覚知にまじはるは、証《しょう》則《そく》にあらず、証則には、迷情《めいじょう》およばざるがゆえに。

又《また》、心《しん》・境《きょう》ともに静中《じょうちゅう》の証入悟出《しょうにゅうごしゅつ》あれども、自受用《じじゅゆう》の境界《きょうがい》なるをもて、一塵をうごかさず、一相《いっそう》をやぶらず、広大の仏事、甚深微妙《じんじんみみょう》の仏化《ぶっけ》をなす。この化道《けどう》のおよぶところの草《そう》木《もく》・土地《どぢ》、ともに大光明《だいこうみょう》をはなち、深妙法《じんみょうほう》をとくこと、きはまるときなし。草木《そうもく》・牆壁《しょうへき》は、よく凡聖含霊《ぼんしょうがんれい》のために宣揚《せんよう》し、凡聖含霊は、かつて草木・牆壁のために演暢《えんちょう》す。自覚覚他の境界、もとより証相《しょうそう》をそなへてかけたることなく、証則おこなはれておこたるときなからしむ。

ここをもて、わづかに一人一時《いちにんいちじ》の坐禅なりといへども、諸法とあい冥《めい》し、諸時とまどかに通ずるがゆえに、無尽法界のなかに、去《こ》・来《らい》・現《げん》に、常恒《じょうごう》の仏化道事《ぶっけどうじ》をなすなり。彼彼《ひひ》ともに一等の同修《どうしゅ》なり、同証なり。ただ坐上の修《しゅ》のみにあらず、空をうちてひびきをなすこと、撞《とう》の前後に妙声《みょうしょう》綿綿《めんめん》たるものなり。このきはのみにかぎらんや、百頭《ひゃくとう》みな本面目《ほんめんもく》に本修行をそなへて、はかりはかるべきにあらず。しるべし、たとひ十方無量恒河沙数《ごうがしゃすう》の諸仏、ともにちからをはげまして、仏智慧《ぶっちえ》をもて、一人《いちにん》坐禅の功徳をはかり、しりきはめんとすといふとも、あへてほとりをうることあらじ。

（『全集』第二巻、四六二～四六四頁）

ここには、一人の坐禅が法界にもたらす影響が、詳しく描かれている。その風光は、神秘的なまでに奥深い。一人の坐禅は諸仏如来、あるいは三途六類《さんずろくるい》に悟りを開かせ、あるいはいよいよ悟りを深めさせる。そのことが、この坐禅する一人に、冥資《みょうし》する道を通って仏法に証会《しょうえ》せしめる。一が多に、多が一に互いに功徳をもたらし展転広作《てんでんこうさ》して無尽《むじん》・無間断《むけんだん》・不可思議《ふかしぎ》・不可称量《ふかしょうりょう》の仏法を、遍法界の内外に流通するという。ただしそれは意識の世界においてではない。迷情の世界を超越した世界での出来事なのである。

道元は、坐禅を自受用三昧《じじゅゆうざんまい》と示していた。『弁道話』の冒頭に、「諸仏如来、ともに妙法を単伝して、阿耨菩提《あのくぼだい》を証《しょう》するに、最上無為の妙術あり。これ、ただほとけ、仏《ほとけ》にさづけてよこしまなることなきは、すなはち自受用三昧《じじゅゆうざんまい》その標準なり」（同前、四六〇頁）とあるようである。自受用とは、もともと報身《ほうじん》の仏すなわち受用身の仏に用いられた語で、修行して積んだ功徳を自らに受用するという意味である。それは、その功徳を他に受用せしめる他受用身に対比的に用いられる語であった。道元によれば、坐禅は、我々に意識されなくとも、その禅定という自受用三昧において、しかもあらゆる存在をひそかに化仏せしめているのである。「ここをもて、わづかに一人一時の坐禅なりといへども、諸法とあひ冥し、諸時とまどかに通ずるがゆえに、無尽法界のなかに、去・来・現に、常恒の仏化道事をなすなり。彼彼ともに一等の同修なり、同証なり」とあった。また、その前に、「自受用の境界なるをもて、一塵をうごかさず、一相をやぶらず、広大の仏事、甚深微妙の仏化をなす」ともあった。仏化は仏による教化、接化《せっけ》ということであろうが、化せられる者にとっては、まさに仏に化することである。それは坐禅そのものが、すでに自覚覚他という真実の仏地の境界の実現であり、そこにはすべて覚りへ導く力がはたらいているからである。

それ故、一人一時の坐禅が、空間的・時間的に一切と冥合して、無尽法界の中での過去・未来・現在に常恒の仏化の働きに参入することになる。もはやその坐禅における修は一切の存在と共通の修であり、その証も共通の証である。その功徳の量は、無数の諸仏がその智慧によってはかろうともはかることができないほど広大なものなのである。

このように、ある一人（個）の発心修証のすべては、すでに構造としてあらゆる他の個との関連を持っているというのである。

とすると、世界には、とりあえず多くの個が存在する。諸仏諸祖が存在し、我々人間も存在し、三途六類も存在する。「仏祖の往昔《おうしゃく》は吾等《われら》なり、吾等が当来は仏祖ならん」（「渓声山色《けいせいさんしょく》」、『全集』

第一巻、二八三頁）である。まず多個があり、その中で、すでに先に成仏しているのが仏祖等であり、いまだ遅れて仏祖となりえていないのが吾等である。しかしすべては同じ個であることに変わりはない。しかもあらゆる個は、仏道においては、たがいにもとより関係している。脱落底において一であるとともに、各々の個から多個へ・多個から個へと、見えない世界であい助け合い通いあっている（冥資する）道が四方八方に通達（七通八達）している。そして諸仏諸祖と吾等とが、同じく仏道を歩み、互いに修証の行持に生きるとき、世界はこの行持の功徳が、多個の間においてたがいに浸透し響き合う交響的世界を構成しているであろう。その辺を、「行持《ぎょうじ》」上の巻のほぼ冒頭では、次のように描いている。ちなみに、「行持」とは、行をたもち続けること、と理解すればよいであろう。

　この行持の功徳《くどく》、われを保任《ほうにん》し、他を保任す。その宗旨は、わが行持、すなはち十方の帀《そう》地漫天《ちまんてん》、みなその功徳をかうぶる。他もしらず、われもしらずといへども、しかあるなり。このゆえに、諸仏諸祖の行持によりて、われらが行持見成《げんじょう》し、われらが大道通達《つうだつ》するなり。われらが行持によりて、諸仏の行持見成し、諸仏の大道通達するなり。われらが行持によりて、この道環の功徳あり。これによりて、仏仏祖祖、仏住し、仏非《ぶっぴ》し、仏心し、仏成《ぶつじょう》して、断絶せざるなり。この行持によりて日月星辰《にちげつせいしん》あり。行持によりて大地虚空《こくう》あり、行持によりて依正身心《えしょうしんじん》あり、行持によりて四大《だい》五蘊《うん》あり。行持、これ世人の愛処にあらざれども、諸人の実帰なるべし。過去・現在・未来の諸仏の行持によりて、過去・現在・未来の諸仏は現《げん》成《じょう》するなり。その行持の功徳、ときにかくれず、かるがゆえに発心・修行す。その功徳、ときにあらはれず、かるがゆえに見聞・覚知せず。あらはれざれども、かくれずと参学すべし。隠顕《おんけん》・存没《ぞんもつ》に染汚《ぜんな》せられざるがゆえに。われを見成《げんじょう》する行持、いまの当隠《とうおん》に、これいかなる縁起の諸法ありて行持すると不会《ふえ》なるは、行持の会取《えしゅ》、さらに新条の特地にあらざるによりてなり。縁起は行持なり、行持は縁起せざるがゆえにと、功夫《くふう》参学を審細にすべし。かの行持を見成する行持は、すなはちこれわれらがいまの行持なり。行持のいまは、自己の本《ほん》有《う》・元住《げんじゅう》にあらず。行持のいまは、自己に去来《こらい》・出入するにあらず。いまといふ道《どう》は、行持よりさきにあるにはあらず、行持現成するをいまといふ。

しかあればすなはち、一日の行持、これ諸仏の種子《しゅうじ》なり、諸仏の行持なり。……

（同前、一四五～一四六頁）

自己の今の行持は諸仏諸祖との縁起の世界においてもたらされたものである。我々の行持が諸仏の行持を支え、諸仏の行持が我々を支える。むしろこの行持の交流の世界にあって、その行持の功徳が今・ここに結ばれるところに個があるのである。しかもそこにも道環と呼ばれるべき事態があるという。故に行持道環は、縦に発心・修行・菩提・涅槃をめぐると同時に、横に諸仏諸祖に、諸々の凡夫・有情にめぐる。あるいは逆に、縦にめぐる環と横にめぐる環の交点に自己があるのである。

このように、道元の仏道の世界では、個は他の多個と関係しての個である。発心の時から修行の時までそうである。もちろん証果の世界においては、利他の活動はますます活発に、自在になるであろう。発心であろうと修証であろうと、すでに個のはたらきは必然的に他の個と影響しあっている。だからこそ、発心も修証も、いかに他を度するか、いかに他を先にするかのみを課題とすべきなのであり、それでこそ自己の真実に徹しているのである。興味深いことに、このことは只管打坐の修証の中に、不思議にも含まれているという。坐禅が誰にも知られることなく、化導の働きをなしているというのである。このことをどう受け止めるかは、道元をどう受け止めるかによることであろう。

もちろんここで、では坐禅さえしていればよいのか、は問われることであろう。冥資の道以外に、何かすべきことはないのか問われるものがあることと思われる。そのことは、修行者のその時・その場の意識の上で考察されなければならないであろう。しかしそこでもっとも大切なことは、発心を確認することかと思われる。

三　自己を習うということ

それはともかく、道元によれば、「仏道をならふといふは、自己をならふなり」（「現成公案」、同前、三頁）なのであったが、一面、仏道とは正しく「仏を習うこと」でもなければならないであろう。仏を習うということは、結局、自覚覚他、自利利他のはたらきを習うことに違いない。このことについて、道元は「唯仏与仏《ゆいぶつよぶつ》」の巻に次のように説いている。

又《また》、三世諸仏は、すでにおこなひて、道をも、なり、悟りも、をはれり。この、仏と我とひとし、とは、又いかにか心うべき。まづしばらく仏の行をこころうべし、仏の行は、尽大地とおなじくおこなひ、尽衆生、ともにおこなふ。もし尽一切にあらぬは、いまだ仏の行にてはなし。

然かあれば、心をおこすより、さとりをうるにいたるまで、かならず尽大地と尽衆生と、さとりも、おこなひもするなり。これにいかにかうたがふおもひもあるべきに、しられぬおもひもまじるににたをあきらめんとて、是《かく》の如くのこえのきこゆるも、人のよう、とはあやしまざるべし。是は、心うる、をしへにては、三世の諸仏のこころをもおこし、おこなふは、かならず、われらが身心《しんじん》をばもらさぬことわりの有《ある》なり、としるべし。

（『全集』第二巻、五二四〜五二五頁）

仏を習うとは尽大地・尽衆生とともに行なう行を習うということであり、それ故、発心・修行・菩提・涅槃のすべてを、尽大地・尽衆生とともに行なうべきであるという。そのとき仏道が、自己を習い、自己を忘れ、自己の身心および他己の身心を脱落せしむるように、同じく自己と他己とを脱落して自己と他己を利益するであろう。「現成公案」の巻には、

> 仏道をならふといふは、自己をならふなり。自己をならふといふは、自己をわするるなり。自己をわするるといふは、万法に証せらるるなり。万法に証せらるるといふは、自己の身心および他己の身心をして脱落せしむるなり。悟迹《ごしゃく》の休歇《きゅうかつ》なるあり、休歇なる悟迹を長長《ちょうちょう》出《しゅつ》ならしむ。
> （『全集』第一巻、三頁）

と、「自己の身心および他己の身心をして脱落せしむるなり」であるのであった。

さて、事態が以上のようであれば、道元の仏道、その修証は常に他に開かれたものとして理解されなければならない。その前提に、まず多個があるその中に、冥資の道が無限に交差し、通い合っているのである。否、まず関係する多個があるというべきなのである。道元における個、宗教的実存の構造は、脱落即現成として、脱落底において一であり、その現成底において他の一切の個とのかかわりのうちにあると言い得よう。脱落即現成とは、華厳《けごん》にいう理事無礙法界《りじむげほっかい》であり、この現成底が他の一切の現成底とのかかわりのうちにあるということは、事事無礙法界であろう。そこでは、あくまでも事と事とが無礙に関係するのである。事とは物ではなく、言ってみれば行

為である。仏道では、修証である。この多個の修証がたがいに無礙に関係しあうのである。華厳の事事無礙法界を、これほどまでにまさに事に即して活き活きと描き出した人は、かつて道元の他にいないのではないかと思われる。我々の実存はあくまでも単独者ではなく、関係にむすばれた多個というところにその原点があり、そこからあらゆる修証は始まるのである。

道元は、常に諸仏といい、諸祖という。あるいはまた、仏仏祖祖ともいう。道元の世界では、ある絶対的一仏というような存在は、意識されていないと思われる。むしろあくまでも複数の、多数の仏祖が存在するのである。しかも「仏祖の往昔は吾等なり、吾等が当来は仏祖ならん」（前掲「渓声山色」）なのであった。前にも述べたことだが再説すれば、要するに、まず多個があり、その中で諸仏もいれば我々もいるのである。この各々の寿命は、無量劫《むりょうごう》を量とする。そして我々は諸仏と同じく、仏道を歩み修証を履む。仏祖もまた証上の修に受用され、引転されている。あらゆる多個はすべて、修の量だけ証を無為の地に得、証の量ほど（無限の量）修を行じる。すなわち、各々が、個から個へという自受用の世界に生きつつ、しかも多個はたがいに連環の内にある。個は多個に関係してなお自受用《じじゅゆう》であり、自受用はあくまでもみずからの修を自らに受用しつつ、その功徳をはるかに遠く他の個に及ぼしていく。そこに諸仏と我との、一切菩薩と我との、我々と我との感応道交《かんのうどうこう》の世界がある。行持《ぎょうじ》道環《どうかん》のその環は、縦にめぐり、横にめぐっているのである。道元の修証の世界は、概略以上のようなものであろう。

まとめ

私は、道元のこの世界を、「修証共同体」と名づけたいと思う。念仏の僧伽（サンガ）は、信仰共同体と呼ばれる。それに比していえば、道元禅の僧伽は「修証」共同体といってよいであろう。今・ここの自己の修証は、究極の果報の自受用に向けての、過去・未来・現在の諸仏・諸祖・尽有情・尽大地ともどもの修証なのである。この「修証共同体」は、時・空の框《かまち》を超えた、人間本来の実存共同体なのである。

自受用とは、個の相続と因・果の理法（修・証の理法）を表す語なのであった。この世界ではあくまでも個の相続、自己から自己へが基本である。善因楽果・悪因苦果は、その上に運ばれる。そうでなければ、他人の罪業の報いを本人が受けずに自己に受けるという理不尽なことが起きかねない。ゆえに行為の法則はあくまでも自己の相続においてであるべきであり、しかも自他に順益・違損の影響を及ぼしていくことにもなる。その前提に、ある個はもとより他のあらゆる個に無限に浸透し、関係しあって、たがいに支え合っているという世界がある。我々は「修証共同体」の中での一個の修証である。同時にそれは全共同体（一者にして多個）を挙しての修証なのである。道元の坐禅、自受用三昧は、それだけの量と広がりを有しているのであった。

第五章　道元の言語論

はじめに――仏教と言語

禅宗では、「不立文字《ふりゅうもんじ》・教外別伝《きょうげべつでん》」を標榜し、好んで「言語道断《ごんごどうだん》・心行処滅《しんぎょうしょめつ》」ともいい、言葉を概して軽視し、むしろ否定する傾向さえある。まして非《ひ》思量底《しりょうてい》の兀兀地《ごつごつじ》（身心の不動のさま）に沈潜するかと思われる只管打坐《しかんたざ》の一事に絞りその法門を高く掲げた道元が、一方で『正《しょう》法眼蔵《ぼうげんぞう》』、『永平広録《えいへいこうろく》』等の膨大な著作を遺していることは、素朴に考えれば不思議というよりほかないであろう。この事実を見つめる時、なぜ道元があれほどまでに言葉に依存しえたのかという、一つの興味深い疑問が浮かび上がってくる。

たとえば『正法眼蔵随聞記《ずいもんき》』には、道元が常々言葉というものに対してどのような姿勢でいたのかを示すくだりがところどころに見られる。ある場合には、無用な饒舌よりは黙行のほうがはるかに貴いとする事もあり、言葉に対するその厳格なまでに禁欲的な態度は、おのずから只管打坐の専修へとつらなるものであった。「学道の最要《さいよう》は、坐禅、是、第一也」（『正法眼蔵随聞記』六の結びの文に出る。『全集』第七巻、一四九頁）という道元は、その限りにおいて大方の禅者なみに、いたずらな言葉のはかなさ、虚しさを説き、畢竟《ひっきょう》、言葉の無用なることを指摘していたかのようである。

しかしながら、また別の所を見れば、道元は言葉をむやみに無用視ばかりしていたのでは決してないことが知られる。「頌《じゅ》、不作《つくらず》とも、心に思はん事を書《かい》たらん、文筆不調《ととのわず》とも、法門を可書《かくべき》也」（三。同前、九〇頁）というような一節には、言葉による法門の表現が有り得ることを、道元が素直に認めていたことがうかがわれよう。同一の内容を語る次の箇所は、つとに有名でもある。

法語等を書《かく》にも、文章におほせて、書《かか》んとし、韻声《いんしょう》たがへば、被拄《ささえられ》なんどするは、知《しり》たる咎《とが》也。語言《ごごん》文章は、いかにもあれ、思ふままの理を、つぶつぶと書きたらば、後来《こうらい》も、文章わろしと思ふとも、理だにもきこえたらば、道の為には、大切也。

（三。同前、九二〜九三頁）

夜話の説示であり、衆僧のための訓戒ではあるにしても、実は身に熏習《くんじゅう》した文章道等の教養のために、ともすれば文章の風体に腐心しかねない自身への固い誡めにもほかならなかったであろう。これを見ると、道のためには理を伝達することが大切なこと、その理の伝達の任務を、ある種の言葉、すなわち理をそのままにつぶつぶと書き記した当の言葉なら、よく担い得るであろうことが語られている。そこには、理の言葉に拠る伝達ということについて、悲観的なかげりはまったく見られず、理を担い得る言葉があるという、むしろ何かさわやかな明るささえある。あの空手還郷《くうしゅげんきょう》以来の道元にとっては、日本にあまねく道を宣揚することこそを最大の課題としていたからこそ、当時の禅界にあっては、文章は漢文で作るという慣習を打ち破ってまでして、和文の『正法眼蔵』を次から次へと書き連ねたのであった。それはよくある『……禅師語録』のような、弟子による生前の説法の寄せ集めではなく、道元自身が何らか計画的に執筆し編集したものなのである。禅の悟道を以心伝心に限らず、理自身の直截な表詮としての言葉にも自覚的に頼ろうとした禅者は、道元のほかにはけっして多くはいないと思われる。

とは言え、禅では言葉は月を指す指に過ぎないとか、門を叩く瓦にすぎないとかとよく言われる。名辞としての言葉がその対象の実体そのものでありえないことは、あまりにも当然のことではあるが、その実体、あるいはむしろ実在そのものを端的につかもうとする禅者は、薄紙のように頼りない言葉を往々にして忌み嫌った。致し方なく言葉の世界に出てきた時は、あえて言葉で言葉を否定するという、危険な離れ業にも似た逆説的表現をもっぱらとするのである。

それればかりで貫かれていると言っても過言ではない禅宗ほどでなくとも、一般に仏教教理の堂奥に分け入ると、たとえば勝義諦《しょうぎたい》（究極の真理）は言葉で表現できないとされ、般若《はんにゃ》（覚りの智慧）は無限の否定によってようやく語られたりする。有名な大乗仏教の綱要書である『大乗起信論《だいじょうきしんろん》』では、畢竟平等の一心を真如《しんにょ》と名づけているが、その真如という名も仮のものであるとし、それは「言説の極、言に因って言を遣る」ものにほかならないと言っている。真如というのも、言説を重ねたあげくの果てに、言によって言を否定したものだというのである。この「因言遣言」について、法蔵《ほうぞう》の『起信論義記《ぎき》』は次のように注釈している。

因言遣言とは、此の極名《ごくみょう》を立つるは、名《みょう》を遣《や》らんが為なり。若し此の名無くば、以て名を遣る無し。若し此の名を存せば、亦た名を遣らず。静《じょう》を打するの声《しょう》の如し。若し此の声無くんば、則ち余声を止めず。若し此の声を存せんが為に、数数《さくさく》静を打すれば、即ち自ら喧《やかま》しきが故に、亦た声を止むるに非ず。（大正第四四巻、二五二頁下）

なるほど「静まれ」という言葉は矛盾を抱えている。騒々しい時には、「静まれ」の声がなければ静粛はやってこない。しかしこの静粛な事態を何とか実現しようとして、何回となく「静まれ」を重ねれば、もとのもくあみ、一向に喧噪は止まない。「静まれ」の声自身、本当は発せられるべきものではないはずのものなのである。このような趣意を持つものが、真如とか勝義諦とかいった言葉であるという。禅門における「廓然無聖《かくねんむしょう》」とか「無」とかいう言葉は、論理的にはこのような仏教的理路を背景としたものなのであろう。禅者が端的に月をとらえている以上、それを指す指の立て方に苦慮して、逆説的な表現に終始したのも無理のないことである。

しかし道元は、理の伝達ということに関して言語のはたらきの可能性を疑うことはなかった。思いだすままに言葉で表現すべきだとしていた。ではその言表は、結局は今見たような逆説的表現の限りを出なかったのであろうか。それとも理の伝達ということが、もっと積極的な形で打ち出されたのであったろうか。もしかしたら、道元における言葉は、『起信論』に代表されるような言語観を、さらに踏み越えた立場から用いられてはいなかったであろうか。少なくとも大量の言葉を紡ぎ出した道元の言語観には、無の一字ですべてが片付くとか、雲門《うんもん》の一字関とかとはまた異なった意識がはたらいていたとみなすのが当然である。『正法眼蔵』は確かに難解な書物ではあるが、しかしあの逆説的表現のとりとめなさや、いわゆる禅問答のちんぷんかんぷんさで、すべてが埋め尽くされているわけではない。そうした無意味な非論理より、はるかに道理が尽くされているというべきである。それらにおける言葉と真理との関係は、いったいどのようであったのであろうか。以下、このことを可能な限り探ってみたい。

一　念慮を透脱した言葉

『正法眼蔵』「山水経《さんすいきょう》」の巻には、道元の言語観を知るうえで、大変興味深い、また重要な一節が記しとどめられている。「東山水上行《とうざんすいじょうこう》」（東の山が水の上《ほとり》を行く）という雲門の語に関して、道元は次のように言う。大宋国には、杜撰のやからが群れをなしているが、彼らは次のように言っている。

かれらいはく、いまの東山水上行話《わ》、および南泉の鎌子話《れんすわ》ごときは、無理会話《むりえわ》なり。その意旨は、もろもろの念慮にかかはれる語話は、仏祖の禅話にあらず、無理会話、これ仏祖の語話なり。かるがゆえに、黄檗《おうばく》の行棒《ぎょうぼう》、臨済《りんざい》の挙喝《こかつ》、これら理会《りえ》およびがたく、念慮にかかはれず。これを朕兆未萌以前《ちんちょうみぼういぜん》の大悟とするなり。先徳の方便、おほく葛藤断句《かっとうだんく》をもちいるといふは、無理会なり。（『全集』第一巻、三一九頁）

杜撰の輩たちは、「東山水上行」といった話は、無理会《むりえ》の話だと主張している。その趣旨は、要するに、理会すなわち分別・思慮にかかわった言葉は仏祖の語話でありえず、無理会の話（意味的に了解できない言葉）こそ仏祖の語話だというものである。その無理会のところが、理会・分別のわずかの兆しもない大悟の消息だと、そう主張しているのだという。黄檗《おうばく》の行棒《ぎょうぼう》も臨済《りんざい》の挙喝《こかつ》も、ただそのことを消息としたものであり、多くの祖師方が言語を否定するのもその観点からだという。

そのように紹介しておいて、道元はその主張を激しい言葉で非難し、徹底的に批判していく。その本質は、次の一節に見ることができる。

禿子《とくし》がいふ無理会話《むりえわ》、なんぢのみ無理会なり。仏祖はしかあらず。なんぢに理会せられざるはとて、仏祖の理会路《りえろ》を参学せざるべからず。たとひ畢竟《ひっきょう》無理会なるべくば、なんぢがいまいふ理会もあたるべからず。……あわれむべし、かれら、念慮の、語句なることをしらず、語句の、念慮を透脱することをしらず。(同前、三二〇頁)

道元は、「東山水上行」の語には「仏祖の理会路」が存在するのであり、けっして単純な無理会の言葉なのではないとしている。大宋国の杜撰の輩は、凡夫の理会・無理会に照らして無理会だと言っているにすぎないのであって、それ自身、理会の一つである。しかし仏祖の理会というものが厳として存在するのであり、それは凡夫の理会からすれば、「畢竟無理会」と言わねばならないかもしれない。この畢竟《ひっきょう》じての無理会はけっして凡夫の理会に相対する無理会ではないし、すでに「東山水上行」を無理会と押さえる理会さえ存立すべきものではない。つまり彼らは無理会という理会、分別・念慮に依然として関わっていて、自ら否定しようとした当の相手によってかえって繋縛されていることに気がつかずにいるのである。実は仏祖の理会が秘められた言葉を、無理会という念慮にかかわれる言葉に自ら貶めている。しかし仏祖の理会は、凡夫の理会・無理会を超越したものでなければならない。おおよそこのような観点からの批判が、示されている。

こうした理会ないし念慮の問題をふまえて、道元はさらにそれらと言葉とがどのような関係にあるのかを説明している。まず、「念慮は語句である」と言っていた。思惟は必ず言葉に拠ると言い換えてもよいかもしれない。しかしこれは、一般論として言ったまでのことにとどまらない。「念慮の、語句なることをしらず」（ここの「の」は主格）というところには、杜撰の輩が自分で口にする無理会が、実は無理会（無念慮）という念慮の、言葉としての相を取ったものであることを知らずにいるのだとの批判もこめられたものであろう。

これにいわば対句的に、「語句の、念慮を透脱すること」があることを指摘する。もちろん「東山水上行」の語は実に凡夫の念慮・情識をはるかに透脱した言葉であるのに、かれらはその透脱しているということが分かっていないのだという批判である。

そうした批判の意図はともかく、言葉と念慮とに関して、道元はここで二つの命題を述べたわけである。その意味では、この箇所は道元の言語観の急所と言わざるを得ない。まず、「念慮の、語句なること」というのは、我々が少しく言葉に関して顧みれば、容易に理解し得ることであろう。我々の言葉は必ず念慮を引きずり、念慮はおよそ言葉に依拠しないわけにはいかない。しかし言葉はそれだけにとどまるものではなかった。道元にとって言葉は、「念慮を透脱する」ものでもあったのである。実にこの命題こそ、道元の禅にかかわる言語観の根本となるべきものである。凡夫の知見・分別・情識にかかわらない、それらを超えた透脱底の深みから結ばれる言葉があるのだというのである。脱落底をふるさととする言葉があるのだというのである。その消息は、たとえば『正法眼蔵』「道得」(この道は言うということ。道得は、言ったということ)の巻の、次の箇所を読めば、いくらか理解しやすいであろうか。

この功夫の把定《はじょう》の、月ふかく、年おほくかさなりて、さらに従来の年月の功夫を脱落するなり。脱落せんとするとき、皮肉骨髄同じく脱落を弁肯す、国土山河ともに脱落を弁肯するなり。このとき、脱落を究竟《くきょう》の宝所として、いたらんと擬しゆくところに、この擬到《ぎとう》はすなはち現出にてあるゆえに、正当《しょうとう》脱落のとき、またざるに現成する道得あり。心のちからにあらず、身のちからにあらずといへども、おのづから道得あり。すでに道得せらるるに、めづらしく、あやしくおぼえざるなり。(同前、三七五頁)

脱落底といっても、ただうつろに広がる無、ないし虚空のことではない。むしろすべてがそこから生起する究竟《くきょう》の宝所として、あらゆる存在のすみかなのである。その脱落を証した者が、そのもっとも奥深い、しかも無限の妙徳を秘めた脱落底の果て無き淵からはたらこうとする時、すでに表現的に現れ出るのであって、真に脱落底に徹すれば徹するほど、正にその時、念慮を介さずに、忖度に滞らずに、いわば横超《おうちょう》的に現成する言葉、「またざるに現成する道得」があるという。心を費やさず、力をも用いない、おのずからの道得、それが「念慮を透脱した言葉」に正しく照応するものであることは言うまでもないであろう。

それはけっして何か神秘的な、あやしむべきことなのではない。「脱落即現成」として、正に平常底の出来事なのである。単なる脱落底は、何ものでもありえない、非存在でしかない。脱落するということがそのまま現成することと同一のことであるとき、仏祖の仏祖たるゆえんがあるのであって、だからこそ、「諸仏諸祖は道得《どうとく》なり。このゆえに、仏祖の仏祖を選するには、かならず道得也未《どうとくやみ》〈道《い》い得しや未《いま》だしや〉と問取するなり」（「道得」冒頭。同前、三七四頁）とも言われるのである。ここに、諸仏諸祖は「道得」であると示されている。仏祖が真に仏祖であるかどうか判定するには、道ったかどうかを問うのだというのである。言語表現ということは、仏祖にとっては本質的な事柄なのであり、そこに念慮を透脱する言葉が誕生するのである。

道元の悟道が「身心脱落・脱落身心」であったように、このように言葉もまた、「名言脱落・脱落名言」の言語がある。端的に脱落よりよみがえる構造を持つ言語があるのである。それは、言語でもって言語を否定する言葉以前の、仏祖の言葉の本来的構造なのであった。さらに少しく述べれば、豁然大悟《かつねんたいご》の正当恁麼時《しょうとういんもじ》に発する投機の偈《げ》は念慮を透脱した言葉であるはずだし、だとすれば、「身心脱落」の言葉そのものもいわば透脱語に他ならなかったであろう。

二　仏教は「教仏」である

この「念慮を透脱する」言葉について、『正法眼蔵』は、少しずつ角度をずらしてとらえ返し、解き明かしている。たとえば、「密語《みつご》」の巻では、世尊の有言が他の身心の活動に比して、けっしていわれなく卑しめられるべきではないことが強調されており、そこにも透脱語の一面が示されているといえる。

もし、世尊の有言《うごん》、浅薄なりとせば、拈華瞬目も浅薄なるべし。世尊の有言、もし名相なりとせば、学仏法の漢にあらず。有言は名相なることをしれりといへども、世尊に名相なきことをいまだしらず、凡情の未脱なるなり。仏祖は、身心の所通みな脱落なり、説法なり、有言説《うごんせつ》なり、転法輪す。（同前、四九二頁）

ここで言おうとしていることとは、「仏祖は身心の所通みな脱落なり、説法なり」等に尽きている。仏祖にあっては、仮に三業《さんごう》でいえば、身業《しんごう》や意業《いごう》はもちろん、語業《ごごう》においても、すべて脱落底からの表現だというのである。ここに至っては、言語表現がことさらおとしめられるべきいわれはないし、逆に一投足・一挙手まで、一切が脱落底からの表現として、すべて説法そのもの、転法輪そのもの、すなわち言語なのである。

道元はしばしば道得《どうとく》を言い、道取《どうしゅ》とも言った。この道《い》うは、道元にとってけっして言語によるものだけではない。脱落の世界から何らかの形相において、脱落底そのものを表現すること、それが道うということにもほかならない。ゆえに兀兀《ごつごつ》として不道にもかかわらず、正身端坐《しょうしんたんざ》の坐禅も道得でありえた。言語表現は、その狭い意味での一通路に過ぎず、しかし他のあらゆる道得すなわち脱落即現成《だつらくそくげんじょう》の転法輪《てんぼうりん》と同様に甚深《じんじん》の意味を帯びている。したがって、言葉は意識にとって対象化されたものを規定する、単なる名相《みょうそう》だけなのではない。脱落を証し続ける釈尊にとっての言葉は、対象を規定するような、しかもそれ自身対象化されたものなのではなく、脱落底とともにある、脱落底をそれ自身において響かせているようなものだったのである。

　このように、脱落即現成というしかたで発揮されているあらゆる行為と同じ位にあるものとして、発語行為ないしそこに産み出される言語そのものを見ていた道元は、釈尊の言葉の意義をまた別の仕方で明かしている。『正法眼蔵』「三界唯心《さんがいゆいしん》」の巻冒頭の次の一節である。

　釈迦大師道、三界唯一心、心外無別法、心・仏及衆生、是三無差別。〈釈迦大師道く、三界は唯《た》だ一心のみ、心の外に別の法なし、心、仏、及び衆生は、是の三は差別《しゃべつ》なし。〉

　一句の道著は、一代の挙力《こりき》なり。一代の挙力は尽力《じんりき》の全挙《ぜんこ》なり。たとい強為《ごうい》の為なりとも、云為《うんい》の為《い》なるべし。このゆえに、いま如来道の三界唯心は、全如来の全現成なり。

（同前、四四三頁）

「心仏及衆生、是三無差別」等の句は、『華厳経《けごんぎょう》』「夜摩天宮菩薩説偈品《やまてんぐうぼさつせつげほん》」に出る（大正九巻、四六六頁上）、有名な句である。一方、「三界唯一心、心外無別法」の句は、そのままでは経典には出てこないようである。「三界虚妄、但是心作」の句は、『華厳経』「十地品《じゅうじほん》」に出（同前、五五八頁下）、八十巻『華厳経』には、「三界所有、唯是一心」（大正一〇巻、一九四頁上）とある。なお、『成唯識論述記《じょうゆいしきろんじゅつき》』には、「……例十地等一心之文、三界唯爾心、離一心外無別法故」（大正四三巻、三二〇頁下）とあり、『大日経疏《だいにちきょうしょ》』には、「此心外無別法也」（大正三九巻、七〇五頁下）の句がある。これらを受けてか、濟暹《さいせん》（一〇二五～一一一五。仁和寺《にんなじ》の僧。『性霊集《せいれいしゅう》』の欠巻を補充した『補《ほ》闕鈔《けっしょう》』の編者）の『般若心経秘鍵開門訣《はんにゃしんぎょうひけんかいもんけつ》』には、「如旧訳華厳経云、三界唯一心、心外無別法、心仏及衆生、是三無差別云々」（大正五七巻、四二頁上）と出たりしている。こうして、『華厳経』の言葉として、「三界唯一心、心外無別法、心仏及衆生、是三無差別」の句があると定着していったのであろう。

しかし、釈尊が説く言葉は、この句でなくともよかったであろう。問題は、どういう句か、というより、釈尊が説いた言葉の境位そのものなのであり、我々もその意をくみ取るべきである。こうして、一句の道著は、一代の挙力で、それは尽力の全挙であるという。一代とは釈尊の生涯を意味し、その生涯にわたる説法の言葉はすべて云為、すなわちおのずからの作用（所為）であって、全力の挙揚であるという。自我の分別を超えた、念慮を透脱した全体作用による言葉だというのである。それは全如来、如来の全身そのものの言葉における全現成であるとさえもいう。本来、如来の全身、智慧のはたらきそのものは、無相なる世界であり、しかもそれが有相の言葉に結ばれるのである。ここにも、脱落即現成の理路を見ることができよう。

このことは、無相の如来と有相の語句とが、対象的に同一であるというわけではない。道著即全挙として、あたかも個物的限定即無の一般者の限定としての、いわば西田哲学の示す絶対矛盾的自己同一的一真実そのものなのである。この時、如来が説かれた「三界唯心」という一句、有限なる、片々たる言葉において、全如来が活現成しているのである。

また、同じく『正法眼蔵』「十方《じっぽう》」の巻にも、次のようなことが説かれている。

尽十方界、是沙門家常語。〈尽十方界は、是れ沙門の家常語。〉
家常は尋常《じんじょう》なり。日本国の俗のことばには、よのつね、といふ。しかあるに、沙門家のよのつねの言語《ごんご》は、これ尽十方界なり、言端語端《ごんたんごたん》なり。家常語は尽十方界なるがゆえに、尽十方界は家常語なる道理、あきらかに参学すべし。この十方、無尽なるゆえに、尽十方なり。家常にこの語をもちいるなり。

（『全集』第二巻、九四頁）

釈尊の道著だけが、その全如来の功徳を湛えるものなのでもない。沙門《しゃもん》、いわば仏道を修証する人のふだん日常の言葉は、その一つ一つが尽十方界そのものだという。「この十方、無尽なるゆえに、尽十方なり」とあるように、尽十方といっても存在のすべてを尽くしてということではない。十方としても尽くすべからざるがゆえに尽十方なのである。そうであればこの尽十方界とは、一切の念慮をどこまでも透脱した世界と押さえて、一向に差し支えないであろう。それが沙門の日常の言葉なのであるとするなら、もはや「不立文字《ふりゅうもんじ》」という語句など、道元にとってはまったく無意味であったであろう。この、言葉というささやかな存在が秘めた、有限存在における無限性の開顕という子細を、道元は明瞭に洞察していた。

さらに「仏教」の巻の冒頭には、かの脱落底において有相に結ばれ、そのことにおいて尽十方の光明を放っているとでもいうべき言葉が、それ自身、絶対的なる存在であることを簡潔に次のように言い表している。

諸仏の道現成《どうげんじょう》、これ仏教なり。（『全集』第一巻、三八〇頁）

もろもろの仏が、およそ言語表現し来たったものが、仏教（仏の教え、仏の言葉）であるという。「諸仏の道現成」という語は、いわば「脱落底の自己表現」と解せることは、従来、見てきたとおりである。この理路を受け継いで、同巻の中、さらに、

このゆえに、仏教はすなはち教仏なり、仏祖究尽《ぐうじん》の功徳なり。（同前、三八〇～三八一頁）

と示すのである。仏の教えとしての言葉は、「教仏」ともいうべき仏そのものだというのである。それは、言葉は言葉だけで存在しているのではなく、言葉の母胎としての仏そのもの、脱落底そ

のものを携えているものであるからであろう。先の「十方」の巻の引用の中にも、「家常語は尽十方界なるがゆえに、尽十方界は家常語なる道理、あきらかに参学すべし」（『全集』第二巻、九四頁）とあった。後に言及する「諸悪莫作《しょあくまくさ》」の巻の中にも、「すでに菩提語なり、ゆえに語菩提なり」（『全集』第一巻、三四四頁）とある。この一連の言い回しは、有限なる言葉と無限なる脱落底とが、ただちに一つであること、すなわち両者の矛盾的自己同一的ありかたに仏（及び沙門等）の言葉はあるものだということを物語る以外の何ものでもないであろう。

この「仏教はすなわち教仏なり」という翻転において、道（いう）という主体的行為と共にあった言葉が、言葉自体として独立して、しかも脱落底を荷いつつ絶対的に実在しうるという思想にまで、道元の言語哲学は展開されている。簡略に言えば、無より有への方向においてとらえられていた言葉が、有でありつつ無においてあるととらえ直されているということである。さらに有より無への方向が探られるとき、そこに初めて有としての言葉を媒介に仏界でもある脱落底への参入という、仏心の伝達が達成されることが見通せよう。

もう一つ、今の仏教が教仏であるというのと同じような理路が、『正法眼蔵』の別の箇所においても示されている。「行持《ぎょうじ》」下の巻の結びの位置に、次のようにある。

しづかにおもふべし、一生いくばくにあらず、仏祖の語句、たとひ三三両両なりとも道得せんは、仏祖を道得せるならん。ゆえはいかん。仏祖は身心如一《しんじんにょいつ》なるがゆえに、一句両句、

みな仏祖のあたたかなる身心なり。（同前、二〇二頁）

仏祖の一句両句はみな、仏祖自身の「あたたかなる身心」、いわば暖皮肉《だんぴにく》であるという。仏祖の言葉は、なにかを語っていようとも、まずは何よりも仏祖そのものにほかならないのである。その言葉において、仏祖そのものを十全に具現しているのである。『正法眼蔵』は、道元の暖皮肉なのである。

このような立場であれば、道元が「しかあれば、経巻は如来全身なり。経巻を礼拝するは、如来を礼拝したてまつるなり。経巻にあひたてまつれるは、如来にまみえたてまつるなり」（「如来全身」、『全集』第二巻、一七四〜一七五頁）、「……これ（十二分教）みな仏祖の眼睛《がんぜい》なり、仏祖の骨髄なり、……、十二分教をみるは、仏祖をみるなり、仏祖を道取するは、十二分教を道取するなり」（「仏教」、『全集』第一巻、三八九頁）、「おほよそしるべし、三乗十二分教は、仏祖の眼睛なり」（同前、三九一頁）、「しかあればすなはち、仏祖道の道自道他、かならず仏祖の身心あり、仏祖の眼睛あり。仏祖の骨髄なるがゆえに、庸者《ようしゃ》の得皮にあらず」（「自証三昧」、『全集』第二巻、二〇七頁）等と語ることもほぼ理解されてくるであろう。

それはともかく、道元が言葉をけっしてむやみにさげすむことをしなかった理由は、それが理の伝達手段として逆説的ながらも第二義的に有効であると評価したからではなく、それが透脱のふるさとより生まれその故郷に生き続けるものとして、実在そのものに他ならないというさえわたった認識があったからであった、とひとまずここに結論することが出来るであろう。

三　教法の意味伝達機能について

すでに我々は、道元においては日常一般の言葉とは区別された、透脱語とでもいうべき言葉が認識されていたことを確認しえたと思う。それは有限にして無限なる絶対的な存在であり、尽十方界としてある意味で無欠無余の存在であった。ところで有限な存在が無限であるということは、色即是空《しきそくぜくう》・空即是色《くうそくぜしき》、平等即差別・差別即平等といった論理が展開される仏教の世界ではごく平常のことである。言葉という存在もまたその理路を荷い、一片の言葉が絶対的な存在性を有することを指摘することは、確かに従来の禅者ないし仏家よりも一歩も二歩も進んだ、優れた哲学的思惟の結晶ではあろう。しかしそれだけだとしたら、言葉という存在に固有の機能、つまり意味の伝達手段という一面はくらませられてしまうことになる。いったい道元は、言葉のその機能面をどのように把握していたのであろうか。

あの『起信論』が、たとえば「離言真如《りごんしんにょ》」という名相を掲げて、究極の仏法の言詮不能なることを指摘する陰には、言葉の伝達機能に対する最終的な不信感が蔵されている。しかし道元はといえば、機能よりもむしろその存在性に着目し、「このゆえにしるべし、仏《ぶつ》および教《きょう》は、大小の量にあらず、善・悪・無記等の性《しょう》にあらず、自教・教他のためにあらず」（「仏教」、『全集』第一巻、三八一頁）と言い放ってはばからない。もっとも、そのようにいう道元の道現成すなわち仏の教えは、まさに「自教教他のため」のものであったはずである。「理だにもきこへたらば」よい（『正法眼蔵随聞記《ずいもんき》』、『全集』第七巻、九三頁）と語っていた道元は、言語の可能性をどのように見ていたから、あれだけの『正法眼蔵』等を語り得たのであろうか。

『正法眼蔵』に見える、和文の中に漢語を自在に織りなした独特の文体は、おそらく道元の脱落底に現成する思惟にかなったものとして、必然的なものであったのであろう。事柄を説くにあたって、進んでは退き、退いては進み、或いは縦横無礙《じゅうおうむげ》に、あらゆる角度から鋭く核心に切り込んでは問題を論じる仕方は、まことに異色のものである。中国の伝統をひく対句《ついく》的表現の多用と、禅の伝統にある拈弄《ねんろう》という、高所よりひねりを効かせた鋭い批判の随所の援用とは、道元の文体に大きな影響を与えているであろう。しかもすべてどこか、すぐれて詩的な名文のたたずまいを見せている。それはともかく、道元には道元独自の理の伝達が、その独創的な言語観からきっと導き出されていたことであろう。では、それはどのようなものであったのだろうか。

禅がまっさきに標榜する「教外別伝《きょうげべつでん》」の主張に対し、道元は自らの論理によって快刀乱麻の批判を下していることが、かの「仏教」の巻に見ることができる。それは禅者の中では、あたかも道元の独擅場であるかのようである。

ただ一心を正伝して仏教を正伝せず、といふは、仏法を知らざるなり。仏教の一心、をしらず、一心の仏教、をきかず。一心のほかに仏教あり、といふなんぢが一心、いまだ一心ならず。仏教のほかに一心あり、といふなんぢが仏教、いまだ仏教ならざらん。

（『全集』第一巻、三八一頁）

禅宗では、「以心伝心《いしんでんしん》」という。菩提樹下《ぼだいじゅげ》の釈尊の悟りを、教の外で、一心として伝える独自の仏教だと、自分たちでもそう主張してきた。しかし道元はなんと、「以心伝心・教外別伝」は仏教ではありえない、というのである。「教外別伝」を否定する立場として、「仏経」の巻にも、「しかあればすなはち、参学の一箇半箇、かならず仏経を伝持して仏子なるべし。いたづらに外道の邪見をまなぶことなかれ」（『全集』第二巻、一八頁）等とある。禅界においては、それはきわめて挑戦的な物言いである。この一心をいわば脱落底、平等真如のことと見た時、仏の教え（仏教）としての言葉は、現成底、差別に位する。道元はこの両者は、おのおの別個に真理を伝えうるものではないのだとする。ということは、両者の不二一体の一真実しかないということであろう。その立場から、「仏教」の巻に次の言葉が示される。

かるがゆえに教外別伝の謬説を信じて、仏教をあやまることなかれ。もしなんぢがいふがごとくならば、教をば心外別伝といふべきか。もし心外別伝といはば、一句半偈つたはるべからざるなり、もし心外別伝といはずば、教外別伝といふべからざるなり。

（『全集』第一巻、三八二頁）

ここに、心と教の二元論は、あますところなく論破されている。仏道の堂奥《どうおう》を伝えることは、単に心だけによるのでもなく、まして教だけによるのでもなく、心教不二というしかたで初めて可能であると明確に説いている。それは、脱落と現成、平等と差別、本性と現象の矛盾的自己同一的なあり方で存在する言葉が、その仏の言葉（仏教）として独自の光芒を輝かせながら、その存在そのものが伝えられていくということになろうか。言葉でもって伝達するのではなく、言葉そのものが仏法を荷うものとして伝授されゆくといえばよいであろうか。

　といって、その際、言葉の意味伝達の機能がまったく無視されるということでもない。たとえば「諸悪莫作」の巻では、言葉における存在と機能とが見事に調和して、菩提の授受がなされる様子の一例が明かされている。

　しるべし、諸悪莫作《つくることなかれ》ときこゆる、これ仏正法なり。この諸悪つくることなかれ、といふ、凡夫のはじめて造作《ぞうさ》してかくのごとくあらしむるにあらず。菩提の説となれるを聞教するに、しかのごとくきこゆるなり。しかのごとくきこゆるは、無上菩提のことばにてある道著なり。すでに菩提語なり、ゆえに語菩提なり。無上菩提の説著となりて聞著《もんじゃく》せらるるに転ぜられて、諸悪莫作とねがひ、諸悪莫作とおこなひもてゆく。……　（同前、三四四頁）

諸悪莫作という言葉は、無上菩提が言葉の世界においてみずから表現し来たったそのものである。その言葉を聞いて、諸悪作ること莫《なか》れと聞こえるのは、われわれの分別《ふんべつ》をまってはじめてそうなのではなく、無上菩提の理がわれわれを転ずるからなのである。菩提に基づく語（菩提語）は、実に語という菩提（語菩提）にもほかならないのである。「無上菩提の説著となりて聞著せらるるに転ぜられて」とは、無上菩提が説かれて言葉となって、その言葉が聞かれ、そこで聞きとめられた無上菩提に転ぜられて、ということに他ならない。ここには言葉の意味伝達機能が十分に発揮された一例があるというべきであろう。

しかしそれも、「諸悪莫作」が、無上菩提の自己表現の一つであったからである。念慮を透脱した深みをふるさとに持つ言葉であったからである。逆に透脱底の自己表現としての言葉は、聞ないし読といった契機に受けとめられることによって、その言葉の有性《うせい》を媒介にして、己がふるさとの脱落底をよみがえらせることであろう。この有性をとどめつつ（あくまでも現成底として有位にあるということ）むしろそのことを媒介にして脱落底をよみがえらせることにおいて、はじめて理の伝達が達せられるというべきであろう。

このことをめぐって、さらに「見仏」の巻に、次の注目すべき言葉もある。

諸相は如来相なり、非相にあらず、と参究見仏し、決定《けつじょう》証信《しょうしん》して、受持《じゅじ》すべし、諷誦通《ふじゅつう》利《り》すべし。かくのごとくして、自己の耳目《じもく》に見聞《けんもん》ひまなからしむべし、自己の身心《しんじん》骨髄に脱落ならしむべし、自己の山河尽界《せんがじんかい》に透脱ならしむべし。これ参学仏祖行李《あんり》なり。自己の云為《うんい》にあれば、自己の眼睛を発明《ほつみょう》せしむべからず、とおもふことなかれ。自己の一転語《いってんご》に転ぜられて、自己の一転仏祖《いってんぶっそ》を見脱落するなり。これ仏祖の家常《かじょう》なり。

（『全集』第二巻、九九～一〇〇頁）

これは、仏祖の言葉をならうことによって、その言葉の意味と力とによって、自己が転じられ、自己即仏を脱落の内に証するというのである。このことも、菩提語の意味に導かれて菩提に達するという道がありうることを説いているものである。

以上について、まとめてみたい。仏道において理を聞こえるということは、日常言語の世界におけるように、ただ対象化されるべきものを対象化するにとどまるのではなく、逆にその絶対に対象化できないもの（念慮を透脱せるもの）をあえて対象化するということでなければならないであろう。脱落底の彼方から脱落底を道取するということでなければならない。否、脱落底の自己表現そのことを道取すべきなのである。

すでに我々は透脱とか尽十方とか言うとき、本来対象化できないものを対象化して、そしらぬ振りをしていたのであった。しかし単なる対象化は、「畢竟じて無理会なるもの」を、「無理会という念慮」に囲ってしまうことと同等である。対象化しえないものを対象化するというとき、対象化しつつなお対象化しえないものが露《あら》わにその底に残っていなければならない。絶対に対象化しえないものが対象化されたものと一つであるということを、まどかに道取しなければならないのである。というより、日常あらゆる対象化の行（営為）は、対象化されえない彼方から、対象化されえない世界を背景に行われているのであり、理の伝達といっても要はその事実を直指することなのである。

そのあり方の一つとして、前に見たように、「諸悪莫作」の語は、その言葉のうちに、無上菩提を湛えた存在であり、その語の授受において、「菩提語にして語菩提」たる菩提の秘義が開顕せられるのであった。その際、言語的表現の一側面ともいうべき音声的表現にとどまる場合もあり得るであろうし、その極端な例としては、禅家の十八番である〝喝《かつ》〟が考えられよう。尽力の全挙が吐く激しい一喝において、矛盾的自己同一的一真実が、見事につややかなきらめきのうちに活現成《かつげんじょう》することもあろう。そこに、理をそのまま丸出しに、理として伝える、非連続の連続的にコミュニケートする道が通ずることになる（しかし臨済《りんざい》の四喝が示すように、純粋に有位に現成した喝は、おのずから万法の因縁の中に位置づけられて、有意味のもの、つまりは言葉と同等のものであり得る、ないし転化するのである）。

あるいは、脱落底の自己表現そのことが理そのものに他ならないのであり、しかも言葉は何らかの意味で名相的役割を積極的に果たすべきとされたとき、その理を指し示すあり方での言葉による理の伝達が当然あるべきである。さらには、菩提の言語としての結晶が菩提そのものにふさわしい意味伝達機能を発揮して、菩提の実現にまで導くこともありえるのである。

無論、いずれの場合でも、心・教はあくまでも、すでに存在論的に不二なのであって、脱落底の自己表現としての言葉（透脱語）という独自の存在性は脱去せられるべきではない。しかし、その言葉のはたらきにおいては、おおざっぱに分けても、単に存在性そのものを開示するにとどまる場合や、言葉としての機能を十全に活用したあり方や、背理的な表詮というあり方等々を分析しうることである。このように、同じく脱落底の自己表現としての言葉といえども、その性格・機能には、種々の場合が考えられるであろう。禅家で、経典や祖録を読むのに特別の「看経《かんきん》の眼」が要請されるゆえんでもあろう。

道元の言語哲学は、概略、以上のように見ることができると思うのである。

四　文字上一味禅の展開

最後に、おそらくは道元がよりいっそう言語というものへの感覚に鋭敏となるきっかけとなった、あの入宋当初の、本場の禅院のある老典座との問答について、検討を加えておこう。『典座《てんぞ》教訓《きょうくん》』からである。

道元がとどめおかれていた船に、椎茸《しいたけ》を買いに来た阿育王山《あいくおうざん》の老典座と道元はいくらかの言葉を交わした時、その典座に、「外国の好人《こうじん》、未だ弁道を了得せず、未だ文字《もんじ》を知得せざることあり」と、直下に否定されたのであった。道元はいきおい、「如何《いか》にあらんかこれ文字、如何にあらんかこれ弁道」と問うと、典座は、「もし問処《もんじょ》を蹉過《さか》せずんば、あにその人にあらざらんや」（もし問うたところを踏み外すことがなければ、どうしてその人でないことがあろうか）と答えるのであった。この時、道元はその意味を呑み込めなかったという。

そういう道元に対し、典座は、「もし未だ了得せずんば、他時後日、育王山に到れ、一番、文字の道理を商量し去ることあらん」と述べ、「日は晏了《くれな》ん、忙《いそ》ぎ去《い》なん」と言って、もはや後ろを顧みず去っていったのであった（以上、『全集』第六巻、一五頁）。

その後、道元が天童山《てんどうさん》に掛錫《かしゃく》中、その典座と再会することができた道元は、懸案となっていた前の問題をもう一度、持ち出して教えを請うと、その典座は、「文字を学ぶ者は、文字の故を知らんと為す。弁道を務むる者は、弁道の故を肯《うけが》わんと要す」という。さらに道元は「如何にあらんかこれ文字」と問うと、典座は「一二三四五」と答えるのであった。また弁道について問うと、「偏界曽つて蔵《かく》さず」との答えであった。ここで道元は、「山僧、いささか文字を知り、弁道を了」じえたのであった（同前）。

さて、この「一二三四五」とは、何のことなのであろうか。すでに悟道の域に達していた（あるいは修証していた）であろう典座は、その時、それこそその脱落底から「一二三四五」と道現成したのではなかっただろうか。「一二三四五」という道著において、無と有との矛盾的自己同一として生ける言葉の絶対性、実在性を丸出しにして見せたのではなかったか。言葉でもって理を指し示すことはしなかったけれども、むしろ端的に、言葉そのものが理を荷っている、理に通貫されている、理そのものであること（道＝いうにおける言葉と道＝ロゴスの一致）を実例として示したのである。

その典座のかつての道元への答えは「もし問処を蹉過せずんば、あにその人にあらざらんや」というものであった。お前さん、その発問は自分の挙力かとお思いかもしれないが、その質問は究極のところ、実は脱落底よりの促しである道理はないのか、とっくり廻光返照してその「文字の故」に出会って来なされ、という親切な勧めに他ならなかったであろう。あるいは透脱語は仏祖の道現成においてはじめて実現するのであり、凡夫である者の言葉は一向に念慮語にすぎないとも思われるかもしれない。しかし事柄の事実として、念慮そのものも、言葉が脱落底に結ばれるように、同じく脱落底に宿り来たるものではないだろうか。道元はそこを、たとえば「いはゆる法華転といふは、心迷《しんめい》なり。心迷は、すなはち法華転なり」（「法華《ほっけ》転《てん》法華《ほっけ》」、『全集』第二巻、四九一頁）と表現している。我々の迷いも、畢竟、法華（仏祖、脱落底、等と同じ地平の言葉）が転じているのだというのである。そうであってみれば、道元の「如何なるか是れ文字」の問いそのものが、道元自身はそうとは気づかなかったとしても、もともと「仏祖の転」にほかならなかった。その事実に気づかせるべく、典座はその問いにすかさず、「もし問処を蹉過せずんば、あにその人にあらざらんや」と、矢を射放ったのであった。

この問答は、そもそも道元が典座に対し、「何で、坐禅弁道に励み、古人の話頭《わとう》を見ることをせずに、典座などの雑役にあたっているのですか。ただはたらくのみで、どれほど好いことがありましょうか」という問いを呈したところに始まったものである。その時の若い道元は、禅宗の修行は坐禅をおいてほかになく、古人の話頭には大切な教えがこめられていて、その公案の修行も尊重されるべきだと考えていた。それに対して典座は、祖録や経典が道を説いている（対象的に道を扱っている）から貴いのではなく、それらがそのまま道そのものの開顕であるから貴いのであり、同様に、椎茸を買いに長い道程を往復したり、材料を調え料理したりすることも、道そのものにほかならず、何にもまして尊いことを教え、聖典の単なる言葉が、または坐禅だけが尊いわけではないことを、あわせて諭したのであった。ここで、「仏祖は、身心の所通みな脱落なり、説法なり、云云」（「密語」、『全集』第一巻、四九二頁）の句が想起されよう。まさに「偏界曽つて蔵さず」である。まことに、「文字の故・弁道の故」がそこにある。

『典座教訓』によると、この問答に由来するさらなる後日譚が記されている。道元はその後、雪《せっ》竇《ちょう》の頌《じゅ》を見て、典座のいうところと正しく符合することを確かめ、いよいよかの典座が真の道人であったことを改めて思い知った、と述懐するのである。その雪竇の頌は、次のようである。

　一字七字三五字　　一字七字三五字
万象窮来不為拠　　万象窮め来るに拠を為さず

夜深月白下滄溟　夜深け月白うして滄溟に下る
捜得驪珠有多許　驪珠を捜得するに多許か有る

（『全集』第六巻、一五頁）

一、七、十五、……、無限に展開する万象を究めていくと、すべて固定的な基底等がないことが解る。禅定を深め深めて、ついには黒漆裡《こくしつり》ともいうべき滄溟の境に到りえたとき、そこに月光がさして（脱落即現成）、はからずも一字、七字、十五字、……、万象の一つ一つが珠玉のように光芒を放っているのを見出した、というほどの意であろうか。仏祖の道現成としての言葉は、その一つのうちに尽十方の光明を具しているのであり、一つひとつすべてが、無限に展開する森羅万象が、同じように光を交わし合っているのが、この世界なのである。

ついで道元は、次のように物語っている。

然あれば則ち従来看る所の文字は、これ一二三四五なり。今日看る所の文字も、また（亦）六七八九十なり。後来の兄弟《ひんでい》、這頭《しゃとう》より那頭《なとう》を看了し、那頭より這頭を看了し、恁《かく》のごとき功夫を作さば、便ち文字上一味禅を了得し去らん。もしかくのごとくならずんば、諸方五味禅の毒を被って、僧食を排弁するに、未だ好手を得ること能わさるなり。

（同前、一七頁）

典座の「一二三四五」にいささか文字を知ることができた道元は、今まで見てきた文字は一二三四五であった。今、見るところの文字も、やはり六七八九十であるという。やはり（また）の語には、言葉の表面は同じであっても、実は異なるものであるとの意が込められていることを見落とすべきではない。同じ文字にしても、以前はいわば言葉は念慮にかかわるものとしてのみしか見ていなかった。しかるに今や、念慮を脱落した言葉があることに目覚めたのである。といっても、別段、格別のことではない。帰り来れば別事無しであって、同じように、六七八九十にはちがいないのである。

まとめ

ここで、私ははからずも「山水経《さんすいきょう》」の巻にもふれられている次の言葉を思い出した。

古仏云、山是山、水是水。〈古仏云く、山は是れ山、水は是れ水。〉

この道取は、やま、これやま、といふにあらず、山これやま、といふなり。

（『全集』第一巻、三二七頁）

これは、「従来看る所の文字は、これ一二三四五なり。今日看る所の文字も、また六七八九十なり」と同一のことを説いているのか、あるいは微妙な差異があるのか、少なくとも、これまで追究してきたことが、多くの示唆を与えてくれるだろう。

それはともかく、道元は続けて、後輩の道を求めて集まるであろう者たちに呼びかける。「この六七八九十とあの一二三四五と、どれだけの差があるのか、よくよく検点してみよ」と。かの典座の「若し問処を蹉過せずんば、豈に其の人にあらざらんや」を、その時・その場で道元流に言い換えたものに他ならない。そして、そのように功夫を積めば、文字上一味禅を了得するであろうというのである。

「文字上一味禅」、まさにここに道元の言語観の究極があるであろう。「不立文字・教外別伝」の標榜を翻して、実に心教不二、言禅一味の仏道が、力強く提唱されたのである。念慮を透脱した語句といい、教仏にせよ語菩提にせよ、みなことごとく文字上一味禅のことどもにほかならない。「はなてば、てにみてり、一多のきはならむや。かたれば、くちにみつ、縦横《じゅうおう》、きはまりなし」(『弁道話』。『全集』第二巻、四六〇頁)とも語った道元であった。その文字上一味禅をよくわきまえていたからこそ、道元はあのように文字・言葉に信頼を寄せて、その使用にためらうことは微塵もなかったのであった。

第六章　道元の時間論

はじめに――観無常から仏道へ

道元の思想の底辺に、厳しい無常観が横たわっていることは間違いない。それは、幼年において父母を失ったという個人的状況に加えて、価値観が激変した中世の時代状況によるものでもあったに違いない。『正法眼蔵随聞記《しょうぼうげんぞうずいもんき》』を見ると、道元はさかんに無常を観じるべきことを説いているが、それは道元の無常体験の深さを物語っていよう。

たとえば道元は、その『正法眼蔵随聞記』において、次のように説く。

道を得ることは、根《こん》の利鈍には依らず。人々皆《みな》法を悟るべき也。只精進《しょうじん》と懈怠《けたい》とによりて、得道の遅速あり。進怠の不同は、志の到《いた》ると到《いたら》ざると也。志の到《いたら》ざることは、無常を思はざるに依《よる》なり。念々に死去す。畢竟暫くも止らず。暫くも存《ぞん》ぜる間《あいだ》、時光《じこう》を虚《むなしく》すごすこ

と無《なか》れ。（一。『全集』第七巻、五九頁）

この他にも、道元はさかんに観無常の大事なことを力説している。このことは、前に、第二章「道元の生死観」において、ふれたところである。「念念に死去す」る無常は、道元にとって、想像力をめぐらしてはじめて知られることではなく、ことさらに観法の主題に掲げて無理に観察すべき対象でもなく、「真実に、眼前の道理」なのである。その無常迅速の洞察は、ただちに生死事大の切実な自覚につながるのであり、道元にとって仏道とは、観無常を起点に一切の価値を疑うことから始まるのであった。

ただし、無常とはどういうことなのであろうか。無常とは、おそらく時間の経過の中で、自己も含めさまざまな事物が変化し、無に帰するということであろう。仏教においても、古来、諸々の有為法《ういほう》に関して、生《しょう》・住《じゅう》・異《い》・滅《めつ》や、成《じょう》・住《じゅう》・壊《え》・空《くう》の生滅・変化が説かれてきた。ただしそこでは、直線的に進行する時間というものが前提となっている。ところが時間の見方は、必ずしもこの見方のみで尽きるわけではないであろう。そもそも仏教が、一方ではそうした時間の虚妄性を解明しているのである。たとえば『中論《ちゅうろん》』は、しきりに運動はありえないことを、一種、詭弁のような論理を駆使して証明している。道元もまた、『正法眼蔵』においては、単純な直線的時間論を斥け、独自の時間論を展開している。

確かに仏道に入る初歩には、観無常が極めて大切であろう。しかし仏道の修証の中では、また異なる時間観を学ばなくてはならない。では、道元は時間をより深い立場でどのように説いていたのであろうか。本章では以下、この問題を追究していくことにする。

一　仏教の時間論――三世実有から現在実有・過未無体へ

道元独特の時間論を見ていく前に、仏教の時間に対する基本的な見方について、ごく簡単にふれておこう。世間では一般に、空間と時間があって、世界は時間の中を推移していると考えている。これは、ニュートンの考え方でもある。時間という一つの枠組みがあらかじめ存在していて、その中を、世界が過去から現在へ、現在から未来へと進んでいくというのである。しかし仏教はこのような時間の実在を認めない。時間は、現象のその時その時のあり方の上に仮に立てられたものに過ぎない、というのである。古来、「時に別体無し、法に依って仮立す」と言いならわされている。この場合の法とは、諸法、とりわけ有為法のすべてのことであろう。それは簡略に言えば、心理的・物質的およびその他の現象のことに他ならない。まず、現象の事実があって、その上に時間が仮に意識の中で構成されているにすぎないというのである。道元の時間論も、もちろんこの見方に沿ったものであるが、さらに独特で豊かなものがあると思われる。

時間は、説《せつ》一切《いっさい》有《う》部《ぶ》の五《ご》位《い》七《しち》十五《じゅうご》法《ほう》の世界の分析（アビダルマ）によれば、そもそもダルマとして数えられていない。まさしく「時に別体無し、法に依って仮立す」だからである。したがって説一切有部においては、時間の中を、諸法が過去から未来へと進むわけではない。未来の諸法が縁に従い現在に作用を起こして過去に落ちていく、と考えている。作用を起こした法の体は、過去に落ちても存在し続けるという。諸法自体は時間にかかわらず存在しつづけると考えられており、過去となった諸法も存在しつづけることから、未来への業《ごう》の効力も発生し、生死《しょうじ》輪廻《りんね》を説明できるとした。説一切部のこうした諸法への見方は、「三世《さんぜ》実有《じつう》・法体恒有《ほったいごうう》」と言われている。

しかし常識的に言って、はたして過去の存在というものは、どこにあるのであろうか。また未来の存在も、すでにどこかにあるとはとうてい考えられないであろう。そこで大乗仏教では、過去や未来の存在を明確に否定することになる。それが「現在実有《げんざいじつう》・過未無体《かみむたい》」の立場である。大乗仏教は、この立場から世界を説明しようとする。過去の行為が未来に影響力を発揮するという、業の思想や生死輪廻の仕組みも、行為そのものが情報化されて、それが刹那《せつな》刹那、生滅しながら一瞬のすき間もなく相続されていくという。その情報は意識下の心の世界（阿頼耶識《あらやしき》）に貯蔵され、生滅の相続の中で今の現在から次の現在へ伝達されて、その情報が「善因楽果・悪因苦果」の法則に基づき未来のあり方を決定していくという説明が確立されていく。行為そのものが消えても、その情報が深い奥底の心の領域で保持されて、死により身体が消滅したとしてもその心の領域は今の現在から次の現在へと持続して、未来への影響力を行使するというのである。

なお、唯識の五位百法の世界の分析の中では、心不《しんふ》相応《そうおう》行法《ぎょうほう》に時のダルマが見出されるが、唯識の場合、不相応行法が色・心の上に仮立されたものであるので、やはり実体ではない。有為の諸法の因果相続の上に仮立されたものであり、已生已滅に過去、已生未滅に現在、未生に未来の名を与えるに過ぎないのである。ともあれこのように、大乗仏教では明確に過去と未来の存在を否定し、存在は現在にあるのみとの時間論を主張したのであった。

この見方において重要なことは、あらゆる存在は刹那刹那、生滅を繰り返しているという見方である。これを「刹那滅《せつなめつ》」の思想という。いったい、世界はなぜ刹那滅なのであろうか。仏教の主張では、二刹那にわたって本体を持つものは、結局、常住永遠の実体と見なさざるを得ないことになり、諸行無常の事態を説明できなくなるからという。そこで、諸法（有為法）は現在の刹那のみに存在する、との思想を説くことになった。唯識思想によれば、一箇の人間は八識（およびそれらに伴われる心所有法《しんじょうほう》）において成立しているが、意識より上の感覚・知覚等は生起しない時間もある。一例に味覚（舌識）を取れば、食事等の時以外には起きないであろう。視覚（眼識）や意識も、眠ってしまえば起きないことになる。そうした中、第八識の阿頼耶識だけは、無始の過去から無終の未来際まで、刹那滅ながら相続されているのだという。その上に、感覚・知覚等がはたらき、世界が成立する。また、その上に、生死輪廻が運ばれていくとする。こうして、世界自体が、刹那滅であり、しかも現在にしか有り得ないとする。この現在の非連続の連続の相続の上に、過去を想起し、未来を想定して、因果や時間が仮立されるというのである。

二　道元の時間論の基本――前後際断の世界

このような大乗仏教の見方と、道元の時間論とは、正しく整合的である。道元の時間論は、何といっても『正法眼蔵』「有時《うじ》」の巻に集中的にまとめられているが、その冒頭、書き出しの文章は、存在と時間がまさに一体であって別物ではないことを語っている。次のようである。

古仏言く、有時《うじ》は高高《こうこう》たる峰頂に立ち、有時は深深《しんしん》たる海底に行く、有時は三頭八臂《さんずはっぴ》なり、有時は丈六八尺なり、有時は拄杖《しゅじょう》・払子《ほっす》なり、有時は露柱・燈籠なり、有時は張三李四なり、有時は大地・虚空なり。

いはゆる有時《うじ》は、時《じ》すでにこれ有《う》なり、有《う》はみな時《じ》なり。丈六金身《こんじん》、これ時なり、時なるがゆえに時の荘厳光明《しょうごんこうみょう》あり、いまの十二時に習学すべし。三頭八臂《さんずはっぴ》、これ時なり、時なるがゆえに、いまの十二時に一如なるべし。十二時の長遠《ちょうおん》・短促《たんそく》、いまだ度量《どりょう》せずといへども、これを十二時といふ。去来《こらい》の方跡《ほうしゃく》あきらかなるによりて、人《ひと》、これを疑著《ぎじゃく》せず、疑著せざれども、しれるにあらず。衆生もとより、しらざる毎物毎事《まいもつまいじ》を疑著すること一定《いちじょう》せざるがゆえに、疑著する前程、かならずしもいまの疑著に符号することなし。ただ疑著しばらく時なるのみなり。

（『全集』第一巻、二四〇頁）

「有時」の語は、中国語としてはふつう、「あるときは〜、あるときは〜」と読むべき語であろう。しかし道元はこのあるときはの有時の語の内実を、有即時・時即有と見る。時間という一定の枠組みがあって、その中に存在があるとの見方ではなく、存在はそのまま時間であり、時間はそのまま存在以外の何物でもない、というのである。この見方は、「時無別体」の仏教の見方にまったく合致していよう。

しかもこの「有即時・時即有」が、その時ごとのことであることも、道元は指摘している。まず、自己が無常なる存在であることを、「現成公案《げんじょうこうあん》」の巻に次のように示している。

人、舟にのりてゆくに、目をめぐらしてきしをみれば、きしのうつるとあやまる。目をしたしく舟につくれば、舟のすすむをしるがごとく、身心を乱想して万法を弁肯するには、自心自性は常住なるかとあやまる。もし行李《あんり》をしたしくして箇裏《こりき》に帰すれば、万法のわれにあらぬ道理あきらけし。

（『全集』第一巻、三頁）

舟が進むように、自己は無常なる存在である。故に自己は常住永遠の本体を持つものではありえず、ひいては自己と共にある世界も無常なる存在で、「万法のわれにあらぬ道理」（「われ」は、常住の実体的存在のこと）は明らかであろう。その際、そのつどそのつどの現在の自己しか有り得ない。そのことが同じ「現成公案」の巻に、次のように説かれている。

たき木《ぎ》、はいとなる、さらにかへりてたき木となるべきにあらず。しかあるを、灰はのち、薪《たきぎ》は先と見取《けんしゅ》すべからず。しるべし、薪は薪の法位に住して、さきあり、のちあり。前後ありといへども、前後際断せり。灰は灰の法位にありて、のちあり、さきあり。かのたき木、はいとなりぬるのち、さらにたき木とならざるがごとく、人のしぬるのち、さらに生《しょう》とならず。しかあるを、生《しょう》の死になるといはざるは、仏法のさだまれるならひなり、このゆえに不《ふ》生《しょう》といふ。死の生にならざる、法輪のさだまれる仏転なり、このゆえに不滅といふ。生も一時のくらいなり。死も一時のくらいなり。たとへば冬と春とのごとし。冬の春となるとおもはず、春の夏となるといはぬなり。

（同前、三〜四頁）

ここに、前後際断《ぜんごさいだん》の語が出ている。薪は薪でこの世に住しているかのようだとしても、前後際断しているという。灰は灰で、同様に前後際断しているという。前際と後際とでは断絶しているというのである。やはり、二刹那以上につながっている本体はありえないのである。そこに本体を維持したままの連続的な変化はない。非連続の現在の相続しかなく、その故にそのつどの現在の存在しかないのである。

我々は、「春が来た」という唱歌を歌う。「夏は来《き》ぬ」という唱歌を歌う。冬が連続的に変化して春になるわけではない、春が連続的に変化して夏になるわけでもない。冬が春になるのでなく、春は冬とは別にやってくる。春と夏も同様である。そのつどそのつどの位しかなく、しかも前後際断しているとすれば、結局は常に現在の刹那の位しかないであろう。

ここに、「生の死になるといはざるは、仏法のさだまれるならひなり、このゆえに不生といふ。死の生にならざる、法輪のさだまれる仏転なり、このゆえに不滅といふ」とあるが、こうした文章は道元一流のレトリックによるものである。ごく普通に言えば、「生は死にならないので不死であり、死は生にならないので不生である」というべきかと考えられよう。しかし道元は、生は生で絶対であるので、生死という概念を離れていて（超えていて）、それゆえに不生だし、死は死で絶対で、これまた生滅という概念を離れていて（超えていて）、それゆえに不滅であるというう。言われてみればこのレトリックも、しごくまっとうな理路をふんでいると言わざるを得ない。

いずれにせよ道元は、存在は時間の中で連続的に変化するものではなく、前後際断しており、ひいてはそのつどの現在の存在しかなく、その上に時間やもの等が仮立されるという考え方に沿っていることが知られるのである。

参考までに、同じことを説く「生死《しょうじ》」の巻の文を掲げておく。以下の文は、今の文を下敷きにするとき、よりよく理解されるであろう。

生より死にうつる、と心うるは、これ、あやまりなり。生《しょう》は、ひとときのくらいにて、すでにさきあり、のちあり、故《かるがゆえ》に、仏法の中には、生《しょう》すなはち不生《ふしょう》、といふ。滅《めつ》も、ひととき のくらいにて、又《また》、さきあり、のちあり。これによりて、滅すなはち不滅、といふ。生《しょう》と いふときには、生よりほかにものなく、滅《めつ》といふとき、滅のほかにものなし。かるがゆえに、生《しょう》、きたらばただこれ生《しょう》、滅《めつ》、来《きた》らばこれ滅にむかひて、つかふべしといふことなかれ、ねがふことなかれ。

（『全集』第二巻、五二八〜五二九頁）

三　刹那滅の相続

さて、ここで、やや論脈の本筋をずれるかもしれないが、現在しかないという、その現在はどれほどの時を有しているのであろうか。おそらく、はかれるような時間、持続するわけではないであろう。そうしたときは、過去と現在が同時に存在してしまうことになる。したがって、現在はただ極速の時間としか言いようがない。このことをあえて言葉で表現しようとしたのが、刹那滅の思想である。すでに私は以上において、前後際断は刹那滅の思想だと述べておいたが、実は道元自身も、特に十二巻本『正法眼蔵』（新草）で、この刹那滅のことを強調している。「出家功徳《しゅっけくどく》」の巻には、次のようにある。

しるべし、今生《こんじょう》の人身《にんしん》は、四大五蘊《うん》、因縁和合して、かりになせり、八苦、つねにあり。

いはんや刹那刹那に生滅《しょうめつ》してさらにとどまらず。いはく、一弾指《たんじ》のあひだに六十五の刹那生滅すといへども、みずからくらきによりて、いまだしらざるなり。すべて一日一夜があひだに、六十四億九万九千九百八十の刹那ありて、五蘊生滅すといへども、しらざるなり。あはれむべし、われ生滅すといへども、みづからしらざること。この刹那生滅の量、ただ仏世尊ならびに舎利弗《しゃりほつ》とのみしらせたまふ。余聖《よしょう》おほかれども、ひとりもしるところにあらざるなり。この刹那生滅の道理によりて、衆生、すなはち善悪の業《ごう》をつくる、また刹那生滅の道理によりて、衆生、発心《ほっしん》・得道《とくどう》す。

（『全集』第二巻、二七四頁）

あるいは「発菩提心《ほつぼだいしん》」（新草）の巻にも、次のようにある。

……一日一夜をふるあひだに、六十四億九万九千九百八十の刹那ありて、五蘊ともに生滅す。しかあれども、凡夫、かつて覚知せず、覚知せざるがゆえに、菩提心をおこさず。仏法をしらず、仏法を信ぜざるものは、刹那生滅の道理を信ぜざるなり。もし如来の正法眼蔵涅槃妙心をあきらむるがごときは、かならずこの刹那生滅の道理を信ずるなり。

（同前、三三六頁）

これらには、主に自己の刹那滅が語られていたが、道元においては、もちろん世界ごと刹那滅であることは、前の舟の譬えによる説示（本書、一五五頁）において、万法の無我・空を説いていたことからも疑いないことであろう。

ここに、刹那という単位の時間が示唆されているが、実際は計算されて対象的に把握できるような特質のものではないであろう。やはりただ極速の時というほかないのではなかろうか。

それはともかく、冬の春になるとは言わず、生の死となると見るのは間違いであるということは、連続的に移り行く時間はないということである。このことを、「有時」の巻でも、明確に説いている。

しかあるを、仏法をならはざる凡夫の時節に、あらゆる見解《けんげ》は、有時のことばをきくにおもはく、あるときは三頭八臂《さんずはっぴ》となれりき、あるときは丈六八尺となれりき、たとへば、河をすぎ、山をすぎしがごとくなり、と。いまはその山河《せんが》たとひあるらめども、われすぎきたりて、いまは玉殿朱楼《ぎょくでんしゅろう》に処せり、山河とわれと、天と地となり、とおもふ。しかあれども、道理この一条のみにあらず。……（『全集』第一巻、二四一頁）

今、道元が明かす別の道理は、のちに見ることにして、ここには、直線的に進む時間の中を、過去のある時はこうだった、その後のある時はこうだったと、過去から現在に移動してきて、此の今には過去はすっかり遠ざかった、消えてしまった、と見るのは、仏法を学ぶ以前の浅薄な見方であると言っている。その上で、道元の時間に対する見解（後出。一七〇～一七一頁）を述べたあとに、次のように断じているのである。

しかあれば、松も時なり、竹も時なり。時《じ》は飛去《ひこ》するとのみ解会《げえ》すべからず、飛去は時《じ》の能とのみは学すべからず。時《じ》、もし飛去に一任せば、間隙《けんきゃく》ありぬべし。有時の道《どう》を経聞《きょうもん》せざるは、すぎぬるとのみ学するによりてなり。要をとりていはば、尽界にあらゆる尽有《じんう》は、つらなりながら時時《じじ》なり。有時なるによりて吾有時《ごうじ》なり。（同前、二四二頁）

飛去とは、時間が連続的に過ぎ去っていくことを示していよう。この見方に立つとき、どうして「間隙」があるに違いないということになるのであろうか。「間隙」とは、何と何との乖離なのであろうか。前の説明からすれば、それは過去の山河と現在の朱殿楼閣にいる我との天と地との差異のことだと思われる。過去の時と現在の時とが、遠くはなれてしまうのである。しかし後に見るように、道元においては、現在に過去もあり、未来もある。過去は現在をけっして離れない。その立場からすれば、そのつどそのつど存在即時間・時間即存在の現在（而今《にこん》）があって、しかしそれらがつらなっている。つらなっているとはいえ、時時であって、そのつどそのつど絶対なのである。この引用文の最後、吾有時は、実は深い意味を蔵しているので、もう少し後で再度検討することにしたい。
ともあれ、現在の連続以外にないことを、次の説は明確に述べている。『正法眼蔵』「坐禅箴《ざぜんしん》」の巻の説である。

この（鳥の）飛《ひ》、いくそばくといふことしらずといへども、卜度《ぼくたく》のほかの道取を道取するに、杳杳《ようよう》と道取するなり。直須足下無糸去《じきしゅそっかむしこ》〈直に須く足下、無糸に去《ゆ》くべし〉なり。空の飛《ひ》去《こ》するとき、鳥も飛去《ひこ》するなり。鳥の飛去するに、空も飛去するなり、飛去を参究する道取にいはく、只在這裏《しざいしゃり》〈只《た》だ這裏《ここ》に在り〉なり。これ兀兀地《ごつごつち》の箴《しん》なり。いく万程か只在這裏をきほひいふ。
（同前、一一六頁）

鳥がどのくらい飛んでいくかは、解らないが故に、どのくらいと推測して言うかわりに、はるか遠くへ（杳杳）と言ったりする。その道筋を捉えることは出来ない。つかもうと思えば、過ぎ去っていく。但し、鳥が飛ぶとき、空も飛ぶ。では、飛ぶとはどういうことであろうか。道元は、それは「只在這裏」だと示す。「只在這裏」のここ（這裏）とは、鳥にとって、空を飛んでいるその而今その場のことであろう。鳥はどれだけ飛んでも、常に即今・此処にいる。その連続が、飛去なのである。

四　現在のありか

このように世界は現在において成立しており、現在の世界しかないとき、この現在はどのよう把得できるのであろうか。もしも現在を対象化して捉えるなら、すでにその捉えられた現在は過去となってしまう。ゆえに現在は現在の中で捉えられなければならないが、実はそこは捉えられないというあり方の中で自覚されなければならない。このことを、『金剛般若経《こんごうはんにゃきょう》』は、「三世心《さんぜしん》不可得《ふかとく》」と語っている。すなわち、「過去心不可得、現在心不可得、未来心不可得」というのである。

このことについては、禅門に有名な話がある。『金剛般若経』の当代随一の学者であった徳山《とくさん》が、その「三世心不可得」の説をめぐって、ある茶店の婆さんにぐうの音も出ないほどにやりこめられたという話である。『碧巌録《へきがんろく》』第四則にある話であるが、今は、道元の『正法眼蔵』「心不可得」の巻から、その美しい響きを奏でる文章を引用しておこう。

いはゆる徳山宣鑑禅師、そのかみ金剛般若経をあきらめたりと自称す、あるいは周金剛王と自称す。ことに青龍疏《しょ》をよくせりと称す。さらに十二担《たん》の書籍《しょじゃく》を撰集《せんじゅう》せり、斉肩《さいけん》の講者なきがごとし。しかあれども、文字法師の末流なり。あるとき、南方に嫡嫡相承《てきてきそうじょう》の無上仏法あることをききて、いきどほりにたへず、経書《きょうしょ》をたづさへて山川をわたりゆく。ちなみに龍潭《りょうたん》の信禅師の会《え》にあへり。かの会《え》に投ぜんとおもむく、中路に歇息《けっそく》せり。ときに老婆《ろうば》子《す》きたりあひて、路側に歇息せり。

ときに鑑講師とふ、なんぢはこれなに人《びと》ぞ。

婆子いはく、われは売餅《まいびょう》の老婆子なり。

徳山いはく、わがためにもちひをうるべし。

婆子いはく、和尚、もちひをかうてなににかせん。

徳山いはく、もちひをかうて点心《てんじん》にすべし。

婆子いはく、和尚の、そこばくたづさへてあるは、それなにものぞ。

徳山いはく、なんぢきかずや、われはこれ周金剛王なり、金剛経に長ぜり、通達せずといふところなし。わがいまたづさへたるは、金剛経の解釈《げしゃく》なり。

かくいふをききて、婆子いはく、老婆に一問あり、和尚、これをゆるすやいなや。

徳山いはく、われいまゆるす、なんぢこころにまかせてとふべし。

婆子いはく、われかつて金剛経をきくにいはく、過去心不可得、現在心不可得、未来心不可得。いまいづれの心をか、もちひをしていかに点ぜんとかする。和尚もし道得ならんには、もちひをうるべし。和尚もし道不得ならんには、もちひをうるべからず。

徳山、ときに茫然として、祗対《したい》すべきところおぼえざりき。婆子、すなはち払袖《ほっしゅう》してい

でぬ。つひにもちひを徳山にうらず。（同前、八二〜八三頁）

この話に対して、道元は、「うらむべし、数百軸の釈主、数十年の講者、わづかに弊婆《へいば》の一問をうるに、たちまちに負処に堕《だ》して、祗対《したい》におよばざること。正師をみると、正師に師承《しじょう》せると、正法《しょうぼう》をきけると、いまだ正法をきかず、正師をみざると、はるかにことなるによりてかくのごとし」（同前、八三〜八四頁）と評している。ただし徳山自身は、この婆さんの逆襲に深く反省して、禅の道に入り、臨済《りんざい》とならぶ禅将となったのであった。

過去はもはやない。未来はいまだない。では現在はというと、ないはずはないが、それに対して何ものかを点ずるというように、対象的に関わろうとすると、それをとらえることは出来ないのである。

そもそも現在とは、自己がいるその時にほかならないであろう。その現在心が把得《はとく》できないということは、自己を捉えることはできないということである。思えば、自己は主体そのものであると考えられるが、主体はまさに主体であるからこそ、つかまえることはできない。自己は自己のものとはついぞなりえないのである。

それゆえ、有即時・時即有といっても、その時とは何か抽象的、観念上の時なのではなく、まさに自己がいる時、すなわち今のことでなければならない。時は各自にあるのでなければならない。と同時に、今において自己が真に自己であるには、自己を対象的に把握することを放下し尽くしたところ、絶対主体として生き抜いているただなか、ということになる。ここに、身心脱落してその脱落において生きる身心がある。このように、道元はしばしば自己が自己を生き、柱が柱になり尽くし、山が山そのものであり尽くしているところに真実（仏のおんいのち）の現成が見いだされることをしばしば説くのである。

その例を二、三、あげれば、次のようである。

人天の、水をみるときのみの参学にあらず、水の、水をみる参学あり。水の、水を修証するがゆえに、水の、水を道著する参究あり。自己の、自己に相逢する通路を現成せしむべし、他己《たこ》の、他己を参徹《さんてつ》する活路を進退すべし、跳出すべし。（「山水経《さんすいきょう》」、同前、三三一頁）

仏仏相嗣《そうし》するがゆえに、仏道はただ仏仏の究尽《ぐうじん》にして、仏仏にあらざる時節あらず。たとへば、石は石に相嗣し、玉は玉に相嗣することあり、菊も相嗣し、松も印証するに、みな前《ぜん》菊後菊如如《ぎくごぎくにょにょ》なり、前松後松如如《ぜんしょうごしょうにょにょ》なるがごとし。……（「嗣書《ししょ》」、同前、四二四頁）

……諸法のまさに諸法なるを、唯仏と称す、諸法のいまし実相なるを、与仏と称す。しかあれば、諸法のみづから諸法なる、如是相あり、如是性あり。実相のまさしく実相なる、如是相あり、如是性あり。……初・中・後にあらざるゆえに、如是相なり、如是性なり。この

ゆえに初・中・後善といふ。（「諸法実相」、同前、四五八頁）

なお、「礼拝得髄《らいはいとくずい》」に出る、「断臂得髄《だんぴとくずい》の祖、さらに他にあらず、脱落身心《だつらくしんじん》の師、すでに自なりき」（同前、三〇二頁）の句も、同じ文脈でとらえられるかと思う。

五　三世と現在

確かにこの自己が自己になりつくしているただなかに真実が現成するとしても、ここから自己と世界に関する哲学を展開しようとすれば、いったんは反省的立場に立って事柄を精確に分析していかなければならない。道元の『正法眼蔵』には、当然、そうした一面があることも否めない。「有時」の巻では、すぐれて自己と存在と時間をめぐっての哲学的思惟を展開するのである。まず、「有時」を考察するときの根本的立場が、次のように示される。

われを排列しおきて尽界とせり、この尽界の頭頭物物《ずずもつもつ》を時時《じじ》なりと覰見《ちょけん》すべし。物物《もつもつ》の相《そう》礙《げ》せざるは、時時の相礙せざるがごとし。このゆえに、同時発心《ほっしん》あり、同心発時《ほつじ》なり。および修行《しゅぎょう》・成道《じょうどう》もかくのごとし。（同前、二四一頁）

世界と言う時、これを対象的に考えるとき、その中に自己は入らないことになる。自己の存在しない世界が、真の世界だとは言えないであろう。世界には自己を含めておかなければならない。ゆえに「われを排列しおきて尽界とせり」である。排列は、配列と同じである。けっして排除することではない。この事態の様子については、『正法眼蔵』「全機《ぜんき》」の巻の、次の箇所がよく説明しているであろう。

生といふは、たとへば、人の、ふねにのれるときのごとし。このふねは、われ、帆をつかひ、われ、かぢをとれり。われ、さほをさすといへども、ふね、われをのせて、ふねのほかにわれなし。われ、ふねにのりて、このふねをもふねならしむ。この正当恁麼時《しょうとういんもじ》を功夫《くふう》参学すべし。この正当恁麼時は、舟の世界にあらざることなし。天も水も岸も、みな舟の時節となれり、さらに舟にあらざる時節とおなじからず。このゆえに、生はわが生ぜしむるなり、われをば生のわれならしむるなり。舟にのれるには、身心依正《しんじんえしょう》、ともに舟の機関なり。尽大地・尽虚空、ともに舟の機関なり。生なるわれ、われなる生、それかくのごとし。

（同前、二六〇頁）

このように、自己は世界の中にあってはじめて自己なのである。このとき、世界全体が自己なのである。

ゆえに自己を世界に置いて、そうしておいて、「頭頭物物を時時なりと覰見すべし」と、それぞれの物をそれぞれ時であると認識すべきであるという。それは、それぞれの物を見るのは、そのつど、そのつどであるからである。過去の物が現在の物を妨げず、現在の物が未来の物を妨げないのは、そのつどそのつど、前後際断して時が生まれているからである。いや、あらゆる存在が刹那滅においてつらなりながら時時だからであろう。このからくりにおいて、それぞれの者がそれぞれの今を生きている。そこに共通の今もありえるが、各自の今もある。同心発時の同心とは、各自異なる者が同じ心のもとに、という意味で取るか、究極的に誰もが仏心（仏のおんいのち）のうちに生かされていて、という意味で取るか、そのどちらかになろう。

いずれにせよ、「われを排列しおきて尽界とせり」の中で、事柄の実相を観察しなければならない。道元は「有時」の巻の前の文に続けて、次のように説いている。

> われを排列してわれこれをみるなり。自己の時なる道理、それかくのごとし。恁麼《いんも》の道理なるゆえに、尽地に万象《ばんぞう》・百草《ひゃくそう》あり、一草《いっそう》・一象《いちぞう》おのおの尽地にあることを参学すべし。かくのごときの往来は、修行の発足《ほっそく》なり。到恁麼の田地のとき、すなはち一草・一象なり。会象《えぞう》・不会象《ふえぞう》なり、会草《えそう》・不会草《ふえそう》なり。正当恁麼時のみなるがゆえに、有時《うじ》みな尽時なり、有草《うそう》・有象《うぞう》ともに時なり。時時《じじ》の時に尽有《う》・尽界あるなり。しばらく、いまの時にもれたる尽有《う》・尽界ありや、なしや、と観想すべし。
>
> （同前、二四一頁）

世界の中に自己を置いておいて、そのうえで自己を見る時、世界と共にある自己は時である以外の何物でもないであろう。「尽地に万象・百草あり、一草・一象おのおの尽地にある」とは、全世界には、ありとあらゆる個人（自己）がいる。そのおのおのの個人は全世界の中にある。このような観察を了解していくことが、仏道修行の発足であるのである。この了解に達した時、自己は対象的了解を透脱して（不会）本来の自己のありかたが現成する（会）。

そのおのおのの個人の先端におのおのの今がある。そのことを対象的に了解しようが、それそのものになりきることによって対象的な了解という仕方を取らなかろうが、あるのはその今の世界のみである。その個人の今にあらゆる存在、世界全体がある。その今にないものはないと観察し洞察すべきである。

このとき、前に触れたように、過去は今から遠ざかって、この今にはないと考えるべきではない。尽有尽界は、けっして空間的だけではないのである。その道理が、「有時」の巻に次のように明かされる。

いはゆる、山をのぼり、河をわたりし時に、われありき、われに時あるべし。われすでにあり、時、さるべからず。時、もし去来《こらい》の相にあらずば、上山の時は有時《うじ》の而今《にこん》なり。時、もし去来の相を保任《ほうにん》せば、われに有時《うじ》の而今《にこん》ある、これ有時なり。かの上山・渡河《とが》の時《じ》、この玉殿朱楼の時を呑却せざらんや、吐却せざらんや。三頭八臂は、きのふの時なり、丈六八尺は、けふの時なり。しかあれども、その昨今の道理、ただこれ山のなかに直入《じきにゅう》して、千峰万峰をみわたす時節なり、すぎぬるにあらず。三頭八臂も、すなはちわが有時《うじ》にて一《いっ》経《きょう》す、彼方《ひほう》にあるににたれども而今《にこん》なり。丈六八尺も、すなはちわが有時にて一経す、彼処《ひしょ》にあるににたれども而今なり。

（同前、二四一～二四二頁）

過去の今もあれば、現在の今もある。時間は、常に今しかない。この今には、過去も未来も、そこに含まれている。過去や未来の存在が、今にあると言うのではない。過去の今に現在の今が生まれて、未来の今に移っていく。常に今しかなく、その今が今に生まれることは、過去が今にうまれ、未来も今に生まれるということである。その今には常に三世が存在していて、その三世の様相が変わっていくのである。今が三世を統括しているのであり、その意味で、今の中に過去もあるのである。ここに、今が去来するという側面と、常に今にあるという永遠の今の側面とがある。常に今にあるという事態の中に、常に三世が今にあるのである。

ここが「ただこれ山のなかに直入して、千峰万峰をみわたす時節なり、すぎぬるにあらず」ということであり、山とは時のこと、千峰万峰とは過去から未来にわたるすべての時間のことであろう。一方、あらゆる存在は、「わが有時にて一経す」るのであり、この「わが有時」とは而今にほかならない。すべては而今における一経なのである。ここには、直線的な時間概念を打破した、今に過去から未来へのすべての時間を見て、しかも絶えずその今しか有り得ないという、独自の時間論が披歴されている。

道元の時間論は、ある意味でこの見方に尽きると言ってよいであろう。あとはこのことのさまざまな側面からの説明に他ならないことになる。先に見た、「要をとりていはば、尽界にあらゆる尽有《じんう》は、つらなりながら時時《じじ》なり。有時なるによりて吾有時《ごうじ》なり」(同前、二四二頁)は、今の上述の説明の結論となるものであるが、ゆえに「吾有時」の語は、「吾が有時」と読むのが基本で、さらに、「吾に時有り」「吾は有時なり」等、さまざまに読み替えることもできるであろう。

六　現在から現在へ

こうして、道元にとっての時間は、飛去するものではない。自己が置かれた世界全体の存在と時間が一体であって、しかも「わが有時＝而今にて一経す」るようなものなのである。この時間論を、道元は飛去と区別して、「経歴《きょうりゃく》」の語によって表している。同じく「有時」の巻においてである。

有時に経歴《きょうりゃく》の功徳あり。いはゆる、今日《こんにち》より明日《みょうにち》へ経歴す、今日より昨日《さくじつ》に経歴す、昨日より今日へ経歴す、今日より今日に経歴す、明日より明日に経歴す、経歴はそれ時の功徳

なるがゆえに。（同前、二四二頁）

一般に時間の本質は、不可逆性にあると考えられている。そうであれば、いくら道元の言葉とはいっても、今日より昨日へ経歴するということは、そのままには首肯しがたいことである。よってその意味するところを汲む必要がある。前にも言うように、今日が決まる時、昨日も決まるのであれば、今日から今日に経歴した時、そこにおいて昨日にも経歴したと言えることであろう。このことは未来に経歴するということについても同様である。けっして直線的に今日から未来へ流れるわけではない。結局は、今日より今日に経歴するほかにあり得ないのである。それは、明日より明日にでも昨日より昨日へでもよい。根本は、今日より今日へなのであり、今より今へなのである。そこにおいて今日より未来へも過去へも経歴したことにもなる、三世が一経したのである。

それにしても、どうして今日より今日へ経歴するのであろうか。言い換えれば、今より今に経歴するのであろうか。あるいはどうして今に今が生まれるのであろうか。そこは、「功徳」とか言いようがないのであろう。仮に時間も神の創造によるとして、その創造ははるか遠い過去にあったわけではない、まさに自己の却下の今にある。今に今が生まれることが、まさに神の創造の現場なのである。道元に強いていわせれば、それは「仏の御いのち」によるということでもあろう。あるいは、「いまの凡夫の見《けん》、および見の因縁、これ凡夫のみるところなりといへども、凡夫の法にあらず、法、しばらく凡夫を因縁せるのみなり」（「有時」、同前、二四二〜二四三頁）とあることや、「いま世界に配列せるむま・ひつじをあらしむるも、住法位《じゅうほうい》の恁麼《いんも》なる昇降《しょうこう》・上下なり。……住法位の活鱍鱍地《かっぱつぱっち》なる、これ有時なり」（「有時」、同前、二四三頁）などとあることからすれば、法によるということでもあろう。

ともかく、世界全体がいま・ここを焦点に世界ごと消滅しつつ連続していることを、道元は再三、述べている。まず「身心学道《しんじんがくどう》」の巻には、次のように示している。

平常心《びょうじょうしん》といふは、此界・他界といはず、平常心なり。昔日はこのところよりさり、今日はこのところよりきたる。さるときは漫天さり、きたるときは尽地きたる、これ平常心なり。平常心、この屋裏に開門（閉）す。千門万戸《ばんこ》一時開閉なるゆえに平常なり。（同前、四九頁）

このところ、この屋裏とは、空間的な特定の場所のことではない。次の今が今に生まれる当処のことである。我々の著衣《じゃくえ》喫飯《きっぱん》は、而今の現成の連続として「このところ」を離れないのであるが、その連続はまさに「このところ」において漫天去り、尽地来たるというあり方において成立している。すなわち世界ごと、一の現成は消えるとともに新たな現成が生まれること、絶対に死して新たに生まれることによる。だからこそ平常底の生活がつつがなく維持されているのである。このようにごく日常の著衣喫飯も、実は絶対の非連続において連続しているのである。

参考までに、同じ「身心学道」の巻には、次のようにもある。

生死を頭尾《ずび》として、尽十方界真実人体は、よく翻身回脳《ほんしんかいのう》するなり。翻身回脳するに、如一《にょいっ》銭大《せんだい》〈一銭大の如し〉なり、似微塵裡《じみじんり》〈微塵裡に似る〉なり。平坦坦地、それ壁立千仞《へきりゅうせんじん》なり。壁立千仞処、それ平坦坦地なり。

（同前、五二頁）

世界をふまえての自己は、生死のただなかにおいて行為してやまない（よく翻身回脳する）が、それは如一銭大・似微塵裡においてである。その一銭・微塵とは、即今・此処のことを言っていると解される。その非連続の連続を、「平坦坦地、それ壁立千仞なり。壁立千仞処、それ平坦坦地なり」の句が言い表しているであろう。尽界滅して、しかも平常底が続くのである。同様に「全機」の巻に、次のようにもある。

正当現成のときは、現成に全機せらるるによりて、現成よりさきに現成あらざりつると見《けん》解《げ》するなり。しかあれども、この現成よりさきは、さきの全機現なり。さきの全機現ありといへども、いまの全機現を罣礙せざるなり。

（同前、二六一頁）

おのおの而今現成が絶対でありながら、先の全機現と今の全機現とはけっして妨げあうことがない。そうして滑らかに経歴していく。それというのも、「このところ」において、一時に一切が開閉する、すなわち絶対に死して絶対に生まれるが故なのであった。

あるいは、「一顆明珠《いっかみょうじゅ》」の巻にも、次のようにある。

いま道取する尽十方世界《じんじっぽうせかい》、是一顆明珠《ぜいっかみょうじゅ》、はじめて玄沙にあり。その宗旨は、尽十方世界は、広大にあらず、微小にあらず、方円にあらず、中正にあらず。活鱍鱍《かっぱつぱつ》にあらず、露廻廻《ろかいかい》にあらず。さらに生死去来《しょうじこらい》にあらざるゆえに生死去来なり。恁麼《いんも》のゆえに、昔日曽此去《せきじつぞうしこ》〈昔日は曽て此《こ》こより去る〉にして而今従此来《にこんじゅうしらい》〈而今《いま》は此こより来る〉なり。究弁《ぐうべん》するに、たれか片片《へんぺん》なりと見徹するあらん、たれか兀兀《ごつごつ》なりと撿挙《けんこ》するあらん。　（同前、七八頁）

玄沙師備《げんしゃしび》は、「この尽十方世界は、一箇の明らかなる珠玉である」と言った。しかしこの句を単純にそのとおり受けとめてはいけない。その本意は、いわば一切を透脱しているがゆえに生死去来（即今・此処の日常）があるということなのだ。それが、「尽十方世界、是一顆明珠」の意旨なのだというのであり、この「一顆明珠」の巻では、「愛せざらんや、明珠かくのごとくの彩光きはまりなきなり。彩彩光光の片片条条は、尽十方界の功徳なり」（同前、八一頁）ともある。我々にとっての日常のさまざまな事物を認め受用するのも、自己を超える世界全体のおそらくは経歴の功徳によるものなのである。そのすべては、「ここより去りてここより来る」のである。

参考までに、現在にすべてを透脱して現在が生まれることについて、『正法眼蔵』「看経」の巻に、次のような叙述がある。

……衆縁たとひ頂𩕳・眼睛にてもあれ、衆縁たとひ渾身《こんしん》にてもあれ、衆縁たとひ渾心《こんじん》にてもあれ、担来担去又担来《たんらいたんこゆうたんらい》〈担い来り担い去り、また担い来る〉、ただ不随衆縁なるのみなり。不随は渾随《こんずい》なり、このゆえに築著磕著《ちくじゃくかつじゃく》なり。出息これ衆縁なりといへども、不随衆縁なり。無量劫来、いまだ入息・出息の消息をしらざれども、而今《にこん》まさにはじめてしるべき時節到来なるがゆえに、不居蘊界《ふごうんかい》をきく、不随衆縁《ふずいしゅえん》をきく。衆縁はじめて入息等を参究する時節なり。この時節、かつてさきにあらず、さらにのちにあるべからず、ただ而今のみにあるなり。

（同前、三三二～三三三頁）

仏教は縁起を説く。自己の一挙手・一投足も、衆縁に規定されるものがあろう。しかしその規定を受けつつも、それを翻して縁起の網の目を裁《た》ちなおしていく主体も生まれうる。それはまさに現在にのみあるのである。

さらに、『正法眼蔵』「梅華《ばいか》」の巻にある次の言葉も、上述の事情をほうふつさせている。先師・天童如浄《てんどうにょじょう》の、元旦の上堂をめぐっての道元の説明である。

先師古仏、歳旦上堂曰、元正啓祚、万物咸新、伏惟大衆、梅開早春。〈先師古仏、歳旦の上堂に曰く、元正啓祚《がんしょうけいそ》、万物咸《まんもつみなあらた》新なり、伏して惟《おもんみ》れば大衆、梅は早春に開く。〉

……

その宗旨は、梅開《ばいかい》に帯せられて万春《ばんしゅん》はやし。万春は梅裏、両の功徳なり。一春、なほよく万物《まんもつ》を咸新《かんしん》ならしむ。万法《まんぼう》を元正《がんしょう》ならしむ。啓祚は眼睛正《がんぜいしょう》なり。万物といふは、過・現・来のみにあらず、威音王《いおんおう》以前、乃至未来なり。無量無尽の過・現・来、ことごとく新なり、といふがゆえに、この新は新を脱落せり。このゆえに、伏惟大衆《ぶいだいしゅ》なり、伏惟大衆は、恁《いん》麽《も》なるがゆえに。（『全集』第二巻、七四～七五頁）

ここにある、「無量無尽の過・現・来、ことごとく新なり、といふがゆえに、この新は新を脱落せり」の句は脱落即現成の而今（新）の相続を意味し、その後に続く「このゆえに、伏惟大衆なり」は、それが日常の世界の進展（平常底）にほかならないことを明かしていよう。元旦だけが特別でもないことを理解すべきである。

七　経歴の時間論

それはともかく、「有時」の巻では、その而今の非連続の連続ともいうべき「経歴《きょうりゃく》」ということについて、次のように説明を重ねている。

経歴《きょうりゃく》といふは、風雨《ふうう》の東西するがごとく学しきたるべからず。尽界は不動転なるにあらず、不進退なるにあらず、経歴なり。経歴は、たとへば春のごとし。春に許多般《こたはん》の様子あり、これを経歴といふ。外物《げもつ》なきに経歴すると参学すべし。たとへば、春の経歴はかならず春を経歴するなり。経歴は春にあらざれども、春の経歴なるがゆえに、経歴いま春の時に成道《じょうどう》せり。審細に参来・参去《さんこ》すべし。経歴をいふに、境は外頭《げとう》にして、能経歴《のうきょうりゃく》の法は、東にむきて百千世界をゆきすぎて、百千万劫をふる、とおもふは、仏道の参学、これのみを専一にせざるなり。（『全集』第一巻、二四四頁）

後半は、世界を対象的にとらえ、しかもそれらの事事物物（能経歴の法。この法は、諸法、万法という時の法）は未来永劫、直線的な時間上を進んでいくという見方を否定したものに違いない。「これのみを専一にせざるなり」とあるのは、そういう面もないわけではないが、ということで、それだけでは時間の本質に迫ったものではないことを明かしたものである。

前半の春の譬えは、早春・盛春・晩春等さまざまな春があるが、いずれも春であることをもって経歴を説明している。春という全体的な季節がどこかに存在しているわけではない。春としてあるのは、早春か、盛春か、晩春等のみである。しかもいずれも春である。その時々の春は、春全体ではありえないけれども、そのつどその時の春が現成する。このことは、三世の全体がどこかにあるわけでもないが、常にそのつどの今は三世を携えてその時固有の今であることを物語るものである。この動転・進退は、その今以外に、超越者等を想定すべきものではない。おのずからそのように運ばれるのである。それら経歴する世界のほかに外物あることは確かに認められないが、しかし前にも見たように、これを成立せしめている「時の功徳」（本書、一七二頁）とでもいうべきものを、何らか考えざるを得ないであろう。

今、見た「有時」における経歴の説明の前には、むしろ端的に世界の経歴のありようが示されている。

> おほよそ、籮籠《らろう》とどまらず有時現成なり。いま右界に現成し、左方に現成する天王天衆、いまもわが尽力《じんりき》する有時なり。その余外《よげ》にある水陸の衆有時《しゅうじ》、これわがいまいま尽力して現成するなり。冥陽《めいよう》に有時なる諸類・諸頭、みなわが尽力現成なり、尽力経歴《きょうりゃく》なり。わがいま尽力経歴にあらざれば、一法・一物も現成することなし、経歴することなし、と参学すべし。
>
> （同前、二四四頁）

籮籠とは、籮も籠も竹製のかごのことである。一説に、籮は魚用、籠は鳥用とのことであるが、辞書によれば籮は米用らしい。いずれにせよ籮籠とどまらずとは、要は力づくでおさえこもうとしてもできない、ということである。わが尽力するとは、何か個人がその持てる力を発揮して、ということではない、その個人（自己）がいる今において、世界に一如している状態のことを言っているのであり、要は今が今になり尽くすところであろう。この前には、「それ尽界をもて尽界を界尽するを、究尽するとはいふなり」（同前、二四三頁）ともあった。まさに世界において自己が置かれている、その自己にある今において、「尽界をもて尽界を界尽する」ところが「わが尽力」することであろう。この「わが」は、いま・ここで、しかも自己を超えて自己を成り立たしめているものに立脚しての「わが」であるにちがいない。究尽といえば、道元門下であれば直ちに『法華経《ほけきょう》』「方便品《ほうべんほん》」に出る、「唯仏与仏《ゆいぶつよぶつ》、乃能究尽《ないのうぐうじん》、諸法実相《しょほうじっそう》」の句を想起するに違いない。

なお道元は、経歴は時の功徳によると言っている、と前に述べたが、別の箇所では、それを法《ほっ》性三昧《しょうさんまい》の功徳と見ているようである。道元に、次の言葉がある。『正法眼蔵』「法性」の巻である。

しかあれば、即今《そっこん》の遮裏《しゃり》は法性なり、法性は即今の遮裏なり。著衣喫飯《じゃくえきっぱん》すれば、法性三昧の著衣喫飯なり。衣《え》法性現成なり、飯《はん》法性現成なり。喫《きつ》法性現成なり、著《じゃく》法性現成なり。もし著衣喫飯せず、言談祇対《ごんだんしたい》せず、六根運用せず、一切施為せざるは、法性三昧にあらず、不入《ふにゅう》法性なり。

（『全集』第二巻、二八頁）

法性が法性だけでどこかにあるのではなく、現実のさまざまな事物・事象と不二であることを物語るものであろうが、それも而今において見出されている。もちろん、その而今は常に推移していく。そのことが成り立つのは、法性三昧の語によって示唆しているであろう。ちなみに、この巻には、「無量劫《むりょうごう》の日月は、法性の経歴なり」(同前、二八頁)との言葉も見える。

さらにこのことを道元は別に、海印三昧《かいいんざんまい》と見ているように思われる。というのも、『正法眼蔵』「海印三昧」の巻には、次の説示があるからである。

仏言、但以衆法、合成此身。起時唯法起、滅時唯法滅。此法起時、不言我起、此法滅時、不言我滅。前念後念、念念不相待、前法後法、法法不相対。是即名為海印三昧。〈仏言《のたまわ》く、但だ衆法を以て此《こ》の身《しん》を合成《ごうじょう》す。起時《きじ》は唯《た》だ法の起なり、滅時《めつじ》は唯《た》だ法の滅なり。此の法、起こる時、我《われ》起こると言わず、此の法、滅する時、我滅《われめっ》すと言わず。前念後念、念念相待せず。前法後法、法法相対せず。是れを即ち名づけて海印三昧と為す。〉

……

起時唯法起《きじゆいほうき》。この法起、かつて起をのこすにあらず。このゆえに、起は知覚にあらず、知見にあらず、これを不言我起《ふごんがき》といふ。我起を不言するに、別人は此法起《しほうき》と見聞覚知し、思量分別するにはあらず。さらに向上の相見のとき、まさに相見の落便宜《らくべんぎ》あるなり。

起《き》はかならず時節到来なり、時《じ》は起なるがゆえに。いかならんかこれ起なる、起也《きや》なるべし。すでにこれ時なる起なり、皮肉骨髄を独露せしめずといふことなし。起すなはち合成の起なるがゆえに、起の此身《ししん》なる、起の我起なる、但以衆法なり。声色《しょうしき》と見聞するのみにあらず、我起なる衆法なり、不言《ふごん》なる我起なり。不言は不道にはあらず、道得は言得《ごんとく》にあらざるがゆえに。起時は此法《しほう》なり、十二時にあらず。此法は起時なり、三界の競起にあらず。

古仏いはく、忽然《こつねん》火起。この起の相待にあらざるを、火起と道取するなり。……

（『全集』第一巻、一一九～一二一頁）

ここからすれば、起きるのは諸法だとして、起きることそのものがただ法（真理）としか言いようがないことを訴えているであろう。「いかならんかこれ起なる、起也なるべし」のみである。道元は、その時節到来において衆法が起きては滅することを繰り返している世界の姿を、海印三昧と呼んでいるのである。本来、海印三昧とは、『華厳経《けごんぎょう》』の教主・毘盧遮那仏《びるしゃなぶつ》が深く入定している三昧のことで、あらゆる波が凪《な》いで、水面が鏡面のようになった大海のような心鏡のことであった。しかしその海印三昧を道元は、衆法が縁起してありとあらゆる一法をそのつどそのつど生起させてやまない世界と見たのである。真如不守自性《しんにょふしゅじしょう》、随縁而作諸法《ずいえんにさしょほう》である。真如が真如自身を守らないありかたこそ、仏の御いのちともいうべきである。

まとめ

以上で、『正法眼蔵』「有時」の巻に説かれた道元の時間論の核心をほぼ見終えることが出来たかと思う。道元の時間論は、「経歴」の時間論に極まる。そこでは、自己と世界と時間が一体となった、独自の時間論がある。その特質としては、対象的思惟を超えており、直線的な時間の想定とは異なる時間論を示すもので、やはり永遠の今の思想につらなるものといってよいであろう。

第七章　道元の禅哲学――「脱落即現成」の理路

はじめに

宋の時代、天童山如浄《てんどうさんにょじょう》の会下における道元の悟りは、「身心脱落《しんじんだつらく》」と表現されるべきものであった。それこそが、道元の宗教哲学の核心にあるに違いない。この根本体験から、道元は宗教に関わる自らの哲学のすべてを展開したはずである。

前に道元の修証論を尋ねた時、修証一等《しゅしょういっとう》の禅の強調があり、しかし「修証は無きにあらず、染汚することは即ち得じ」（南嶽懐譲《なんがくえじょう》の言葉）の立場も尊重することをも見た。いったい道元はそういう修証の中に、どういう事態を見ていたのであろうか。キーワードはやはり身心脱落もしくは脱落であろう。以下、道元の禅哲学とでもいうべきものの核心を探究してみたい。

一　道元禅師の覚体験と身心脱落

初めに、すでにふれたことではあるが、道元の覚体験についてもう一度、確認しておこう。道元は、中国に渡り、最終的に天童山の如浄禅師にまみえてその指導の下に参禅し、ついにある日、「身心脱落」の悟りを得たという。その様子は、次のようである。

ある日の早暁坐禅の時、如浄は巡堂指導の折り、一雲水が坐睡しているのを責めて、「参禅は須《すべから》く身心脱落なるべし。只管《しかん》に打睡《たすい》して什麼《なに》を為すに堪えんや」と大喝して警策《けいさく》を加えた。傍らにいて工夫に余念のなかった道元は、この言葉を聞いて豁然大悟《かつねんたいご》した。道元は早朝、如浄の方丈に上って、焼香礼拝《しょうこうらいはい》した。如浄が、「焼香の事、作麼生《そもさん》」と問うと、道元禅師は、「身心脱落し来る」と答えた。如浄はこれを聞いて、「身心脱落、脱落身心」と言った。道元はこれに対し、「這箇《しゃこ》は是れ暫時の伎倆《ぎりょう》、和尚、乱《みだり》に某甲を印することなかれ」と述べると、如浄は、「吾、乱に你《なんじ》を印せず」という。道元は、「如何なるか是れ乱に印せざる底」と問うと、如浄は「脱落脱落」と答えるのであった。

（『三大尊行状記《さんだいそんぎょうじょうき》』『建撕記《けんぜいき》』。竹内道雄『道元』新稿版、一四二〜一四三頁参照）

これらの伝記は、道元の遷化後、かなり後世の成立であり、只管打坐を標榜する道元にこのような悟道体験はあるはずはないと、その真実性が否定されたりすることもあった。しかし伊藤秀憲によれば、『三大尊行状記』の中の特に「道元伝」の部分は、「禅師の門人によって作られた」とのことである。さらに伊藤は、それは永平寺住持就任以前の義介《ぎかい》ではなかったかと推定している（伊藤秀憲『道元禅研究』、一九九八年、大蔵出版、五七〜五八頁）。実際、このようにリアルな描写の背景に、何らかの確かな伝承がまったくなかったとは言い切れないのではないかとも思われる。はたして道元自身が、その事があったことを示唆しているのである。『正法眼蔵』「面授《めんじゅ》」の巻に、次のようにある。

> 大宋宝慶《ほうきょう》元年乙酉《いつゆう》五月一日、道元、はじめて先師天童古仏を妙高台に焼香礼拝《しょうこうらいはい》す。先師古仏、はじめて道元をみる。そのとき、道元に指授面授するにいはく、仏仏祖祖の法門、現《げん》成《じょう》せり。……
>
> （『全集』第二巻、五四〜五五頁）

> 道元、大宋宝慶元年乙酉《いつゆう》五月一日、はじめて先師天童古仏を礼拝面授す。やや堂奥《どうおう》を聴許《ちょうこ》せらる。わづかに身心《しんじん》を脱落するに、面授を保任することありて、日本国に本来せり。
>
> （同前、六〇頁）

ここで、如浄が「はじめて道元をみる」とあるのは、最初の相見《しょうけん》のことではない。いわば初めて唯仏与仏《ゆいぶつよぶつ》として相い対したことを物語るものである。このことも、すでに伊藤秀憲氏が明かしていることである（前掲『道元禅研究』、一〇五頁以下参照）。

それはともかく、注目すべきは後のほうの引用文である。ここには、宝慶元年乙酉五月一日、如浄禅師を礼拝して、悟りの証明を受けたことが記されている。それは、「わずかに身心脱落」したことによって、面授を受けたのであって、以後これを携えてきてやがて帰国したとある。すなわち、身心脱落―堂奥の聴許―面授とその保任―帰国という次第があったというのである。したがって道元の悟りは、やはり身心脱落というべきものであったことが確認される。その意味で、前のよく知られた伝記も、まったく根拠がないものとは言えないであろう。

ちなみに、宝慶元年乙酉五月一日は、道元の如浄の会下での夏安居《げあんご》での参禅弁道《さんぜんべんどう》が始まってからにしては、やや早すぎるようにも思われる。一般に夏安居は、四月から七月の百日ほどであるが、当時の宋の禅院の暦がどうなっていたのか、私はつまびらかにしない。道元は『正法眼蔵』「安居」の巻で、夏安居は四月十五日よりとし、九十日を一夏とするとしている。その夏安居の修行に参加するには、半月前、すなわち三月下旬には入っていなければならない。ちなみに、同巻によれば、解夏は七月十三日とされている。

ただ少なくともこの年の夏安居が道元にとっていかに重要な時機であったかは、『正法眼蔵』「仏祖《ぶっそ》」の巻の、「道元、大宋国宝慶元年乙酉夏安居《げあんご》時、先師天童古仏大和尚に参侍して、この仏祖を礼拝頂戴することを究尽せり。唯仏与仏なり」（『正法眼蔵』「仏祖」、『全集』第二巻、六八頁）という記述からもうかがえることである。それは夏安居終了時ではなく、ただ夏安居時なのである。私は、やや早すぎるとしても、道元の記述に従い、五月一日が道元にとって一つの画期的な時機であったことを信じたい。そうでないとしても、この年の夏安居中に、大悟の時節があったことは疑いないであろう。

道元が身心脱落の悟りを得たということは、道元が他にもしばしば身心脱落の語を用いていることからも支持されると考える。たとえば次のようである。

宗門の正伝《しょうでん》にいはく、この単伝正直《しょうじき》の仏法は、最上のなかに最上なり。参見知識のはじめより、さらに焼香・礼拝《らいはい》・念仏・修懺《しゅさん》・看経《かんきん》をもちいず、ただし打坐《たざ》して身心脱落《しんじんだつらく》することをえよ。（『弁道話《べんどうわ》』、『全集』第二巻、四六二頁）

ゆえに、須《すべから》く言《こと》を尋ね、語《ご》を逐《お》うの解行《げぎょう》を休すべし。須く回光返照《えこうへんしょう》の退歩《たいほ》を学すべし。身心《しんじん》自然《じねん》に脱落《だつらく》して、本来の面目現前《めんもくげんぜん》せん。恁麼《いんも》の事《じ》を得んと欲《ほっ》せば、急《きゅう》に恁麼《いんも》の事《じ》を務《つと》めよ。（『普勧坐禅儀《ふかんざぜんぎ》』、『全集』第五巻、五頁）

仏道をならふといふは、自己をならふなり。自己をならふといふは、自己をわするるなり。自己をわするるといふは、万法に証せらるるなり。万法に証せらるるといふは、自己の身心および他己の身心をして脱落せしむるなり。悟迹《ごしゃく》の休歇《きゅうかつ》なるあり、休歇なる悟迹を長《ちょう》長出《ちょうしゅつ》ならしむ。

(『正法眼蔵』「現成公案《げんじょうこうあん》」、『全集』第一巻、三頁)

これらには、坐禅すると身心脱落することが実現する、との主張が見られる。この身心脱落の言葉は、道元が如浄禅師の言葉を伝える『宝慶記《ほうきょうき》』によれば、もと如浄禅師の言葉なのであった。現存する『如浄禅師語録』には、「心塵脱落」の語はあるものの、「身心脱落」の語は見られないのであるが、道元は自らの悟り体験は身心脱落としか言えなかったのであろうし、如浄の言葉もそのようにしか受け止められなかったのであろう。『宝慶記』には、次のような言葉がある。

祗管に打坐して功夫を作し、身心脱落し来るは、乃ち五蓋・五欲等を離るるの術なり。

(『全集』第七巻、三七頁)

堂頭和尚、示して曰く、参禅は身心脱落なり。焼香・礼拝・念仏・修懺・看経を用いず、祗管に打座するのみなり。

(同前、一九頁)

堂頭和尚、示して曰く、身心脱落とは坐禅なり。祇管に坐禅する時、五欲を離れ、五蓋を除くなり。（同前）

この最初の句は、只管打坐すると身心脱落し来たることがあると言っている。只管打坐は、その術であるとさえ言っている。しかしその後の二つの文は、坐禅そのものが身心脱落であるという主張である。たとえば『永平広録《えいへいこうろく》』にも、「先師天童云く、……参禅は身心脱落なり。……」とある（『永平広録』四三二、『全集』第四巻、一九頁）。しかし道元は帰国当初は、坐禅して身心脱落せよと言っていたのであり、坐禅は身心脱落である、という言い方はしていなかった。もしも如浄がそのように言っていたのだとすると、なぜ帰国当初もそのような言い方をしなかったのであろうか。坐禅はそのまま身心脱落であるとの言は、道元帰国後の思想の変化によるとも考えられる。とすると、『宝慶記』はいつ作られたのかが問題となるが、仮に帰国後間もない時期であったとしても、少なくとも後に手が入れられていた可能性も認めなければならないであろう（前にも述べたが、水野弥穂子は、『宝慶記』は十二巻『正法眼蔵』執筆に時期とあまり隔たりを持たないころに「草し始め」られたものと主張している。水野弥穂子『十二巻『正法眼蔵』の世界』、一九頁）。

二　見色明心・聞声悟道の強調

さて、道元はこうした悟り体験は、修行中にありうることも、けっして否定したわけではなかった。すでに第三章「道元の修証論　I」において、道元は「修せざれば証することなく、証せざればうることとなし」といい、南嶽懐譲の「修証は無きにあらず、染汚することは即ち得じ」の句を好んで用いていたことを見たが、禅者に見られる得道・開悟の具体例として、道元は特に香《きょう》厳《げん》撃竹《ぎゃくちく》・霊雲《れいうん》桃花《とうか》の話にしばしば言及している。今、このことを一覧しておきたい。

たとえば『正法眼蔵随聞記《ずいもんき》』巻五には、以下のようにある。道元が山城深草《やましろふかくさ》に興聖寺《こうしょうじ》の僧堂を開いた嘉禎《かてい》二年（一二三六）の臘月《ろうげつ》除夜（十二月大晦日）の小参である。この時、懐弉《えじょう》を初めて興聖寺の首座《しゅそ》に任命した記念すべき小参であった。

　小参に云《いわく》、宗門《しゅうもん》の仏《ぶつ》法伝来の事、初祖西来《しょそせいらい》して、少林《しょうりん》に居《こ》して、機《き》をまち、時《とき》を期《ご》して、面壁《めんぺき》して坐せしに、其年《そのとし》の窮臘《きゅうろう》に、神光《じんこう》、来参《らいさん》しき。初祖、最上乗の器なりと知《しり》て接得《せっとく》す。衣法《えほう》ともに相承伝来して、児孫《じそん》天下に流布《るふ》し、正法《しょうぼう》今日に弘通《ぐづう》す。
　初《はじめ》て首座《しゅそ》を請《しょう》じ、今日初《はじめ》て秉払《ひんぽつ》をおこなはしむ。衆《しゅ》のすくなきに、はばかること莫《なか》れ。身、初心なるを顧《かえりみる》ことなかれ。汾陽《ふんよう》は纔《わずか》に六七人、薬山は十衆に満《みた》ざる也。然れども仏祖の道を行じて、是《これ》を叢林のさかりなると云《いい》き。

見ずや、竹の声に道を悟り、桃の花に心を明《あきら》めし。竹、豈《あに》、利鈍有《あ》り迷悟有《あら》んや。花、何ぞ浅深有り賢愚有《あら》ん。花は年々に開《ひら》くれども、皆、得悟《とくご》するに非ず。竹は時々《じじ》に響けども、聴物《きくもの》ことごとく証道《しょうどう》するに非ず。只、久参修持《きゅうさんしゅじ》の功にこたへ、弁道勤労《ごんろう》の縁を得て、悟道《ごどう》明心《みょうしん》する也。是《これ》、竹の声の、独《ひと》り利なるに非《あら》ず。又、花の色の、ことに深きに非ず。竹の響き妙《みょう》なりと云《い》へども、自《おのずから》の縁を待《まつ》て声を発す。花の色、美なりと云《い》へども、独《ひとり》開《ひらく》るに非ず。春の時を得て光を見る。

学道の縁も又是の如《ごと》し。人々《にんにん》皆《み》な道を得《う》ることは、衆《しゅ》縁による。人々自利《じり》なれども、道を行ずる事は、衆力《しゅりき》を以てするが故に。今《いま》、心《こころ》を一つにして、参究尋覓《さんきゅうじんみゃく》すべし。玉は琢磨《たくま》によりて器《うつわ》となる。人は錬磨《れんま》によりて仁となる。何《いじれ》の玉か、はじめより光有《ひかりある》。誰人《たれびと》か初心より利なる。必ずみがくべし、須練《すべからくねるべし》。自《みずから》、卑下《ひげ》して、学道をゆるくする事なかれ。

……

如来にしたがて得道するもの多けれども、又、阿難《あなん》によりて悟道する人もありき。新首座、非器《ひき》也と卑下することなく、洞山《とうざん》の麻三斤《まさんぎん》を挙揚して、同衆に示すべしと云《いっ》て、座をおりて、再《ふたたび》、鼓《く》を鳴《なら》して、首座秉払《ひんぽつ》す。是《これ》、興聖《こうしょう》最初の秉払《ひんぽつ》也。弉《じょう》公、三十九の年也。

（五。『全集』第七巻、一一八〜一一九頁）

途中、はしょったにもかかわらず、長い引用となってしまったが、興聖寺僧堂発足時の様子がよくうかがえるので、あえて煩をいとわず多く引用しておいた。ここに、道元は悟道、明心、得悟、証道、得道といった言葉を繰り返し用いている。その具体例として、香厳撃竹・霊雲桃花の話を用いているわけである。

また、『正法眼蔵』では、まず「渓声山色《けいせいさんしょく》」の巻に次のようにある。ここも長くなるがあえて引用しておこう。

> 又香厳《きょうげん》智閑《しかん》禅師、かつて大潙《だいい》大円禅師の会《え》に学道せしとき、大潙いはく、なんぢ聡明博《そうめいはく》解《げ》なり、章疏《しょうしょ》の中より記持せず、父母未生以前《ぶもみしょういぜん》にあたりて、わがために一句を道取しきたるべし。香厳、いはんことをもとむること数番すれども不得なり。ふかく身心《しんじん》をうらみ、年来たくはふるところの書籍《しょじゃく》を披尋《ひじん》するに、なほ茫然《ぼうぜん》なり。つひに火をもちて、年来のあつむる書をやきていはく、画にかけるもちひは、うえをふさぐにたらず。われちかふ、此生《ししょう》に仏法を会《え》せんことをのぞまじ。ただ行粥飯僧《ぎょうしゅくはんそう》とならん、といひて、行粥飯して年月をふるなり。行粥飯僧といふは、衆僧《しゅそう》に粥飯を行益《ぎょうやく》するなり。このくにの陪饌役送《ばいせんえきそう》のごときなり。
> かくのごとくして大潙にまうす、智閑は心神昏昧《こんまい》にして道不得なり、和尚、わがためにいふべし。大潙のいはく、われなんぢがためにいはんことを辞せず、おそらくは、のちになんぢわれをうらみん。

かくて年月をふるに、大証国師の蹤跡《しょうせき》をたづねて、武当山にいりて、国師の庵のあとに、くさをむすびて為庵《いあん》す。竹をうえてともとしけり。あるとき、道路を併浄《へいじょう》するちなみに、かわらほとばしりて、竹にあたりてひびきをなすをきくに、豁然《かつねん》として大悟す。沐浴《もくよく》し、潔《けっ》斎《さい》して、大潙山にむかひて焼香礼拝《しょうこうらいはい》して、大潙にむかひてまうす、大潙大和尚、むかしわがためにとくことあらば、いかでかいまこの事《じ》あらん。恩のふかきこと、父母《ぶも》よりもすぐれたり。つひに偈をつくりていはく、一撃《いちげき》に所知を亡ず、更に自ら修治《しゅじ》せず、動容、古路を揚ぐ、悄然《しょうぜん》の機に堕せず、処処、蹤跡無し、声色外《しょうしきがい》の威儀《いいぎ》なり、諸方達道の者、咸《ことごと》く言う上上の機と。この偈を大潙に呈す。大潙いはく、此子徹也〈此《こ》の子《し》、徹せり〉。

又《また》、霊雲志勤《しごん》禅師は、三十年の弁道なり。あるとき遊山《ゆさん》するに、山脚に休息して、はるかに人里《にんり》を望見す。ときに春なり、桃華のさかりなるをみて、忽然《こつねん》として悟道す。偈をつくりて大潙に呈するにいはく、三十年来剣客を尋《たず》ぬ、幾回《いくたび》か葉落ち又枝を抽《ぬき》んずる、一《ひと》たび桃華を見てより後《のち》、直《じき》に如今《いま》に至るも更《さら》に疑わず。大潙いはく、縁より入る者は、永く退失せじ。すなはち許可するなり。

いづれの入者《にっしゃ》か従縁《じゅうえん》せざらん、いづれの入者か退失《たいしつ》あらん、ひとり勤《ごん》をいふにあらず。つひに大潙に嗣法す。山色の清浄身にあらざらん、いかでか恁麼《いんも》ならん。

（『全集』第一巻、二七六～二七七頁）

このように、道元は「渓声山色」の巻で、香厳撃竹・霊雲桃花の話を詳しく紹介し、その悟り体験について、「豁然として大悟す」、「忽然として悟道す」とも述べている。

また、「仏経」の巻にも、以下のようにある。

……これによりて、西天東地の仏祖、かならず或従知識《わくじゅうちしき》、或従経巻《わくじゅうきょうかん》の正当恁麼時《しょうとういんもじ》、おのおの発意《ほつい》・修行《しゅぎょう》・証果、かつて間隙《かんげき》あらざるものなり。……

知識は、かならず経巻を通利す。通利す、といふは、経巻を国土とし、経巻を身心《しんじん》とす、経巻を為他《いた》の施設《せせつ》とせり、経巻を坐臥《ざが》・経行《きんひん》とせり、経巻を父母《ぶも》とし、経巻を児孫とせり、経巻を行解《ぎょうげ》とせるがゆえに、これ知識の、経巻を参究せるなり。知識の洗面・喫茶、これ古経なり。経巻の、知識を出生《しゅっしょう》するといふは、黄檗《おうばく》の六十拄杖《しゅじょう》、よく児孫を生長《しょうちょう》せしめ、黄梅の打三杖《たさんじょう》、よく伝衣・附法せしむるのみにあらず、桃華をみて悟道し、竹響《ちくきょう》をききて悟道する、および見明星悟道《けんみょうじょうごどう》、みなこれ経巻の知識を生長せしむるなり。あるいは、まなこをえて経巻をうる皮袋《ひたい》・拳頭《けんとう》あり、あるいは、経巻をえてまなこをうる木杓《もくしゃく》・漆桶《しっつう》あり。

（『全集』第二巻、一四～一五頁）

経巻は、人をして発心・修行・菩提・涅槃《ねはん》せしめる仏の言葉と考えられる。禅は不立文字《ふりゅうもんじ》・教外別伝《きょうげべつでん》を標榜すると考えられているが、道元はそこで一味異なる解釈をしている。経巻は、やはり真理を説き表している言葉であって、人をして悟道に導き成長せしめるものなのである。しかし人をして悟道に導き、成長せしめるものは、仏の言葉のみではない。眼前の一真実そのものがその役割を果たす。道元の『正法眼蔵』に「山水経」の巻もある所以である。ここでは、その一つとして、釈尊の悟道の因縁となった明星とともに、桃花・竹声が挙げられるのである。

また、「自証三昧《じしょうざんまい》」の巻には、次のようにある。

或従《わくじゅう》経巻《きょうかん》のとき、自己の皮肉骨髄を参究し、自己の皮肉骨髄を脱落するとき、桃華《とうか》眼睛《がんぜい》づから突出来相見《とっしゅつらいしょうけん》せらる、竹声《ちくせい》耳根《にこん》づから霹靂《びゃくりゃく》相聞《しょうもん》せらる。（同前、一九七頁）

この眼睛あるいは耳根づからと言う表現は、色・声等の感覚対象と主客未分の一真実において契当することを物語っていよう。もちろんこの事こそ悟道の世界である。

なお、香厳のことについては、「行持《ぎょうじ》」上の巻に紹介されており、「一日、わづかに道路を併《びょう》浄《じょう》するに、礫《かわら》のほとばしりて、竹にあたりて声をなすによりて、忽然《こつねん》として悟道す」（『全集』第一巻、一六五頁）とある。また、霊雲については、「優曇華《うどんげ》」の巻の終わりに、天童如浄の、「霊雲の見処は桃華の開なり、天童の見処は桃華の落なり」にふれ、「しるべし、桃華開《とうかかい》は霊雲《れいうん》の見処なり。直至如今更不疑《じきしにょこんこうふぎ》なり」と言っている（『全集』第二巻、一七二頁）。ちなみに、天童の見処について、道元は、「たとひ春風《しゅんぷう》ふかく桃華をにくむとも、桃華おちて身心脱落《しんじんだつらく》せん」と述べている（同前）。

さらにこれらのほか、『永平広録』には、晩年の説法にほかならない永平寺での上堂においても、次のようにある。

上堂。仏祖の大道を参学するに、人道これ最《すぐ》れたり。……大事を明らむる時節、四季同時なり。就中《なかんずく》、春は則ち霊雲《れいうん》、桃花を見て大事を明らめ、秋は則ち香厳《きょうげん》、翠竹を聞いて大事を明らむ。霊雲和尚、一時《あるとき》桃花洞において、豁然として大事を明らむ。……また香厳和尚は、……一日閑暇の日、道路を併掃する次《おり》、沙礫を迸《とば》して竹に当って響きを発する時、忽然として大事を明らむ。……今日の人、須く両員の芳躅を慕うべし。

（『永平広録』四五七、『全集』第四巻、四五～四七頁）

ここでも、香厳撃竹・霊雲桃花の話を取り上げて説法している。その悟道については、「大事を明らむる」という言葉遣いで語っているが、しかもその中でやはり「豁然として大事を明らむ」および「忽然として大事を明らむ」という言葉を用いて説法している。その結びには、この香厳と霊雲両人のうるわしい前例（「両員の芳躅」）を慕うべきだと諭している。

こうして、道元は生涯を通じて、一貫して香厳撃竹・霊雲桃花の話を尊ぶとともに、禅道においては忽然大悟、豁然大悟がありえることを説いていたのであった。それは、修証一等ではあるけれども、修証は無きにあらずの消息を物語るものといえよう。修行と証悟はないわけではない。ただそれはもとより分別等によって汚されるようなものではないのである。

三　悟道における脱落即現成の風光

では道元は、そうした悟り体験の世界を、どのように描いているであろうか。次にそのことを探ってみよう。『正法眼蔵』「渓声山色」の巻には、次の言葉を見ることができる。

> 阿耨菩提《あのくぼだい》に伝道授業《でんどうじゅごう》の仏祖おほし、粉骨の先蹤即不無《せんしょうそくふむ》なり。断臂《だんぴ》の祖宗まなぶべし、掩泥《えんでい》の毫髪《ごうはつ》もたがふることなかれ。各各の脱殻《だっかく》うるに、従来の知見解会《げえ》に拘牽《こうけん》せられず、曠劫未明の事、たちまちに現前す。恁麼時の而今は、吾も不知なり、誰も不識なり、汝も不期なり、仏眼も覷不見なり。人慮あに測度せんや。
> （『全集』第一巻、二七四頁）

阿耨多羅三藐三菩提《あのくたらさんみゃくさんぼだい》すなわち無上正等覚《むじょうしょうとうがく》への道と修行とを伝授する仏祖は多くいらしたし、その道に粉骨して努力を惜しまなかった先輩方も確かにいらっしゃった。菩提達磨《ぼだいだるま》の許に肘を断ち切ってまでして入門を果たした二祖慧可《えか》の事績も学ぶべきだし、古くは釈尊のはるか過去世に、ぬかるみの道にぼうぼうとはえた髪の毛を広げてまでその上を仏さまに渡っていただこうとしたスメーダ青年の、その髪の毛一筋ほども、仏道への赤心にたがうてはならない。そうして修行していけば、あるとき、「脱殻をうるに」、いまだ経験をしたこともない風光がたちまちに「現前する」とある。その世界のただなかは、いかなる他人もうかがい知ることはできない。自分でも対象的に了知することは出来ない、絶対主体のいのちの発動の世界となるのである。

ここには、脱落に親しい脱〔殻〕の語が用いられている（テキストでは穀であるが、別本の殻を採る）。脱すべき殻とは、自我への固定的見解、主客分裂した二元論への無意識の了解、などであろう。これを脱すると、未だ知られていなかった一真実が露わになるというのである。

あるいはまた、次の言葉もある。すでに前に掲げた言葉でもある。

或従《わくじゅう》経巻《きょうかん》のとき、自己の皮肉骨髄を参究し、自己の皮肉骨髄を脱落するとき、桃華《とうか》眼睛《がんぜい》づから突出来相見《とっしゅつらいしょうけん》せらる。竹声《ちくせい》耳根《にこん》づから霹靂《びゃくりゃく》相聞《しょうもん》せらる。

（「自証三昧」、『全集』第二巻、一九七頁）

ここは、例の香厳撃竹・霊雲桃花に寄せての説明として、その体験は「自己の皮肉骨髄を脱落」してのことだという。眼づから・耳づからは、その体験が主観・客観が分裂し、客観に対して対象的に認識する立場を超えた世界であることを物語っている。この自己の皮肉骨髄とは、強固な自我の観念、我見・我執に覆われたものにもほかならないであろう。さらに自己の核心を脱落するとき、桃花や竹声が主客未分の一真実として現成するのである。

さらに、『正法眼蔵』「道得《どうとく》」の巻には、次の言葉がある。

この功夫の把定《はじょう》の、月ふかく、年おほくかさなりて、さらに従来の年月の功夫を脱落するなり。脱落せんとするとき、皮肉骨髄おなじく脱落を弁肯す、国土山河ともに脱落を弁肯するなり。このとき、脱落を究竟《くきょう》の宝所として、いたらんと擬しゆくところに、この擬到《ぎとう》はすなはち現出にてあるゆえに、正当《しょうとう》脱落のとき、またざるに現成する道得あり。心のちからにあらず、身のちからにあらずといへども、おのづから道得あり。すでに道得せらるるに、めづらしく、あやしくおぼえざるなり。（『全集』第一巻、三七五頁）

ここに、只管打坐の中での脱落体験がかなり詳しく描かれている。皮肉骨髄と国土山河とを脱落するということは、主客二元論の構図をすっかり透脱することと見るべきである。実はそのことは、前の皮肉骨髄（自己の根源）を脱落するというのみの言葉の中にも、すでに含まれていたことにほかならない。ここではそのことをより詳しく述べたわけである。主客の分裂を脱落すれば、主客未分の一真実、西田幾多郎の言う純粋経験が現成するにちがいない。「究竟の宝所」というと、『法華経』「化城喩品《けじょうゆほん》」の、さらに到達すべき最終ゴールのようにも思えようが、道元は脱落を弁肯した「このとき、脱落を究竟の宝所として」と言っている。脱落したので、ここを究極の真実のいのちの世界として、ここからはたらきにでてこようとする、というのが、「いたらんと擬しゆくところ」と見たい。それは、現実世界ではたらくこと（現出）にもほかならない。

はたして道元はここに、「正当脱落のとき、またざるに現成する道得あり」と述べている。道得とは、言語を用いて言うことが原意であるが、ここでは広く表現の意として用いられているとみてよい。後に見るように、山水がそこにあることも、道得になるのである。一生不離叢林も道得になるのである。私は、この「道得」の巻の「正当脱落のとき、またざるに現成する道得あり」の説から、道元の思想の核心に、「脱落即現成」という理路があることを強調したいと思う。

以上からすれば、道元は身心脱落以外にも盛んに脱落の語を用いていることが知られた。このことは、道元の悟り体験が、まさに脱落と言うにきわめて親しいものであったことを物語っている。実際、道元は世界等の真実を描くときに、他にもしばしば脱落の語を用いるのである。

念のため、それらをさらに見ておこう。まず、個の身心の一側面の事情に関わるものであるが、同様の理路が「阿羅漢《あらかん》」の巻に、次のように説かれている。

> 而今《にこん》の自他にかかはれざる眼《げん》・耳《に》・鼻《び》・舌《ぜつ》・身《しん》・意《い》、その頭正尾正《ずしんびしん》、はかりきはむべからず。このゆえに、渾身《こんしん》おのれづから不貪染《ふとんぜん》なり、渾一切有無諸法《こんいっさいうむしょほう》に不貪染なり。……しかあれば、而今現成《にこんげんじょう》の眼・耳・鼻・舌・身・意、すなはち阿羅漢なり。構本宗末《こうほんしゅうまつ》、おのづから

透脱なるべし。始到牢関なるは、受持四句偈なり、すなはち四果なり。透頂透底全体現《とうちょうとうていぜんたいげん》成《じょう》、さらに糸毫《しごう》の遺漏《いろう》あらざるなり。

（『全集』第一巻、四〇七〜四〇八頁）

阿羅漢は、小乗仏教の文脈では仏よりもはるかに劣る存在である。しかし大乗仏教において、仏を阿羅漢と呼ぶ場合もあるので、ここの阿羅漢の意味は詳しく分析する必要があるが、道元はこの巻全体としては、ほぼ無上の仏と言っているかのようである。ここで注目すべきは、透体脱落の全体現成が、やはり而今の眼・耳・鼻・舌・身・意によせて語られていることである。言うまでもなく、眼・耳・鼻・舌・身・意とは、六根のことであり、すなわち感覚器官・知覚器官ということになる。要は、身心の活動の全体である。それらが、而今現成において自他に関わらずに全体作用しているただなか、そこがまさに仏（阿羅漢）そのものだという。それを透脱にして受持四句偈、四果だと言っているが、それも透脱にして現成であるというのと変わらないであろう。ゆえに、「透頂透底（脱落）全体現成」で、そのこと以外のなにものでもないというのである。

次に、個の行為に関して、『正法眼蔵』「密語《みつご》」の巻には次のようにある。

もし、世尊の有言《うごん》、浅薄なりとせば、拈華瞬目《ねんげしゅんもく》も浅薄なるべし。世尊の有言《うごん》、もし名相《みょうそう》なりとせば、学仏法の漢にあらず。有言は名相なることをしれりといへども、世尊に名相なきことをいまだしらず、凡情の未脱なるなり。仏祖は、身心の所通みな脱落なり、説法なり、有言説《うごんせつ》なり、転法輪す。これを見聞して得益《とくやく》するものおほし。（同前、四九二頁）

仏祖の身心の所通すなわち行為のすべては、脱落にして説法であり、有言説であり、転法輪《てんぼうりん》であるという。そもそも脱落にして現成であることが、道得なのであり、転法輪なのである。「仏経」の巻には、「おほよそ仏祖の一動両静、あはせて把定・放行、おのれづから仏経の巻舒《けんじょ》（巻いたり広げたり）なり」（『全集』第二巻、一六頁）ともある。

さらに、個人の生死そのものについて次のようにある。『正法眼蔵』「全機」の巻の冒頭である。

諸仏の大道、その究尽《ぐうじん》するところ、透脱なり、現成《げんじょう》なり。その透脱といふは、あるいは生《しょう》も生を透脱し、死も死を透脱するなり。このゆえに、出《しゅっしょうじ》生死あり、入生死《にっしょうじ》あり、ともに究尽の大道なり。捨生死あり、度生死あり、ともに究尽の大道なり。現成これ生なり、生これ現成なり。その現成のとき、生の全現成にあらずといふことなし、死の全現成にあらずといふことなし。（『全集』第一巻、二五九頁）

ここでは、生死を透脱してしかも出生死・入生死がある、それこそが諸仏の究尽の大道であるという。その場合の生・死は、それぞれの全現成であるというのである。そこを一言で言えば、「諸仏の大道、その究尽するところ、透脱なり、現成なり」である。すなわち「透脱なり、現成なり」であり、結局、脱落即現成である。こうして、道元の禅においては、その禅道の修証の中で、我々の個の主体のどの地平においても、脱落即現成のありかたを実現すると説かれていることを見ることができよう。

四　山水における脱落即現成

実は道元においては、自己の主体のみでなく、いわば客観世界もその実相は脱落即現成のありかたにあると、しばしば説かれていることも事実である。以下、そのことを取り上げて検討しておきたい。

まず、『正法眼蔵』「仏性」の巻からである。この巻は、『涅槃経《ねはんぎょう》』の「一切衆生、悉有仏性、如来常住、無有変易〈一切衆生は、悉く仏性有り、如来は常住にして、変易《へんにゃく》有ること無し〉」の句をめぐって始まる。道元は特にこの句の前半部分を採り上げて、独特の読み方を披瀝していく。それは、禅にいう「拈弄《ねんろう》」（ある言葉の意味を、より高い視点から、通常の意味を越えたものとして開示すること）をあますところなく発揮したものといえよう。

この巻でのあまりにも有名な句に、「悉有は仏性なり」（同前、一四頁）がある。「悉く仏性を有す」もしくは「悉く仏性有り」と読むのではなく、「悉有仏性」を分解して、「悉有は仏性なり」と読むべきだというのである。

続いて、この悉有は、有無の有でないことはもちろん、始有・本有・妙有・縁有・妄有等々、あらゆる有ではないことが強調される。このことは、対象的に言葉で言うことはできないとの意旨でもあろう。そして結論のように、「悉有それ透体脱落《とうたいだつらく》なり」（一五頁）と断定されるのである。この「仏性」の巻では、仏性に換えて置かれたこの「透体脱落」の語を見逃してはならない。

この「仏性」の巻において、道元は六祖慧能《えのう》が門人・行昌《ぎょうしょう》に言った「無常は即ち仏性なり、有《う》常は即ち善悪一切諸法分別心なり」（同前、二四頁）との句を採り上げて、またしても独特の読みを開陳していく。ここで「無常は即ち仏性なり」とあるからといって、まず仏性というものがあると考え、それが無常であると考えるようなら、けっして道元の真意には到達しえないであろう。道元は、「いはゆる六祖道の無常は、外道二乗等の測度《しきたく》にあらず。二乗外道の鼻祖鼻末、それ無常なりといふとも、かれら窮尽《ぐうじん》すべからざるなり」（同前）と釘を刺している。無常という言葉に、ただ直線的な時間の変化を思うだけなら、六祖の言葉の真意を理解することはできないというのである。では、その句の意旨はどのようなことなのであろうか。道元は、次のように示す。

しかあれば、無常のみづから無常を説著《せつじゃく》・行著《ぎょうじゃく》・証著《しょうじゃく》せんは、みな無常なるべし。今《こん》

> 以現自身得度《いげんじしんとくど》者、即現自身而為説法《そくげんじしんにいせっぽう》〈今、自身を現ずるを以て得度すべき者には、即ち自身を現じて為に説法す〉なり、これ仏性なり。さらに或現長法身《わくげんちょうほっしん》、或現短法身《わくげんたんほっしん》〈或いは長法身を現じ、或いは短法身を現ず〉なるべし。　（同前、二四～二五頁）

無常が自ら無常を行ず等とは、自己が自ら自己を行ずるということにほかならない。もちろん、そのただなかは、無常そのものである。「自身を現じて為に」云々というところは、『法華経』「観世音菩薩普門品《かんぜおんぼさつふもんぼん》」の、観世音菩薩が三十三に身を分かって相手にもっともふさわしい姿を現じて済度するという文言を「自身」に変更して述べたものであるが、その言おうとするところも、自己が自ら自己を行ずるということにほかならないであろう。自己が自己をならい、自己になり尽くす（透体脱落）ときに、むしろ自己の根源としての仏性に出会う。それは、対象的にではなく、自己が自己をならって自己を忘れることにおいてである。しかしこのとき、かけがえのない自己を失うのではありえない。そこが、人それぞれに、或は長法身を現じ、或は短法身を現ずというところであろう。それゆえ、ここにもまた、実は脱落において現成することが説かれていることを見ることができる。

「仏性」の巻では、このような説をふまえてのち、以下のことが説かれる。

> しかあれば、草木叢林《そうもくそうりん》の無常なる、すなはち仏性なり。人物身心《にんもつしんじん》の無常なる、これ仏性な

り。国土山河《こくどせんが》の無常なる、これ仏性なるによりてなり。阿耨多羅三藐三菩提《あのくたらさんみゃくさんぼだい》、これ仏性なるがゆえに無常なり。大般涅槃《だいはつねはん》、これ無常なるがゆえに仏性なり。もろもろの二乗の小見および経論師《きょうろんじ》の三蔵等は、この六祖の道《どう》を驚疑怖畏《ふい》すべし。もし驚疑せんことは、魔外《まげ》の類なり。

（同前、二一五頁）

ここを現象は本性と一つだと読むのも間違いではないかもしれない。しかし草木叢林にせよ、人物身心にせよ、国土山河にせよ、阿耨多羅三藐三菩提・大般涅槃にせよ、いずれも、自己であるところを指しての言葉なのであり、その只中に、無常にして仏性である端的、現成にして脱落である端的を指示しているのである。

世界と脱落底との関係に関して、次に「説心説性《せっしんせっしょう》」の巻を見ることにしたい。そこには次のように示されている。

説心説性《せっしんせっしょう》は、仏道の大本《だいほん》なり、……

おほよそ仏仏祖祖のあらゆる功徳は、ことごとくこれ説心説性なり。平常《びょうじょう》の説心説性あり、牆壁瓦礫《しょうへきがりゃく》の説心説性あり。いはゆる、心生種種法生《しんしょうしゅじゅほうしょう》の道理現成し、心滅《しんめつ》種種法滅の道理現成する、しかしながら心《しん》の説なる時節なり、性《しょう》の説なる時節なり。

（同前、四四九〜四五〇頁）

「説心説性」はふつう、言うまでもなく「心を説き、性を説く」と読む。しかし道元はそれをここで、「説なる心、説なる性」とあえて読み込み、そして種種法の生滅は、心または性（ともに脱落）の説（現成）であるという命題を導き出している。日常の所作（平常・主体的）も、かわら片でさえ（牆壁瓦礫・客体的）も、おしなべて「性の説」だというのである。

ここで注目すべきことは、現成と説とが相互に読みかえられて、何らためらわれるところがないということであろう。そこでは、脱落即現成ということが、単に有と無の不二を意味するにとどまらず、脱落底の表現（説）として内在世界は現成するという意味を持つことになる。脱落とは主観と客観の各々を超越したものであって、そこから主観面にせよ客観面にせよ現成するのであれば、その脱落即現成とは、脱落的主体による表現的有の成立と言い換えることができよう。

道元によれば、それこそが道得なのであって、道得はもはや単に言語表現のみに限られない。「道得は言得にあらず」（海印三昧《かいいんざんまい》）の語もあるが、一切の現成が性の説といわれる以上、脱落即現成と道得とは相互に読みかえられて何の妨げもないのである。このあたりに、道元の世界観の基軸があるかと思われる。

同じく「説心説性」の巻には、大慧宗杲《だいえそうこう》が心（念慮・内在）と性（超越）の二つながら忘じ、二相不生のとき証契するという説を立てるのに対し、道元はその主張をここで次のように批判している。

この道取、いまだ仏祖の縑緗《けんしょう》をしらず、仏祖の列辟《れっぺき》をきかざるなり。これによりて、心《しん》はひとへに慮知念覚なりとしりて、慮知念覚も心なることを学せざるによりて、かくのごとくいふ。性《しょう》は澄湛寂静《ちょうたんじゃくじょう》なるとのみ妄計《もうけ》して、仏性・法性《ほっしょう》の有無《うむ》をしらず、如是性《にょぜしょう》をゆめにもいまだみざるによりて、しかのごとく仏法を辟見《へきけん》せるなり。仏祖の道取する心《しん》は、皮肉《ひにく》骨髄《こつずい》なり、仏祖の保任《ほうにん》せる性《しょう》は、竹篦《しっぺい》・拄杖《しゅじょう》なり。仏祖の証契する玄《げん》は、露柱《ろちゅう》・燈籠《とうろう》なり。仏祖の挙拈《こねん》する妙《みょう》は、知見・解会《げえ》なり。

（同前、四五〇頁）

「縑緗」とは巻物の書物のこと、「列辟」とは歴代の天子のようであるが、代々の祖師方そのものを言うものか。したがって、「いまだ仏祖の縑緗をしらず、仏祖の列辟をきかざるなり」とは、要は仏祖の正しい言葉を聞いたことがない、ということであろう。だから「慮知念覚」を超える心があることを知らないのである。しかしその心についても、情識を超えるものであることには注意しなければならない。ゆえにここにはっきりと「性は澄湛寂静なるのみ」ではないことが示されていることに注目すべきである。性といえば元来、体性のことであり、それはあらゆる差別を鎮定した静的なものと考えられて当然であろうのに、むしろ寂静性は否定されるのである。この性に対する特異な洞察は、道元の世界観の性格を根底から規定することになるであろう。道元にあっては、世界の本性は、常住不変、一味平等といった言葉によって表しきれるものでない。「法性」の巻には、「性《しょう》といひぬれば、水も流通《るづう》すべからず、樹も栄枯なかるべしと学するは、外道なり」（『全集』第二巻、二九頁）という言葉もあった。ここにはむしろ積極的に、性が動くものであることが示唆されていよう。このように、体性であるべくしてかつ無常でもあるような性は、基体的有でないことはもちろん、虚空のごとき無でもありえない。有無以下、一切の四句分別を離れたものである。すなわち「透体脱落」に他ならないであろう。

しかも今引用した箇所には、「心は、皮肉骨髄なり」「性は、竹篦拄杖なり」云々とあった。このことは、本性が直ちに現実世界の事事物物であること、すなわち脱落がまさに現成であることを物語っている。ここに、大慧の二相不生説に対する、厳正な批判を見ることができよう。透体脱落は実に脱落なるが故に、みずから自体を絶対に否定し、無となることによって、逆に内在的有に現成するのである。透体脱落は単なる無ではなく、自体否定の果てにかえってとりもなおさず現実界に現成するのであって、脱落自体が現成を孕んでいるのである。こうして、脱落がすなわち現成であるとき、もはやこの現成せる現実以外に、何ものか性のあることは許されないであろう。逆に世界の事事物物のすべては、そのままに本性と一つなのであり、すなわち脱落即現成の理路の中にあるのである。

こうして、「即心《そくしん》是《ぜ》仏《ぶつ》」の巻の以下の句は、その論旨の中で了解されるべきである。

古徳云《いわ》く、作麼生《そもさん》か是《こ》れ妙浄明心《みょうしん》。山河《せんが》大地・日月星辰《にちげつせいしん》。あきらかにしりぬ、心とは山河大地なり、日月星辰なり。しかあれども、この道取するところ、すすめば不足あり、しりぞくればあまれり。山河大地心《せんがだいちしん》は、山河大地のみなり、さらに、波浪なし、風煙なし。日月星辰心《にちげつせいしんしん》は、日月星辰のみなり、さらに、きりなし、かすみなし。……

（『全集』第一巻、五七頁）

妙浄明心であるべき心（性）が山河大地として現成するときは、その山河大地のみであって、他に何ものもありえない。「さらに、きりなし、かすみなし」である。みずからを否定した脱落はただ現成においてのみ自らを肯定する。それ故、内在世界における我々の身心や竹篦拄杖《しっぺいしゅじょう》以外に、究極の真理を見出すことは出来ない。逆に現象世界のあらゆる場面に、諸仏の大道は貫かれているのである。

さらに、「古仏心《こぶつしん》」の巻には、次の句がある。

国師、因みに僧問う、如何なるか是れ古仏心。師云く、牆壁瓦礫《しょうへきがりゃく》。いはゆる問処《もんじょ》は、這頭得恁麼《しゃとうとくいんも》といひ、那頭得恁麼《なとうとくいんも》といふなり。この道得を挙《こ》して、問処《もんじょ》とせるなり。この問処、ひろく古今の道得となれり。このゆえに、華開《けかい》の万木百草、これ古仏の道得なり、古仏の問処なり。世界起《せかいき》の九山八海《くせんはっかい》、これ古仏の日面《にちめん》・月面《がちめん》なり、古仏の皮肉《ひにく》骨髄なり。

（同前、八九頁）

道元はこの僧の問いを、どれが古仏心なのかという疑問文とは取らずに、いわば「如何なるも是れ古仏心ですね」と言ったのだと解する。そこが、「いはゆる問処は、這頭得恁麼といひ、那頭得恁麼といふなり」で、「これもそうだし、あれもそうだ」と言ったのだと解説するわけである。それに対する答えは、「その通り」と認めたものだというわけである。ここにも、草木山河であれ、古仏の道得、すなわち脱落的主体の表現的有に他ならない、という思想をうかがい見ることができよう。古仏の道得を古仏の問処とも言い換えているのは、それが応答を期待してはじめて成立する我々の質問のように、他によりかかってはじめて存在を得るのではなく、それ自身に充足した絶対の言語表現であることを言わんがためである。「問処を蹉過せずんば、あにその人にあらざらんや」である。

そのほか、現成せる世界が脱落底そのものでもあることを表現する言葉は、枚挙にいとまがないほどである。以下、この理路の中で読まれるべき句をいくつかあげて見よう。

しかあれば、この山河大地、みな仏性海なり。……恁麼ならば、山河をみるは仏性をみるなり、仏性をみるは驢腮馬觜《ろさいばし》をみるなり。

（「仏性」、同前、一八〜一九頁）

いま仏道にいふ一切衆生は、有《う》心者《しんじゃ》みな衆生なり、心《しん》是《ぜ》衆生《しゅじょう》なるがゆえに。無《む》心者《しんじゃ》同じく衆生なるべし。衆生是心なるがゆえに。しかあれば、心《しん》みなこれ衆生なり。衆生みなこれ有仏性なり。草木国土、これ心なり、心なるがゆえに衆生なり、衆生なるがゆえに有仏性なり。日月星辰これ心なり、心なるがゆえに衆生なり、衆生なるがゆえに有仏性なり。国師の道取する有仏性、それかくのごとし。（同前、三三頁）

学道は恁麼なるがゆえに、牆壁《しょうへき》瓦礫《がりゃく》これ心《しん》なり。さらに三界唯心《さんがいゆいしん》にあらず、法界《ほっかい》唯心にあらず、牆壁瓦礫なり。（「身心学道」、同前、四七頁）

仏真法身なるがゆえに、尽地尽界、尽法尽現、みづから虚空なり。現成せる百草万像猶若なる、しかしながら仏真法身なり、如水中月なり。（「都機《つき》」、同前、二六二頁）

しるべし、仏心といふは、仏の眼睛《がんぜい》なり、破《は》木杓《もくしゃく》なり、諸法なり、三界なるがゆえに、山海国土《せんがいこくど》・日月星辰《じつげつせいしん》なり。仏教といふは、万像森羅《ばんぞうしんら》なり。外《げ》といふは、這裏《しゃり》なり、這裏来《しゃりらい》なり。正伝は、自己より自己に正伝するがゆえに、正伝のなかに自己あるなり、一心より一心に正伝するなり、正伝に一心あるべし。上乗一心は、土《ど》石砂礫《せきしゃりゃく》なり、土石砂礫は、一心《いっしん》なるがゆえに、土石砂礫は、土石砂礫なり。もし上乗一心の正伝といはば、かくのごとくあるべし。

（「仏教」、同前、三八二頁）

……青黄赤白《せいおうしゃくびゃく》、これ心なり、長短方円《ちょうたんほうえん》、これ心なり、生死去来《しょうじこらい》、これ心なり、年月日時、これ心なり、夢幻空華《むげんくうげ》、これ心なり、水沫泡焔《すいまつほうえん》、これ心なり、春花秋月、これ心なり、造次顚沛《ぞうじてんぱい》、これ心なり。しかあれども、毀破《きは》すべからず。かるがゆえに、諸法実相心なり、唯仏与仏心《ゆいぶつよぶつしん》なり。

（「三界唯心」、同前、四四六頁）

しかあれば、開華葉落《かいけようらく》、これ如是性なり。……開華葉落、おのれづから開華葉落なり。法性に開華葉落あるべからずと思量せらるる思量、これ法性なり。

（「法性」、『全集』第二巻、二九頁）

諸相は如来相なり、非相にあらず、と参究見仏し、決定証信《けつじょうしょうしん》して、受持《じゅじ》すべし、諷誦通利《ふじゅつうり》すべし。かくのごとくして、自己の耳目に見聞《けんもん》ひまなからしむべし、自己の身心《しんじん》骨髄に脱落ならしむべし、自己の山河尽界《せんがじんかい》に透脱ならしむべし、これ参学仏祖行李《あんり》なり。自己の云為《うんい》にあれば、自己の眼睛を発明《ほつみょう》せしむべからず、とおもふことなかれ。自己の一転語《いってんご》に転ぜられて、自己の一転仏祖《いってんぶっそ》を見脱落するなり。これ仏祖の家常《かじょう》なり。

（「見仏」、同前、九九〜一〇〇頁）

仏法の大道は、一塵《いちじん》のなかに大千の経巻あり、一塵のなかに無量の諸仏まします。一草一《いっそういち》木《ぼく》、ともに身心《しんじん》なり。万法不生《まんぼうふしょう》なれば、一心も不生なり、諸法実相なれば、一塵実相なり。しかあれば、一心は諸法なり、諸法は一心なり、全身なり。造塔等、もし有為《うい》ならんときは、仏果菩提・真如仏性も、また有為《うい》なるべし。真如仏性、これ有為にあらざるゆえに、造像・起塔、すなはち有為にあらず、無為の発菩提心なり、無為・無漏《むろ》の功徳なり。

（「発菩提心（発無上心）」、同前、一六三頁）

おほよそ経巻《きょうかん》に従学するとき、まことに経巻出来《しゅつらい》す。その経巻といふは、尽十方界・山《せん》河《が》大地・草木自他なり、喫飯著衣《きっぱんじゃくえ》・造次動容《ぞうじどうよう》なり。この一一の経典《きょうてん》にしたがひ学道するに、さらに未曾有《みぞうう》の経巻、いく千万巻となく出現在前するなり。

（「自証三昧」、同前、一九七頁）

五　山水即自己本来の面目

さて、事態が以上のようであるとするなら、この世界の自己も世界も、個体面も環境面も、主観面も客観面も、道元においてはすべて脱落即現成の理路の中にあるということになるであろう。

では、その主体と環境の両者は、そこにおいてどのような関係になるのでろうか。

前に引用した、道元の「自証三昧」の巻の下記の文を思い起こしてほしい。

> 或従《わくじゅう》経巻《きょうかん》のとき、自己の皮肉骨髄を参究し、自己の皮肉骨髄を脱落するとき、桃華眼睛《とうかがんぜい》づから突出来相見《とつしゅつらいしょうけん》せらる。竹声耳根《ちくせいにこん》づから霹靂相聞《びゃくりゃくしょうもん》せらる。（『全集』第二巻、一九七頁）

ここには、脱落即現成の端的は、主客未分の一真実であることが指摘されている。おそらく、ここがすべての原点なのであろう。ここを根本として、さらにその反省が生まれ来たって分節化が展開し、時に、自己（身心）について、時に山河大地あるいは牆壁瓦礫等について、同じ理路において語られる、ということになるのだと思われる。その比較的原初的な表現は、「葛藤《かっとう》」の巻にある、「いま参学すべし、初祖道の汝得吾皮《にょとくごひ》・肉《にく》・骨《こつ》・髄《ずい》は祖道なり。門人四員、ともに得処あり、聞著あり。その聞著ならびに得処、ともに跳出身心《ちょうしゅつしんじん》の皮・肉・骨・髄なり、脱落身心《だつらくしんじん》の皮・肉・骨・髄なり」（『全集』第一巻、四一八頁）に見出せようか。

また、前にも少しふれた「仏経」の巻では、主体的行為から客体的事象も、同じくいわば脱落即現成の構造のなかにあることを指摘している。

> おおよそ仏祖の一動両静《いちどうりょうじょう》、あはせて把定《はじょう》・放行《ほうぎょう》、おのれづから仏経の巻舒《けんじょ》なり。窮極《ぐうごく》あ

らざるを、窮極の標準と参学するゆえに、鼻孔《びくう》より受経・出経す、脚尖《きゃくせん》よりも受経・出経す。父母未生前にも受経・出経あり、威音王已前《いおんおういぜん》にも受経・出経あり。山河大地《せんがだいち》をもて、経をうけ、経をとく、日月星辰《にちげつしょうしん》をもて、経をうけ、経をとく。あるいは空劫已前《くうごういぜん》の自己をして、経を持し、経をさづく、あるいは面目已前の身心《しんじん》をもて、経を持し、経をさづく。かくのごとくの経は、微塵《みじん》を破して出現せしむ、法界《ほっかい》を破していださしむるなり。

（『全集』第二巻、一六〜一七頁）

仏祖の一挙手一投足のすべて、活動・行為のすべては、おのずから説法そのものであり、経巻の表現に他ならない。その出処は、「父母未生前」、「威音王已前」であって、つまりは脱落底である。自己と世界はそこにおいて成立している。そのこと自体が、経典としての仏祖の説法そのものなのである。

さらにその根源的境位にせまっての道取を、有名な『正法眼蔵』「山水経」の巻冒頭の次の句に見ることができる。

而今《にこん》の山水は、古仏の道現成《どうげんじょう》なり。ともに法位に住して、究尽《ぐうじん》の功徳を成《じょう》ぜり。空劫已《くうごうい》前《ぜん》の消息なるがゆえに、而今の活計なり。朕兆未萌《ちんちょうみぼう》の自己なるがゆえに、現成の透脱なり。山の諸功徳、高広なるをもて、乗雲の道徳、かならず山より通達す。順風の妙功、さだめて

山より透脱するなり。（『全集』第一巻、三一六頁）

「道現成」とは、言うことの現成と見たい。「仏教」の巻にも、冒頭に「諸仏の道現成《どうげんじょう》、これ仏教なり」（同前、三八〇頁）とあるようである。また「仏道」の巻では、先師天童古仏の上堂の言葉に対して、「この道《どう》現成は、千載《せんざい》にあひがたし、先師ひとり道取す」（同前、四七七頁）ともある。

この「山水経」の巻では、山も水も、法位に住して、「空劫已前の消息なるがゆえに、而今の活計なり」とある。それは、脱落にして現成であると言っているのとまったく変わらないであろう。その山も水も、「朕兆未萌（芽が生まれる前）の自己なる」ものなのである。山も水も自己であるということは、実は主客未分ないし主客不二の一真実がそこに現成していることを物語っている。身心脱落において自覚される自己は、主客の構図をも脱落するがゆえに、自己即世界、世界即自己の自己なのである。それは、「朕兆未萌」であるがゆえにいわば脱落底にして、しかも「現成の透脱なり」なのである。このように、法位に住して究尽の功徳を成じている現成底、実は自己にして世界そのものが、古仏の道現成として、つまり脱落即現成のあり方にあると言ってよいであろう。「峯の色渓の響《ひびき》も皆ながら吾が釈迦牟尼の声と姿と」の歌は、実は『法華経』を詠じた歌であるが、それは「自己」を詠じる歌でもあるのであった。実際、「春は花夏ほととぎす秋は月冬雪さえてすずしかりけり」の歌には、「本来の面目（父母未生以前の自己本来の面目）

を詠ず」という詞書が付されているのである。

ここからさらに、自己がそこにおいて配列されている世界が、世界ごと仏の御いのちにおいて生滅しつつ相続される姿の叙述等も展開されていくことになる。そこに、禅体験―禅表現―禅思想の各地平がさまざまに見いだされるであろう。

まとめ

このようにして、我々が身心脱落するまでもなく、世界の根本的なありさまは、本来脱落であるような本性が直ちに現成しているような世界なのである。本来、「透脱なり、現成《げんじょう》なり」（「全機」、同前、二五九頁）なのである。またその故にこそ、「正当《しょうとう》脱落のとき、またざるに現成する」（「道得」、同前、三七五頁）ことになるのである。私は、道元の世界観を、その本来的な立場と、我々にとって開かれるべき立場とをともにひっくるめて、「脱落即現成」と規定したいと思うのである。

第八章　道元の坐禅観

はじめに

鏡島元隆は道元の著述に関して、寛元四年以降、『正法眼蔵』の撰述はほとんどなく、もっぱら永平寺での上堂《じょうどう》ばかりとなっていることを指摘している（『永平広録』の解題。『全集』第四巻、三一二頁）。そうであれば、我々が道元の晩年の思想を探ろうとするとき、まして「『正法眼蔵』と『永平広録』の思想が対応するものであり、互いに補完しあう」（同前、三一三頁）ものであるのなら、その上堂こそを点検すべきだということになろう。上記『全集』のテキストによると、道元の上堂は、

興聖寺の上堂　巻一　嘉禎二年〜寛元元年　一〜一二六　計一二六回
大仏寺の上堂　巻二　寛元二年〜寛元四年　一二七〜一七六　計　五〇回

永平寺の上堂　巻三〜巻七　寛元四年〜建長四年　一七七〜五三一　計三五五回

（同前、二九九〜三〇〇頁参照）

となり、圧倒的に永平寺での上堂が多い。このような事情を鑑みるとき、確かに最晩年の道元の思想は、何よりも永平寺での上堂に探られるべきに違いない。

しかしこれらの上堂を読むとき、いかにも禅僧の言葉らしく、なかなかに難解である。私なりにその意味を推察してみても、それが道元の真意にかなっているのかどうか、はなはだ心もとない。曹洞宗での禅をみっちり修証しないかぎり、とうてい腑に落ちうるものではないと思われる。そうであるとしても、晩年の道元の思想を解明することは、この上堂の真意に迫ることなしにありえない。本章では、その中、わずかに道元の坐禅観に関して、もっぱら寛元四年以降の永平寺における上堂に限定して、多少、検討してみたい。只管打坐《しかんたざ》は、道元の禅の根本であり、道元は帰国当初からこのことを強調していた。はたして最晩年の道元は、坐禅についてどのように説いていたのであろうか。

一　坐禅の強調

いよいよ永平寺という本格的な禅院がととのって、道元は自ら宋の天童山《てんどうさん》等において体験した禅の修証《しゅしょう》を、そのままにその地に実現したかったことであろう。したがって、坐禅修行の重要性を強調することは当然のことであった。道元は永平寺上堂において、しばしば坐禅の実修を督励している。今、そのいくつかを挙げてみよう。

上堂。大衆。それ学道は大《はなは》だ容易ならず。所以《ゆえ》に、古徳先聖、善知識の会下に参学し、粗《ほぼ》二三十年を経て究弁す。雲巌・道吾は四十年弁道し、船子和尚は薬山にあること三十年、ただ箇《こ》のこの事《じ》を明らめ得たり。南嶽大慧は曹渓に参学すること一十五年、臨済は黄檗山にあって松杉を栽えること三十年にしてこの事を弁ず。然れば則ち当山の兄弟《ひんでい》、須く光陰を惜しんで坐禅弁道すべきものなり。諸縁に牽《ひ》かるることなかれ。諸縁にもし牽かるれば、塵中《じんちゅう》の俗家にあって空《むな》しく寸分の時光を過ごすものなり。挙頭弾指、歎息して、須く寸陰分陰の空しく過ぐるを惜しむべし。これ則ち為《これ》法身を惜しむなり。為《これ》坐禅を惜しむなり。……

（三〇四。『全集』第三巻、一九九頁）

ここに、「当山の兄弟、須く光陰を惜しんで坐禅弁道すべきものなり」とある。古徳・先聖も、三十年、四十年かけて修行されたのだ、と言って、会下《えか》の修行僧を励ますのである。道元はいよいよ永平寺に至って、雲水らを叱咤激励して、坐禅にとりくむよう説くのであった。

また、仏仏祖祖の禅の家風を説く、次の上堂がある。

上堂。仏仏祖祖の家風は、坐禅弁道のみなり。先師天童云く、跏趺坐《かふざ》は乃ち古仏の法なり。参禅は身心脱落なり。焼香・礼拝・念仏・修懺・看経を要《もち》いず、祇管《ただ》打坐せば始て得《よろ》し、と。それ坐禅は、乃ち第一に瞌《かっ》睡することなかれ。これ刹那、須臾なりともいえども、猛壮を先となす。祖師云く、一《ひと》りの小阿蘭若《あらんにゃ》のごとき、独り林中にあって坐禅して、しかも懈怠《けたい》を生ぜり。林中に神あり、これ仏弟子なり。一の死尸の骨の中に入って、歌儛《かぶ》して来る。この偈を説いて言く、林中の小比丘、何をもってか懈怠を生ずる。昼来るにもし畏れずんば、夜当にさらにまた来るべし、と。この比丘は驚き怖れ、坐を起ちて、内に自ら思惟し、中夜にまた睡る。この神はまた現じて、十頭の口の中より火を出す。牙爪、剣のごとく、眼《まなこ》の赤きこと、炎のごとし。顧み語《つ》げて、将《まさ》に、これを従え捉えんとしていう。懈怠の比丘よ、このところにて、懈怠すべからず。何をもっての故に爾《しか》るや、と。時にこの比丘、大いに怖れ、即ち起って思惟し、専精に法を念じて阿羅漢道を得たり。これを自強精進と名づく。不放逸の力にて、能《よ》く道果を得たるなり。誠なるかな誠なるかな。勧励あらんがごときは、即ち能く精進し、弁道坐禅して、大事の因縁を成熟《じょうじゅく》するなり。

また世尊の在世に一《ひと》りの比丘あり。十四難の中において思惟・観察すれども、通達することと能わず。心に忍ぶこと能わずして、……

（四三二。『全集』第四巻、一九〜二一頁）

近日、我等、聖を去ること時遠し、悲しむべし歎くべし。然る所以《ゆえ》は、如来涅槃より二千余年、人の箭を抜くことなし、また仏弟子の林神となりて我が儻《ともがら》を勧励することなし。これを如何せん。かくのごとくなりと雖然《いえど》も、虚しく今時の光陰を度《わた》るべからず。応当《まさ》に頭燃を救《はら》って坐禅弁道すべきものなり。仏仏祖祖、嫡嫡面授して、坐禅を先となす。これに因って、世尊、六年端坐して弁道す。乃至、日日夜夜、坐禅を先とし、然る後、説法するなり。嵩嶽《すうがく》の曩祖《のうそ》、九年面壁して、而今《いま》、児孫世界に遍満せり。乃至、当山に仏祖の大道を伝来するは、則ち時の運なり、人の幸いなり。何ぞ弁ぜざらんや。坐禅は身心脱落なり。四無色にあらず、また四禅にあらず。先聖なお識らず、凡流《ぼんる》あに図《はか》るべけんや。如《も》し人ありて問わん、作麼生《いかん》がこれ永平の意と。祇《た》だ他《かれ》に道うべし、夏に入っては開く、日に向う蓮。伊《かれ》もし道わん、這箇《これ》はこれ長連牀上に学得せる底《もの》、仏祖向上また作麼生《いかん》と。良久して云く、鼻は臍《ほぞ》と対し、耳は肩に対す、と。

（四三二。同前、二二三頁）

途中、はしょったにもかかわらず、ずいぶん長い引用になってしまったが、それだけこの時の上堂には道元の熱意がこめられていたということである。中にいくつか重要なテーマがあるが、坐禅の強調という点に絞ってみても、「それ坐禅は、乃ち第一に瞌睡することなかれ。これ刹那、須臾なりともいえども、猛壮を先となす」とあり、「かくのごとくなりと雖然も、虚しく今時の光陰を度るべからず。応当に頭燃を救って坐禅弁道すべきものなり」とあり、そして「乃至、当山に仏祖の大道を伝来するは、則ち時の運なり、人の幸いなり。何ぞ弁ぜざらんや」とある。林神が懈怠の比丘を大いに勧励したとき、その比丘は「大いに怖れ、即ち起って思惟し、専精に法を念じて阿羅漢道を得たり。これを自強精進と名づく。不放逸の力にて、能く道果を得たるなり」と示すのも、道元自身の心からの勧励以外の何物でもないであろう。

最後に、長連牀上（僧堂における坐禅上）ではない、仏祖向上の立場（さらにその先の立場）においての坐禅観を語って、しかもただ、「鼻は臍と対し、耳は肩に対す」（坐禅の姿）とのみ言うのも、どこまでも只管打坐以外に仏道はありえないことを示してやまないものである。

さらに、次の上堂もある。

九月初一の上堂。功夫猛烈、生死に敵す。誰か愛さん世間の四五支。縦《たと》い少林三拝の古《いにしえ》を慕うとも、何ぞ忘れん端坐六年の時。恁麼《かくのごとく》見得せば、永平門下、また作麼生《いかんい》か道わん。良久して云く、今朝これ九月初一。板を打ちて坐禅するは旧儀に依る。切に忌むらくは、（昏）睡。要《もと》むらくは疑いを除かんことなり。瞬目および揚眉せしむることなかれ。

（四五一。同前、四一頁）

この上堂はかなり簡潔であるが、その中に道元の策励の意があふれ出ている。功夫猛烈であってこそ、生死の苦海を渡ることができる。一瞬も集中をとぎらすことなく坐禅に邁進せよというのである。「板を打ちて坐禅するは旧儀に依る」とは、単に古来の様式に順ずるということではなく、法灯を相承してきた祖師方の勇猛精進の行持《ぎょうじ》を嗣ぐということのはずである。

もう一つ、祖師の行履《あんり》に思いをはせ、坐禅の功徳を最大限、讃嘆する上堂がある。

上堂。仏法二度《ふたたび》震旦に入る。一つには跋陀婆羅《ばつだばら》菩薩伝来して、瓦官寺にあって秦朝の肇《じょう》法師に伝う。一つには嵩山《すうざん》の高祖菩提達磨尊者、少林寺にあって斉国の慧可に伝う。肇法師の伝、今既に断絶し、可大師の稟授《ぼんじゅ》、九州（全国）に弘まる。我が儻《ともがら》、宿殖《しゅくじき》般若の種子に酬いて、殊勝最上の単伝に値《あ》いて修習することを得たり。当に頭燃《ずねん》を救《はら》って精進すべし。仏言《のたまわ》く、二人の罪人あり。謂く、一人は三千大千世界の衆生を殺し、一人は大智慧を得て、坐禅を罵謗《めぼう》する人なり。二人の罪、何《いずれ》かこれ重き。仏言く、坐禅を毀謗する人は、なお三千大千世界の衆生を殺すものよりも勝《す》ぎたり、と。測《はか》り知りぬ、坐禅、その功徳、最勝甚深なることを。乃ち云く、在単多劫参禅の客、還《ま》た見るや一条の拄杖の烏《くろ》きことを。正当《まさに》恁麼《そ》の時、さらに脱落底《の》道理あり也《や》無。良久して云く、将謂《おも》えらく、胡の鬚赤しと、さらに赤鬚《しゃくしゅ》の胡あり。（四八二。同前、六三〜六五頁）

道元は自らの禅を「殊勝最上の単伝」という。そうであればこそ、「当に頭燃を救って精進すべし」と説く。この言葉は、他の上堂にもしばしば見られるところである。一方、道元は仏の

「坐禅を毀謗する人は、なお三千大千世界の衆生を殺すものよりも（罪の重さは）勝ぎたり」という、やや物騒な言葉を引きつつ、「測り知りぬ、坐禅、その功徳、最勝甚深なることを」と説く。ここに道元の思いのすべてがこめられていることであろう。

以上、永平寺でのいくつかの上堂に、道元が坐禅をどこまでも評価し、ひとえにこの道のみを勧め励ましている様子を見ることができた。道元が只管打坐をどこまでも尊重していたことは、最晩年に至っても何ら変わりはなかった。このことは、道元の禅の脊梁《せきりょう》を構成しているのである。私は、これらの上堂を読むにつけ、『正法眼蔵随聞記《ずいもんき》』が伝える道元の懇篤な激励（たとえば巻三の又云、我、大宋天童禅院に居せし時、云々の条。『全集』第七巻、一〇一〜一〇三頁など）を想起せずにはいられないのである。

二　仏仏祖祖の坐禅

坐禅は釈尊以来の悟道への行法であり、多くの宗派の仏教が唱えられていく中で、種々の坐禅も説かれることになったであろう。日本においても、最澄《さいちょう》の天台宗における坐禅、空海《くうかい》の真言宗における坐禅など、禅宗以外の宗門において独特の坐禅が伝えられている。しかし道元は、自ら伝える坐禅は、釈尊以来、仏仏祖祖が相承してきた坐禅であるという。実際、「仏仏祖祖の坐禅」の語もあり（三八九。『全集』第三巻、二六一頁）、またすでにこれまで引用した上堂の中にも、

「仏仏祖祖の家風」（四三二。『全集』第四巻、一九頁）、「仏祖の大道」（四三一。同前、一二三頁）などともあった。いったいそれは、どのような特質をもったものなのであろうか。このことに関して、少し探っておこう。

まず、次の上堂がある。

上堂。衲子《のうす》の坐禅は、直須《ただ》端身正坐を先とすべし。然して後、調息、致心す。もしこれ小乗ならば、元より二門あり。いわゆる数息《すうそく》と不浄なり。小乗の人は、数息をもって調息となす。然而《しか》れども、仏祖の弁道は永く小乗と異なれり。仏祖曰く、白癩《びやくらい》の野干の心を発《おこ》すといえども、二乗の自調の行を作すことなかれ、と。その二乗とは、如今《いま》世に流布する四分律宗・倶舎《くしや》宗等の宗、これなり。大乗にまた調息の法あり。いわゆる、この息は長く、この息は短しと知る。乃ち大乗の調息の法なり。息は丹田に至り、還《ま》た丹田より出づ。出入異なりといえども、倶《とも》に丹田に依って入出す。無常暁《あき》らめ易く、調心得易し。先師天童云く、息入り来って丹田に至る。然りといえども、従《よ》り来るところなし。所以に長からず、短からず。息、丹田より出で去る。然りといえども、去るところを得ることなし。所以に短かからず、長からず、と。先師既に恁麼《かく》道う。永平に或《も》し人あって問わん、和尚、如何が調息する、と。ただ他《かれ》に向って道わん。大乗にあらずといえども小乗と異なる。小乗にあらずといえども大乗と異なる、と。他また、畢竟じて如何、と問うことあらば、他に向って道わん。出息、入息、長からず、短かからず、と。あるもの百丈に問うことあり。瑜伽論・瓔珞経は大乗の戒律なり。何ぞ依随して行ぜざるや、と。百丈曰く、吾が宗とするところは、大小乗に局《かぎ》るにあらず、大小乗に異なるにあらず、当に博約折中して制範を設けて、その宜しきを務むべし、と。百丈、恁麼《かく》道う。永平は即ち然らず。大小乗に局るにあらざるにあらず。大小乗に異なるにあらざるにあらず。作麼生《いかん》がこれ小乗。驢事未だ了らず。作麼生がこれ大乗。馬事到来す。博せざるや極大、小に同じ。約せざるや極小、大に同じ。吾、折中せず、驀然《まくねん》として大小を脱落す。既に恁麼《かくのごとく》なることを得たり。向上またかつ如何。良久して云く、健なれば即ち坐禅し、瞌睡することなし。飢え来れば喫飯し、大いに飽《あ》くことを知る。

（三九〇。『全集』第三巻、二六一〜二六二頁）

ここはめずらしく坐禅の具体的な仕方が示唆されている箇所である。先師天童も、さらには百丈《ひゃくじょう》も、小乗でも大乗でもない立場で坐禅を見ている。おそらく道元もまた、その立場を否定するわけでもないであろう。しかし道元は独自に、小乗にも大乗にも限定されない立場について、「驀然として大小を脱落す」と言っている。大乗も小乗も脱落するという表現は、道元の実体験に親しいものであったのであろう。しかも向上の地平では、何もむずかしい論議は一切ないかのように、ただ「健なれば即ち坐禅し、瞌睡することなし。……」と言うのみであった。

ともあれ、仏仏祖祖の坐禅は、二乗・大乗を超えたものと考えられる。

その辺をさらに明らかにするのが、次の上堂である。

上堂。それ仏法を学ぶ漢《もの》、用心身儀、太《はなは》だ容易《たやす》からず。凡夫・外道、倶《とも》に坐禅を営む。然れども凡夫・外道の坐禅は、仏仏祖祖の坐禅に同じからず。然る所以《ゆえん》は、外道の坐禅は邪見・著味・憍慢《きょうまん》ある故なり。もしその解会、外道に同じければ、身心苦労すといえども終《つい》に益なし。況《いわん》や逆人・闡提《せんだい》等に同じくば、あに仏法の身心あらんや。……これをもって当に知るべし、邪見なからんと要せば、道うことなかれ謂《おも》うことなかれ、善悪の報応なし、何れのところに悪ありや、悪は何《いず》くより生ずるや、誰かこの悪を作して当にその報いを受くべき、と。もし恁麼《かくのごとく》道わば、則ち邪見なり、必ず仏法の身心を断絶せしむるなり。もし仏法の身心を断絶せば、仏祖の坐禅弁道を得ざるなり。先師天道道く、参禅は身心脱落なり、と。既に身心脱落を得たり、必ず邪見・著味・憍慢なし。祈祷、祈祷。

（四三七。『全集』第四巻、二七〜二九頁）

仏祖の坐禅弁道は、当然、凡夫・外道のそれとは異なることであろう。外道の坐禅とは、どのようなものであろうか。道元は、「外道の坐禅は邪見・著味・憍慢ある」ものと指摘している。邪見《じゃけん》は、誤った見解を持つことである。著味《じゃくみ》は、愛着の心を生じることである。憍慢《きょうまん》は、うぬぼれ、他に対し優越感を持つことである。我々が坐禅を実修するとき、案外、陥りやすい情識である。

この中、邪見は特に、善因楽果・悪因苦果の因果応報を否定すること、とりわけ悪の報いを否定する見解として説かれている。道元は絶えず善・悪の行為にはそれに応じた報いがあることを強調しており、どこまでも専一に修行すべきであるとの立場をくずさない。

では道元にとって、善であるべき修行とは何か。それはもちろん、仏仏祖祖の坐禅の修証であろう。では、それはどのようなものなのか。それは、凡夫・外道の坐禅と異なって、邪見・著味・憍慢のないような坐禅のはずであろう。そのことを実現するのが、身心脱落《しんじんだつらく》の坐禅である。それは、身心脱落の坐禅であるが故に、邪見・著味・憍慢のありえない坐禅なのである。このことは、まさに先師の教えをまっすぐに受け継ぐものなのであった。『宝慶記《ほうきょうき》』によれば、道元が如浄《にょじょう》に身心脱落とは何ぞやと問うたところ、如浄は「身心脱落とは坐禅なり。祇管に坐禅する時、五欲を離れ、五蓋を除くなり」(『全集』第七巻、一九頁)と答えたのであった。

この、道元が相承した坐禅が、外道・二乗のそれとは異なることについて、さらに次の上堂もある。

上堂。龍樹祖師曰く、坐禅は則ち諸仏の法なり。しかるに外道もまた坐禅あり。然りといえども外道には、著味《じゃくみ》の過《とが》あり、邪見の刺《そしり》あり。所以《ゆえ》に諸仏・菩薩の坐禅には同じからず。二乗・声聞もまた坐禅あり。然りといえども二乗には、自調の心あり、涅槃を求むるの趣あり。所以に諸仏・菩薩の坐禅には同じからず、と。師云く、龍樹祖師、既に恁麼《かく》道う。須く知るべし、二乗・外道には坐禅の名ありといえども、仏祖相伝の坐に同じからず。近代宋朝諸山の杜撰《ずさん》の長老等、未だこれらの道理を知らず。蓋《けだ》しこれ仏法の衰微なり。兄弟《ひんでい》、須く知るべし、祖師はただ仏法の正脈を伝えて、面壁坐禅す。後漢の永平より以来《このかた》、依文解義の坐ありといえども、まったくその儀なし、ただ独り祖師の伝うるのみなり。誠にこれ仏法の親伝なるものか。面壁坐禅は仏祖の伝なり。外道・二乗の禅に同じからず。機先に開き得たり、機先の眼《まなこ》。譬えば臘月の火中の蓮《はちす》のごとし。（五一六。『全集』第四巻、九七頁）

ここには、すでに前に引いた上堂の中に述べられていたことが、繰り返し説かれている。しかも外道の禅だけでなく、二乗・声聞《しょうもん》の禅の欠点についても触れられている。これに対し、仏祖相伝の坐禅の内容については、面壁《めんぺき》坐禅という以外、特に述べられていない。最後にその本質を示す語が置かれているものの、その意は難解である。その時・その場の本来清浄なる自己に徹底するのみ、ということであろうか（なお「火中の蓮」はもと『維摩経』に出、希有なるものを意味する）。ともかく、仏仏祖祖の坐禅は、凡夫・外道・二乗の坐禅をはるかに超えたものであることは間違いないであろう。その坐禅は、道元にしてみれば、「ただ独り祖師の伝うるのみなり」のものであるがゆえに、他の当時の宋国の諸山の禅とも異なるものなのであった。

三　身心脱落の坐禅

すでにいくつかの箇所で、道元の師・如浄が「参禅は身心脱落なり」と示し、道元は悟道の体験をその語において表現したことは見てきた。坐禅と身心脱落との関係そのものは、本書第三章「道元の修証論　I」においてもはや明らかかと思われるが、道元が永平寺での上堂において、どのようにこのことを説いていたのか、その実際を覗いておくことにしたい。従来の言及と多少、重複するかとも思うが、ここではそれぞれの上堂の文をていねいに見ておくことにしよう。

まず、次の上堂がある。

上堂。身心脱落好参禅。猛作の功夫、鼻孔穿《うが》げたり。業識《ごっしき》茫茫として、本拠《もとよ》るべきなし。他にあらず自にあらず、衆生にあらず、因縁にあらず。かくのごとくなりと雖然《いえど》も喫粥を先となす。（三〇六。『全集』第三巻、二〇一頁）

ここの意旨も必ずしも解り易いものではないが、坐禅の窮極は他にあらず自にあらず等にあり、そこが身心脱落の現成している世界で、そこを成就しているのが好参禅であると言っているようである。つまり身心脱落即好参禅なのであって、蛇足ながらそれはそのまま日常底（喫粥等）にはたらくのである。

また、次の上堂がある。

上堂。先師、衆に示して云く、参禅は身心脱落なり、と。大衆、還《ま》た恁麼《かくのごとき》の道理を委悉せんと要すや。良久して云く、端坐、身心脱落なり。祖師の鼻孔、空華なり。壁観三昧を正伝するも、後代の児孫、邪を説く。（三一八。同前、二〇七頁）

坐禅に何かあるとして説くのは、邪を説くものなのであろう。ここでも先師・如浄は、「参禅は身心脱落なり」と言ったとあり、しかも、「端坐、身心脱落なり」と示されている。坐禅は端的に身心脱落であるという領解であろう。

また、次の上堂がある。

上堂。大衆、参禅は身心脱落なり。祇管《しかん》打坐の道理を聴かんと要すや。良久して云く、心、縁ずること能わず、思、議すること能わず、直須《ただ》退歩荷担すべし。切に忌む、当頭諱《いみな》に触るることを。風月寒清なり古渡の頭《ほとり》、夜船撥転す琉璃《るり》の地。（三三七。同前、二一九頁）

やはり、「参禅は身心脱落なり」である。その内実を、「心、縁ずること能わず、思、議すること能わず」と説明している。かの「非思量《ひしりょう》」そのものであろう。

また、次の上堂もある。

上堂。坐禅と謂《い》うは、煙雲を坐断して功を借らず。一片に打成して未だ曽て窮《きわ》まらず。身心脱落、何の支体ぞ。あに骨髄の中に相伝すべけんや。既に恁麼《かくのごとく》ならば、如何《いかん》が通ぜん。瞿曇《くどん》の手脚を奪却して、一挙に虚空を拳倒す。業識茫茫《ぼうぼう》として本《もと》なし。種草茎茎《けいけい》として風を発《おこ》す。（四四九。『全集』第四巻、三九頁）

ここも難解ではあるが、坐禅の中に身心脱落が現成していることを述べているであろう。それはそのまま、「一片に打成して未だ曽て窮まらず」の世界であった。

さらにまた、次の上堂もある。

上堂。記得す。雪峰、衆に示して云く、望州亭にして諸人と相見《しょうけん》し了《おわ》りぬ。烏石嶺《うせきれい》にして諸人と相見し了りぬ。僧堂前にして諸人と相見し了りぬ、と。後に保福《ほふく》、鵞湖《がこ》に挙して問う、僧堂前は且《しばら》く置く、什麼《いずれ》のところかこれ望州亭・烏石嶺《うせきれい》の相見、と。鵞湖、驟歩《しゅうほ》して方丈に帰り、保福、便ち僧堂に入る。永平、聊《いささ》か山偈あり。諸人と相見し了りぬ。大衆、委悉せんと要すや。良久して云く、望州・烏石・僧堂前、諸人と相見することは少縁にあらず。

換眼、破顔兼断臂。身心脱落、これ参禅。汝、仏性なし、我もかくのごとし。禅板・蒲団《ふとん》、亦復《ま》た然り。恁麼《かく》見来れば、還《ま》た甚《なん》とか道《い》わん。自家の鼻孔、自家穿《うが》つ。
（四五四。同前、四三頁）

今、この上堂の全体の内容を深くは問わないでおく。ともかくここにも、「身心脱落、これ参禅」とある。それはもちろん、「参禅は身心脱落なり」の別様の表現にほかならない。

以上から見て、最晩年の道元の坐禅と身心脱落をめぐる思想は、ほぼ確認できたであろう。いうまでもなく道元は、坐禅はそのまま身心脱落そのものと考えていたのである。それは、一切のものにとらわれない境界の現成をいうものなのであろう。そうであればこそ、凡夫・外道・二乗、さらには大乗の坐禅とも異なるものなのであった。

ところで、坐禅がそのまま身心脱落であるとすると、その坐禅の世界はそのまま悟りの世界なのであろうか。おそらくその一面を否定できないとともに、これらの上堂を見ていると、道元は同時に坐禅を通路として悟る時機がありえることも示唆していることに気づかされる。「修証は無きにあらず、染汚することは即ち得じ」である。もちろん、道元は待悟禅《たいごぜん》は厳に誡めていた。しかし、悟りの体験を得る時節がありえることも、けっして否定してはいないと思われる。このことについては、すでに本書第三章においてふれておいたが、晩年の上堂においても変わらないことが確認される。

本章において前に引用した上堂の中には、「……船子和尚は薬山にあること三十年、ただ箇《こ》のこの事《じ》を明らめ得たり」（三〇四。『全集』第三巻、一九九頁）ということも言われていた。また、「勧励あらんがごときは、即ち能く精進し、弁道坐禅して、大事の因縁を成熟《じょうじゅく》するなり」（四三二。『全集』第四巻、一九九頁）ともあった。大事の因縁とは、悟りを開くことにほかならない。このように、坐禅弁道してやまないと、いつしか悟りを得る時節があるということを、道元は一方で説いているわけである。もちろん、悟りを得たからといって、修行がそこで終わるわけではない。道は無窮である。しかしこれらからすれば、坐禅は身心脱落であると同時に、坐禅して身心脱落しきたる体験を自覚することもまたありうると言うべきであろう。

そのことについて、次の上堂は明確に説いている。


上堂。即ちこの身心、陰聚《おんじゅ》にあらず。妙存卓卓、あに情縁ならんや。来なく、去なく、声色に応ず。還《ま》た我、中を翻して八辺に徙《わた》る。対待を亡じて、脚跟地に点ず。何の生滅かあらん。気宇、天を衝《つ》く。かくのごとくなりと雖然《いえど》も、言うことなかれ、殺仏《せつぶつ》、終《つい》に果なしと。得仏の由来は、実《まこと》に坐禅なり。（二八六。『全集』第三巻、一八九頁）

『正法眼蔵』「坐禅箴《ざぜんしん》」の巻に、「いわゆるさらに坐仏を参究するに、殺仏《せつぶつ》の功徳あり。坐仏の正《しょう》当恁麼時《とういんもじ》は、殺仏なり。殺仏の相好光明《そうごうこうみょう》は、たづねんとするに、かならず坐仏なるべし。……」(『全集』第一巻、一一〇頁)とある。殺仏とは、対象的に仏を見ることのない、身心脱落の坐禅そのものをいうのであり、すでに坐仏にも等しいのであるが、それにも果があるという(言うことなかれ、殺仏、終に果なしと)。そしてこの結びには、「得仏の由来は、実に坐禅なり」と、坐禅によってこそ得仏の果があることを明瞭に示すのである。

さらに、次の上堂がある。

> 上堂。仏仏祖祖正伝の仏法は、ただ打坐のみなり。先師天童、衆に示して云う。汝等、大梅法常禅師の江西馬大師に参ぜし因縁を知る也未《や》。他《かれ》、馬祖に問う、如何なるかこれ仏。祖云く、即心即仏、と。便ち礼辞し、梅山の絶頂に入りて、松花を食し荷葉を衣《き》て、日夜、坐禅して一生を過ごす。将《まさ》に三十年にならんとするも、王臣に知られず、檀那《だんな》の請に赴かず。乃ち仏道の勝躅《しょうちょく》なり、と。測《はか》り知りぬ、坐禅はこれ悟来の儀なり。悟は只管《ただ》坐禅のみなることを。当山、始めて僧堂あり、これ日本国にて始めてこれを聞き、始めてこれを見、始めてこれに入り、始めてこれに坐す。仏道を学する人の幸運なり。……然れば即ち即心即仏を明らめ得る底《ところの》人は、人間《にんかん》を拋捨して深く山谷に入り、昼夜に坐禅するのみなり。当山の兄弟、直須《ただ》専一に坐禅すべし。虚しく光陰を度《わた》ることなかれ。人命は無常なり、さらに何《いず》れの時をか待たん。祈祷、祈祷。……
>
> (三一九。『全集』第三巻、二〇七~二〇九頁)

道元が言いたいことは、「当山の兄弟、直須《ただ》専一に坐禅すべし」にある。しかしここに、「測り知りぬ、坐禅はこれ悟来の儀なり。悟は只管坐禅のみなることを」とあるのは重要である。その前半にかんがみれば、今の句の後半は、「悟（を得るの）は只管坐禅のみなることを」の意であろう。さらに、「即心即仏を明らめ得る底」ともある。実際、何らかのうなづき、領解、自覚、了知の事がなければ、坐禅はまさに身心脱落そのものだとしても、自己の宗教的問題の明らかな解決はありえない。その意味で、道元が坐禅に身心脱落しきたる体験があることも認めていたことを忘れるべきではないであろう。

四　非思量の思量

『正法眼蔵』「坐禅箴」の巻は、冒頭、次の問答から始まる。

薬山弘道大師、坐する次《つ》いで、有る僧問う、兀兀《ごつごつ》地《ち》に什麼《なに》をか思量す。師云く、箇《こ》の不思量底を思量す。僧曰く、不思量底、如何んが思量せん。師云く、非思量。

（『全集』第一巻、一〇三頁）

坐禅は兀兀地の思量であり、不思量底を思量するものであるという。それを一言でいうと、「非思量」のみということになる。道元は、「坐禅箴」という、坐禅の基準となるべき規則の根本を、この薬山《やくさん》の教えによって定めたのであった。以下、道元の解説を掲げてみよう。

> 大師の道《どう》、かくのごとくなるを証して、兀坐《ごつざ》を参学すべし、兀坐正伝《しょうでん》すべし。兀坐の、仏道につたはれる参究なり。兀兀地《ごつごつち》の思量、ひとりにあらずといへども、薬山の道は其《それ》一なり。いはゆる思量箇不思量底なり。思量の皮肉骨髄《ひにくこつずい》なるあり、不思量の皮肉骨髄なるあり。僧のいふ、不《ふ》思量《しりょう》底《てい》如何《いかん》思量《しりょう》。まことに不思量底たとひふるくとも、さらにこれ如何《いかん》思《し》量《りょう》なり。兀兀地に思量なからんや。兀兀地の向上、なにによりてか通ぜざる。賤近《せんごん》の愚にあらずば、兀兀地を問著《もんじゃく》する力量あるべし、思量あるべし。
>
> 大師いはく、非思量。いはゆる非思量を使用すること玲瓏《れいろう》なりといへども、不思量底を思量するには、かならず非思量をもちいるなり。非思量にたれあり、たれ、我《われ》を保任《ほうにん》す。兀兀《ごつごつ》地《ち》たとひ我なりとも、思量のみにあらず。兀兀地を挙頭《ことう》するなり。兀兀地たとひ兀兀地なりとも、兀兀地いかでか兀兀地を思量せん。
>
> しかあればすなはち、兀兀地は仏量にあらず、法量にあらず、悟量にあらず、会《え》量にあらざるなり。薬山かくのごとく単伝すること、すでに釈迦牟尼仏より直下《じきげ》三十六代なり。薬山より向上をたづぬるに、三十六代に釈迦牟尼仏あり。かくのごとく正伝せる、すでに思量箇

不思量底あり。　（同前、一〇三〜一〇四頁）

道元は薬山を釈迦牟尼仏《しゃかむにぶつ》より単伝された仏法を行じていると見なしている。その内容は兀兀地の坐禅であり、思量箇不思量底にほかならないものであった。

このことは、『普勧坐禅儀《ふかんざぜんぎ》』にも述べられていた。そこには、「夫れ、参禅は、静室《じょしつ》宜《よろ》しく、飲《おん》湌《さん》（食《じき》）節《せつ》あり。諸縁を放捨《ほうしゃ》し、万事《ばんじ》を休息《くそく》して、善悪《ぜんなく》を思わず、是非を管することなかれ。心《しん》意識《いしき》の運転《うんでん》を停《や》め、念想観の測量《しきりょう》を止《や》めて、作仏《さぶつ》を図《はか》ることなかれ。あに坐臥《ざが》に拘《かか》わらんや」（『全集』第五巻、五頁）等とあり、さらに、「……兀兀《ごつごつ》として坐定《ざじょう》して、箇《こ》の不思量底を思量せよ。不思量底、如何《いかん》が思量せん。非思量。これ乃《すなわ》ち坐禅の要術なり」とある（同前、七頁）。実にこのことは、坐禅の要術なのである。

なお、『正法眼蔵』「坐禅儀《ざぜんぎ》」の巻では、「諸縁を放捨し、万事《ばんじ》を休息すべし。善也不思量《ぜんやふしりょう》なり、悪也《あくや》不思量なり。心意識にあらず、念想観にあらず。作仏《さぶつ》を図《ず》することなかれ、坐臥を脱落すべし。……」（『全集』第一巻、一〇〇頁）等とあり、この巻のほぼ最後に、「兀兀《ごつごつ》と坐定《ざじょう》して、思量《しりょう》箇不思量底《こふしりょうてい》なり。不思量底如何思量《ふしりょうていいかんしりょう》。これ非思量なり。是《これ》すなわち坐禅の法術なり」（同前、一〇一頁）とある。実に薬山の示したところこそが、道元にとって坐禅の要術・法術なのであった。

では、このような考え方は、道元の晩年に至っても変わらずに保任されていたのであろうか。先に結論から言えば、以下に見るように、一貫して維持されていたと言うべきである。以下、このことを証する上堂を挙げていく。

まず、次の上堂がある。

九月初一の上堂。蒲団に倚坐して、この非思量を思量し、精魂を鼓弄して、魔魅魍魎《まみもうりょう》を奇怪す。住山の老僧、一口に仏と衆生とを呑み、踞地《こじ》の獅子、一捉に兎と猛象とを得たり。図仏・坐仏の磨甎を打砕し来り、三乗・五乗の疑網を笑殺し去《お》わる。切に忌む、他に随って悟道明心することを。何ぞ怕《おそ》れん、渠《かれ》と儂《われ》の顚倒妄想することを。久しく直指単伝を抛ち、ただこれ虚を承け響を接《つ》ぐ。向来の道理、還《ま》た委悉し得んと要すや。良久して云く、五葉の華開く、劫外の春、一輪の月白し、暁天の上。

（二七九。『全集』第三巻、一八七頁）

ここでは、坐禅を図仏・坐仏とはしない見方を示すとともに、「この非思量を思量す」ということこそが坐禅の実際であることを確認している。

また、次の上堂がある。

九月初一の上堂。今朝九月初一。三打、板鳴りて坐禅す。脱落身心兀兀《ごつごつ》たり。なお無手にして拳を行ずるがごとし。

（三四七。同前、二二五頁）

ここでは、坐禅の境地が、「脱落身心兀兀たり」とある。そこを少なくとも兀兀の語を用いて表現している。

また、同じく次の年の九月一日の上堂では、仏仏祖祖の坐禅に最要なることとして、眼・耳・鼻・舌・身についておそらくは可能な限り慎むことを挙げるとともに、意に関しては、

心は風の如くなりといえども、さらに要すらくは箇の不思量底を思量せんことを。

（三八九。同前、二六一頁）

と示している。このように、九月一日には例年、特別に坐禅への姿勢についてあらためていわば檄《げき》を飛ばすのであったが、そのときは常に、思量箇不思量底あるいは兀坐について言及するのである。

そのことは、次の上堂によっても例証される。

上堂。今朝九月初一。板を打して大家坐禅す。切に忌《い》むらくは低頭瞌睡《ていずかっすい》することを。思斉するは来賢を見るにあり。附木依草に陳《なら》ぶことは休《や》みね。外に求むることなかれ窮臘の蓮《はちす》。脱落身心兀兀《ごつごつ》たり。蒲団旧《ふる》しといえども新たに穿《う》げたり。正当恁麼《まさにそ》の時、また如何《いかん》。良久して云く、修証はなきにあらず、誰か染汚《せんな》せん。あに十聖および三賢に同じからんや。

（五二三。『全集』第四巻、一〇三頁）

やはり九月一日の上堂において、坐禅に専念している姿を「脱落身心兀兀たり」と語るのであった。

さらに、この次におかれた上堂では、次のようにある。

源亜相《げんあしょう》忌の上堂。云く。父母の恩を報ずる、乃ち世尊の勝躅《しょうちょく》なり。恩を知り恩に報いる底《の》句、作麼《いかん》生が道わん、恩を棄てて早く無為の郷に入る。霜露盍《なん》ぞ消えざらん慧日の光。九族、天に生ず、なお慶《よろこ》ぶべし、二親の報地、あに荒唐ならんや。挙す。薬山、坐する次《おり》、僧あって問う、兀兀地に什麼《なに》をか思量する。山云く、箇の不思量の底《ところ》を思量す。僧云く、不思量の底、如何が思量せん。山云く、非思量。今日、殊に這箇《こ》の功徳をもって報地を荘厳す。良久して云く、思量兀兀《ごつごつ》、李と張と、玄を談じ畢《お》えんと欲《す》るにまた黄と道う。誰か識らん蒲団・禅板の上。鑊湯炉炭《かくとうろたん》、自《おの》ずから清涼なり。

（五二四。同前、一〇五頁）

源亜相忌という、道元自身にとってきわめて重要な行事において、あの薬山の問答を取り上げている。しかも、「今日、殊に這箇の功徳をもって報地を荘厳す」と語るのである。道元がいかにこの問答を坐禅の根本として重視していたかが知られよう。

なお、『普勧坐禅儀』には、「心意識《しんいしき》の運転《うんでん》を停《や》め、念想観の測量《しきりょう》を止《や》めて」とあった(『全集』第五巻、五頁)。『正法眼蔵』「坐禅儀」には、「心意識にあらず、念想観にあらず」(『全集』第一巻、一〇〇頁)とあった。このことは、兀兀地・思量箇不思量底・非思量のありようを物語る一つの説明であろう。このことに類したことも、晩年の上堂に見ることができる。たとえば次の上堂がある。

上堂。仏仏祖祖の坐禅は、これ動静にあらず、これ修証にあらず、身心に拘《かか》わらず、迷悟を待たず、諸縁を空ぜず、諸界に繋《つな》がれず、あに色受想行識に貫《なら》わんや。学道は、受想行識を用いず、もし受想行識を行ぜば、即ちこれ受想行識にして、学道にはあらざるなり。

(三四三。『全集』第三巻、二二一～二二三頁)

受・想・行・識を用いないということは、感情・認知・意志・知性等、一切の心的活動を用いないということでもある。

あるいはまた、次の上堂がある。

上堂。七仏の蒲団、今、穿《うげ》なんと欲《す》、先師の禅板、已に相伝す。眼睛鼻孔、端直《たんじき》なるべし。頂《いただき》は青天に対し、耳は肩に対す。正当《まさに》恁麼《そ》の時、また、作麼生《いかん》。良久して云く、管《こだ》わるこ

となかれ、他《か》の心猿と意馬と。功夫はなお火中の蓮《はちす》のごとし。（三四八。同前、二二五頁）

「管わることなかれ、他の心猿と意馬と」ということは、「心意識の運転を停めよ」ないし「心意識にあらず」等の別様の表現であろう。

この他、

上堂。衲僧の学道は要《かなら》ず参禅すべし。脱落身心、法見《げん》に伝う。一切の是非、都《すべ》て管せざれ。小小に同ぜず、普通の年。（三七五。同前、二四一頁）

の中の、「一切の是非、都て管せざれ」は、同じ文脈に属する句であるし、また、

上堂。参禅して仏を求むるに仏を図《はか》ることなかれ。仏を図って参禅せば、仏、転《うた》た疏なり。塼《かわら》解け、鏡消えて何の面目ぞ。纔《わず》かに知りぬ、ここに到りて功夫を用いることを。（三三八。同前、二一九頁）

とある中、仏を図らないところにあってさらに功夫するということは、いわば思量箇不思量底であろう。

こうして、確かに最晩年の上堂にも、兀兀地・思量箇不思量底・非思量の坐禅をどこまでも尊重していることが知られた。『正法眼蔵』「坐禅儀」や「坐禅箴」の坐禅観は、その当初より最晩年まで、一貫して維持されていたのである。

まとめ

以上、永平寺における上堂に見られる坐禅観の分析をいささか試みたが、少なくとも只管打坐の家風は何らゆらぐことはなかった。それればかりか、ますます勧励・督励されるのであった。その禅の内実が、兀兀地・思量箇不思量底・非思量であることもまったく変わることなく、一貫して強調されている。そこにこそ、凡夫・外道・二乗はもちろん、大乗さえも超える禅があった。それはまた、身心脱落・脱落身心の禅ということである。このことについては、さらに精査が必要ではあるが、道元は帰国当初、坐禅して身心脱落せよと言っていたのが、晩年は参禅（坐禅）は身心脱落なり、で定着している。この言い方は、修証一等の禅の一つの表現なのであろう。ただしその中でも、いわゆる悟り体験がいつの時かありうることも否定するものではなかった。

道元の最晩年の坐禅観を、ひとまず以上のようにまとめておく。

第九章　道元の見性批判をめぐって

はじめに——道元の見性批判

禅宗で悟りというと、しばしば見性《けんしょう》ということが言われる。本来は、公案体系のごく初歩の初関を突破したところに用いる言葉であろうが、ほぼ禅の悟りのことと思われている。この見性の語を、実は道元は徹底して批判し排除しようとしていた。たとえば、次のようである。『正法眼蔵』（新草）「四禅比丘《しぜんびく》」からである。

大宋嘉泰《だいそうかたい》中に、僧正受《しょうじゅ》有り。普燈録《ふとうろく》三十巻を撰進《せんしん》す。云く、臣、孤山智円《こざんちえん》の言を聞くに曰く、吾が道《どう》は鼎《かなえ》の如し、三教《さんぎょう》は足の如し。足、一も虧《か》くれば鼎覆《かなえくつが》える、と。臣、嘗《かつ》て其の人を慕い、其の説を稽《かんが》う。乃ち知りぬ、儒《じゅ》の教《きょう》たる、其の要は誠意に在り。道《どう》の教《きょう》たる、其の要は虚心に在り。釈の教《きょう》たる、其の要は見性《けんしょう》に在り。誠意と虚心と見性と、名を異にして体同じ。厥《そ》の帰する攸《ところ》を究《きわ》むるに、適而《まさ》に此の道《どう》と会《え》せざるは無し。云云《うんぬん》。
かくのごとく、僻計生見《へきけいしょうけん》の輩《ともがら》のみ多し、ただ智円《ちえん》・正受《しょうじゅ》のみにはあらず。この輩《ともがら》は、四禅を得て四果とおもはむよりも、その誤《あやま》りふかし。謗仏・謗法・謗僧なるべし。すでに撥《はつ》無解脱《むげだつ》なり、撥無三世《はつむさんぜ》なり、撥無因果《はつむいんが》なり、莽莽蕩蕩《もうもうとうとう》招殃禍《しょうおうか》、疑《うたが》ひなし。三宝《さんぼう》・四諦《したい》・四沙門《しゃもん》なし、とおもふし輩《ともがら》にひとし。仏法、いまだその要《よう》、見性《けんしょう》にあらず。西天二十八祖・七仏、いづれの処《ところ》にか仏法の、ただ見性のみなりとある。六祖壇経《ろくそだんきょう》に、見性の言《ごん》あり、かの書、これ偽書《ぎしょ》なり。附法蔵《ふほうぞう》の書にあらず、曹渓《そうけい》の言句《ごんく》にあらず、仏祖の児孫、またく依《え》用《よう》せざる書なり。正受・智円、いまだ仏法の一隅をしらざるによりて、一鼎三足《いっていさんそく》の邪計《じゃけ》をなす。

（『全集』第二巻、四二六頁）

この道元の説を吟味すると、「仏法、いまだその要、見性にあらず。西天二十八祖・七仏、いづれの処にか仏法の、ただ見性のみなりとある」とあるところからすれば、見性も仏法の一部だが主要なことではない、というようにも読める。しかし続いて、「六祖壇経に、見性の言あり、かの書、これ偽書なり」等とあることからすれば、やはり見性ということそのものを否定していると考えられよう。「山水経」には、「転境転心《てんきょうてんしん》は大聖《だいしょう》の所呵《しょか》なり、説心説性《せっしんせっしょう》は仏祖の所不肯《しょふこう》（肯《うけが》わざる所）なり。見心見性《けんしんけんしょう》は外道《げどう》の活計なり、滞言滞句《たいごんたいく》は解脱の道著にあらず」（『全集』第一巻、三一八頁）とあり、少なくとも見心見性は否定されている。

道元はしばしば、身と心、現象と本性を分けて、本性に帰入することを悟りとするのは間違いだと説いてきた。前（第二章「道元の生死観」）にもふれたように、『弁道話』や『正法眼蔵』「即心即仏」に、その説を見ることができる。また『正法眼蔵』「説心説性」には、「心《しん》は疎動《そどう》し、性《しょう》は恬静《てんじょう》なり、と道取するは、外道の見なり。性《しょう》は澄湛《ちょうたん》にして、相《そう》は遷移《せんい》する、と道取するは、外道の見なり。仏道の学心《しん》・学性《しょう》、しかあらず、仏道の行心《ぎょうしん》・行性《ぎょうしょう》は、外道にひとしからず、仏道の明心《みょうしん》・明性《みょうしょう》は、外道その分あるべからず」（同前、四五四頁）とある。

こうした立場からも、見性は否定せざるを得なかったのであろう。この見性の語に対する厳しい批判は、道元禅の一つの柱になっている。

一　鈴木大拙の見性論

しかしあれだけ自由自在に語句の解釈を展開しえた道元は、見性の語の意味もより高い立場からの解釈をほどこすことは不可能ではなかったはずである。たとえば「説心説性」は、道元によれば、けっして「心を説き、性を説く」なのではなく、すべては「心の説なる時節なり、性の説なる時節なり」と解するべきだという。「見性」の語に対しても、そうした理解はありえたはずである。

このことに関して、鈴木大拙は独自の見性論を展開し、道元の見性批判にもその立場から論じている。以下、その様子を覗いてみよう。
大拙によれば、禅宗でしばしばいわれる見性ということも、ただ仏性などの自己の本性を見るということではないという。大拙は『文化と宗教』という随筆集の中に、「聞名と見性」を収録しているが、そこでは見性ということに関して、次のように述べている。

禅宗では見性と云う。特に臨済宗ではこれを主張する。実際を云うと、曹洞宗でも禅である限り、見性を云わなくてはならぬのだ。両者とも慧能大師を六祖として、その宗旨を継承すると云う点においては一味同体なのである。而して慧能の根本的主張は見性であった。これは否定出来ぬ歴史的事実である。道元禅師は見性と云うことが、『六祖壇経』にあるから、『壇経』は偽書だと云うように伝えられているが、それは何かの誤りである。道元の宗旨は決して見性を捨てたものでなく、また道元にして見性云々で『壇経』を批判し去らんとするものとせば、それは頗る軽佻な態度だと云わねばならぬ。道元の子孫はこんな眼でその祖先を見てはならぬ。道元に見性を排する態度があったとすれば、それは見性体験の技術に関する一種の警告にすぎぬのである。道元にして六祖慧能の子孫である以上は、見性を斥けるわけに行かぬ。慧能が、達磨以来の禅風の動《やや》もすれば看静・看心に傾かんとするのを憂えて、決然起ったのは、ひとつは見性の本旨を明にせんためであった。これは疑を容るべき余地はない。(『鈴木大拙全集』[旧版](以下、『大拙全集』)第十九巻、二一五~二一六頁。引用にあたっては読みやすいよう、一部表記を改めた。）

このように、大拙は見性の意味を深く認め、これを否定するのは六祖慧能の法孫ではありえないとしている。もし、道元が見性を否定するならば、それは「見性体験の技術に関する一種の警告にすぎ」ないのであり、道元の子孫は軽々にその見性否定にしたがうべきではないという。

この大拙の主張には、実は大拙独自の（しかし本来の禅に契った）見性論が介在している。見性というと、当然、「性」を「見」ることだと考えられる。しかし見性という言葉の意味するところは、「性」を「見」ることではありえない、実に「見」即「性」なのだというのである。今、「聞名と見性」中の前の引用の続きを掲げてみよう。

ところが、ここに甚だ警戒すべき一条がある。それは見性ということを二字にわけて、「見」ということがあり、「性」というものがあると信ずることである。禅を領解する上においてこれほどの誤りはない。この一点で最も明快な見解を持たぬと、禅は台なしになってしまう。取り返しのつかぬことになる。禅では、「見」即ち「性」、「性」即ち「見」、「見」の外に「性」なく、「性」の外に「見」なく、「見」と「性」とは絶対に同一であると経験するのである。「性」なるものがあり、それを「見」るものがあると云うは、人間日常の分別意識界の考え方を、禅経験の上に遷すもので、そんな険難な見方はない。禅ではそんな分別論理の根柢をひっくり返さんとするのがその本旨なのである。「性」が即ち「見」るもので、「見」るということが即ち「性」なのである。（同前、二一六頁）

このように大拙は、見性を性を見ることではありえず、「見」るということが「性」で、「性」が即ち「見」るものなのであり、「見」即「性」、「性」即「見」であり、「見」の外に「性」はなく、「性」の外に「見」はなく、「見」と「性」とは絶対に同一であると説いている。それは禅経験の論理なのであり、およそ禅経験のある者には、このことは即座に領解されるべきことなのであろう。大拙にしてみれば、道元にしたってそこは解っていたはずであって、あえて見性を否定するのはある意図の下であったはずだ、と考えざるをえなかったのである。大拙は続いてさらにこのことを説明して、次のようにも言っている。

一寸考えるとおかしいようにも見える。「見」るは働きであるから、それは何かの働きでなくてはならぬと云われよう。しかしてその「何か」が「性」でなくてはならぬ。ところが、「性」が「性」を「見」るということは不可能である。元来不可分の「性」ではないか、それが分裂するとは考えられぬなどと、分別に執するものは云うのである。これは「性」を静的に空間的に考えるので、いわゆる、「考え」の立場を離れられぬ人の云うところ。事実の上では「性」は動的で行為的である。「性」には別に静的な体相というものはない。「見」ると云うことが、その用で、この用そのものがその体であり、その相なのである。これは分別論理で決着のつかぬ問題だ。事実の上、経験の上、「見性」その事の上で、ちゃんと極まっているのだ。分別意識の上でとやかく詮議立てのできぬ絶対性を持った事実だから、分別意識はまず自己を捨てて、この事実の上にその腰をおちつけて、それから何とでも云うなら云うべきであろう。この事実を外から眺めて、そんな経験があるとか、ないとか云うのは、自己を知らぬことの限りである。

禅の窮極は、それ故、「見即性・性即見」というところに落着くものである。

ただ禅は「見」であるから、その宗風に自ら能動的な、知的なところがある。

（同前、二一六〜二一七頁）

以上、大拙の見性論は、大拙の生涯を通して一貫していたと思われる。大拙は『禅思想史研究第一 ――盤珪禅――』においても、これと同じことをしばしば語っている。

慧能が唱え出した定慧不二にしても、見性にしても共に上述の宗意を目指しているのである。印度では昔から禅定を重んじてその実行を是れ事として来たので、悟りは何《どう》かするとその寂黙閑静の面で解せられて来た。如は如知のところに見られないで、如そのもの、即ち自性清浄的・如如不動的存在観の上に悟られんとして来た。しかし禅で云うさとりは如知であり、無心の心であり、無知の知、不見の見、不動の動であるから、慧能の云う見性の性も見の外にある性でない、性即ち見、見即ち性である。達磨の一心は、ここでは字の上で見性の二字に分れた。しかも見即是性、性即是見で——これに心が動き出したと云って可い。それでこれから悟りは、一方では、見性の線に沿うて説明せられ、また一方では心の字面を廻って心理学的方向に解釈せられることになった。見性の方面では知が強められ、心の方面では念と云う字が出て来た。しかして頓悟を云う点においては何れも軌を同じうする。

（『大拙全集』第一巻、一一二～一一三頁）

慧能一派の主題は定慧不二である。守一・看静などの坐禅では定と慧とが分れる、分れては禅経験は不可能になる、或は純粋の筋道から外《そ》れる。それで慧能等はいつも眼を定慧不二のところに置いて、この危険を防止せんとするのである。しかしこれは容易ならぬ体験で、また思想の上からも中々に解しにくいのである。神会はその頃の諸禅者のためにこの点を説明して曰わく（神会録、第十九節、原漢文、意訳）、

「あなたがたは、まず定を修し、定を得て、それから慧を発することに考えておられるが、自分の所見はそうでない。自分がこうして対手《あいて》の人と物語りをしている、その時が即ち定慧不二の端的で、ここに定もあり、慧もある。この間には一語をも挟むわけに行かぬ。」

（同前、一三六～一三七頁）

ここの慧は見、定は性と見れば、やはり見・性不二を言っているであろう。このあと大拙は、「坐禅の技術は本質的に深く坐禅の内容そのものと結びついているので、離して話さないと、悟りの体験のない人々には、とうていわからないが、さて離してしまうと、前記の如く定慧不二がどこかへ行く、このヂレンマは修禅の全過程を通して見られる。また禅歴史の全面に渉りて、禅匠苦心のあとは、この点に集中せられると云ってよい」（同前、一三七頁）と言っている。道元が只管打坐によって身心脱落を得よといい、只管打坐がそのまま身心脱落だと言ったことは、今のことと関係していよう。以下、見性に関してさらに大拙が説くところを、いくつかここに、資料として挙げておくこととする。

元来、「自性は常に清浄である」から、清浄を求めんとするときかえって清浄から離れ去る。求めんとする道程そのものが自性なのだから、これからそれへと進み行くことはない。これがそれで、それがこれだから、この二つをわけて、その間に移行の道程を作るは、雲なき大空に雲を出して天日を遮ぎるものである。それは見性でない。見性は直ちに見性で、性を見んとするとき、即ちそこに何かの技術か手段か媒介かを入れると、性は見えなくなる。見得たるものがあるとすれば、それは能所の上、知性的論理面の話で、見性の事実でない。ここに修禅の本質的矛盾がある。神秀と慧能、北宗と南宗との分裂は、この矛盾そのものを表象していると云ってよい。悟りは元来悟りで、悟ることではないのである。それでも悟ると云わなければならぬように人間が出来ているので葛藤がある。（同前、一三八頁）

定と慧とを別別にして、その間に等とか同とかを云ってはならぬ。定が慧で、慧が定である。体が用で用が体である。働くものと働きとを分けてはならぬ。見ると性とをわけてはならぬ。見即性で、性即見というのが、悟りの当体である。慧能はこんな風にして見性経験を禅と考えた。性という個があって、それが寂然不動の体で、その個なる体が、誰かによりて見られると考えるとき、悟りはなくなる、禅経験はそこにないのである。寂然不動の体がそのままで見の用である。見るもの、働くものが、そのまま在るもので、また在ることが見ること働くことなのである。禅はこれを体得するとき成立する。慧能はこの点につきていかにも明快であった。ここに性というは仏性のこと。慧能は『涅槃経』を読んでいるので、仏性と云った。仏性は達磨の心である。それ故、慧能以後、見性成仏が禅だということになったが、見性は見心で、禅経験は見心経験であると云ってよい。（同前、三一三頁）

見性経験では知は用で、用は知であるが、知即用、用即知のところに、また知の寂、用の寂と云うべきものが見られる。仏教者は一般にこの寂を体と云って居る。動用の中にあって霊明常寂なるものである。こう云うと、言葉遣いが古くて、現代の知識人には受け入れられぬかも知れぬ。しかし事実経験としての見性――又は盤珪的に云えば、不生のままで居るときには――了了として常に自知なるものがある。自知というと知の外に自があるように考えられるが、ここでも知即自、自即知で、そんなにわけられるべき個の対立はもとよりない。「根源的主体」とか「絶対無」とか云われるが、とに角、この不可得底をここでは寂と云っておく。知の寂、用の寂なるところを、禅者は従来どんな風に表現したか。これが禅の思想の第三面（ファセット）である。知と用と寂――禅はこんな三面体だということに今しばらく見ておく。（同前、三二三頁）

以上、いずれも見性において、見即性・性即見の事実があることを述べているであろう。大拙にしてみれば、見性とはぜがひでもこの事でなければならなかった。それは実は、道元の見性批判の拠って立つ立場と、実に同じことなのではなかろうか。ただ大拙は、見性の言葉を受け入れつつそのことを語り、道元は見性の言葉を否定しつつそのことを語ったのではないか。もしそうだとすれば、確かに道元の見性否定に、その法孫は軽々にしたがうべきではないであろう。この辺について、大拙はまた次のように語っている。

道元が修証不二を唱導するは、慧能の定慧不二に似たところもあるが、時代の背景が違うので、洞見の表現がちがうとも云える。慧能の時代には証を「定慧等」のところに見て、別に修すべき定を云わなかった。道元の頃には看話禅と黙照禅との葛藤が旺んに称えられ、修が証から離れんとしたので、彼はすべてを証の上に還して見た。只管打坐もこの見地から出ている。彼は看話の弊が主として待悟の上に在ることを認めたので、攻撃の力点をここにおいた。ところが、それがまた嵩《こう》じて悟りそのものがないように考えられて来た。何でも物事は一方をあげると、他の一方がさがって来るので、ちょうど好い工合に行かぬ。否定と肯定とが相互に継起して事件が動く。但々頂門の一隻眼があるので、人惑を蒙らずにすむのである。世間には往往道元を以て、いつも自受用三昧の中に坐臥して、その外に出でぬものとするが、それは僻見である。道元は修証不二を云うが、坐禅弁道してその証をとるべきことを排斥せぬ。「仏法には修証これ一等なり。いまも証上の修なるゆゑに、初心の弁道即ち本証の全体なり。かるがゆゑに、修行の用心をさづくるにも、修の外に証をまつおもひなかれとをしふ。直指の本証なるがゆゑなるべし。すでに修の証なれば、証にきはなく、証の修なれば、修にはじめなし。」修証不二は、修も証も立てての上のはなしである。悟りだけあるのでない、悟ることがあるのである。悟りが悟るで、悟るが悟りなるとき、「妙修を放下すれば、本証手の中にみてり、本証を出身すれば、妙修通身におこなはる」と云うのである。盤珪の言葉ではここを「不生」と云う。道元また云う、「此法（自受用三昧の法）は、人人の分上にゆたかにそなはれりといへども、いまだ修せざるにはあらはれず、証せざるには得ることなし」と。「不生」も人人の上に具わっているが、悟らぬうちは不生でない。

（同前、一八四〜一八五頁）

ここは必ずしも見性をめぐる議論ではないが、道元の説にも、「悟り即悟る」の、すなわち見即性・性即見が含まれていることを示しているであろう。つまり道元の修証一等には、〝慧能のいう見性〟がまさに内在しているのである。しかもそのことをふまえて、道元はなお、悟るということも否定してはいないのであった。

二　西田幾多郎の見性論

大拙の以上の見性論に対し、西田幾多郎の見性論は、もう一つ深みを増しているように思われる。西田のその見性への見方を見る前に、迂遠のようではあるが、もう一度、大拙の禅の見方にまつわる一つのエピソードを少々紹介しておこう。下村寅太郎は、鈴木大拙の興味深い言葉を伝えている。

ずっと晩年のことであるが、ある時、大拙先生に、西田哲学の「純粋経験」には主客未だ未分と主客既に未分との区別があり、しかもそれが同一である、と解したいと申し述べたことがある。その時大拙先生は「いや既に未分ではいけないのだ、分かれたままでよいのだ」

といわれた。それは私にとっては啓示であった。それこそ大拙先生の体験と思想であったのではないかと思える。……

（下村寅太郎「鈴木大拙・西田幾多郎・山本良吉」、『西田哲学と日本の思想』、下村寅太郎著作集十二、みすず書房、一九九〇年、四八七〜四八八頁）

この言葉には、禅の悟りの一般的な印象をくつがえすものがある。よく禅の悟りとは、何か平等一味の本性を見るのが悟りであるかのように思われているが、大拙は、真実は主客未分にもなく、主客分かれたところにあると示すのである。もちろん、それは、凡夫にとっての主客分裂した世界がそのまま悟りの世界であるというのではないであろう。むしろ悟りに徹底した立場にあれば、主客分裂した只中に真実を見ることが開けるというものと思われる。

そのことは、大拙の悟りと呼応している。大拙は明治二十九年臘月《ろうげつ》、円覚寺《えんがくじ》で見性を許されたのち、アメリカで、ふとしたときに、「ひじ、外に曲がらず」の句によって徹底したという。この句は、『碧巌録《へきがんろく》』第一則の本則の圜悟《えんご》禅師の著語《じゃくご》に「臂膊《ひはく》外に向かって曲がらず」（臂膊不向外曲）とあるのに由来するようである（秋月龍珉『人類の教師・鈴木大拙』、秋月龍珉著作集六、三一書房、一九七八年、一四三頁）。「ひじ、外に曲がらず」の句には、ひじはひじ、ひざはひざ、主は主、客は客の世界が現前していよう。さらには、内には曲がるも外には曲がらないという平明な事実が受容されていよう。この悟りから大拙は、のちには『金剛般若経《こんごうはんにゃきょう》』の所説に基づき「即《そく》非《ひ》の論理」を高唱するようになる。それは、矛盾（非）がそのまま同一（即）であるような世界のこととして語られ、すなわち「分かれたまま」でそのまま「分かれていない」のであり、逆に「分かれていない」ままに「分かれている」ということでもあろう。

その「即非」の関係にあるものとして、やがて個と超個とがあげられるようになり、「即非の論理」とはその両者が区別されつつそのまま一つであるような世界を言うものと示されていく。今、その一例をあげてみよう。大拙の『禅の思想』からである。

盤山の宝積の示衆にこんなのが伝えられてある。いかにもこの間の消息を漏らしている（以下意訳）

「諸々の禅人がたに申しますが、譬えて見ると、剣を空中に揮うようなものだ、とどくか、とどかぬかは問題でない。空に描かれる線には輪郭の迹がない。それから剣の刃も欠けはしないのである。こういう塩梅に〔生活を規制して行けると〕、心心無知である。〔これは無意識ということでない、分別はある、ただ無分別の分別であることを記憶しなければならぬ。〕それで全心即仏、全仏即人、――人と仏と無異である。道というものがこれで始めて成り立つ。〔個は個である、超個ではないが、超個は個で始めて用が可能になる。個は超個である、個だけでない、超個の個である。仏と人とは即非無異の論理である。〕」

（『大拙全集』第十三巻、一二二頁）

……

この大拙の立場からすれば、禅の真の悟りの世界は、けっして個が消えて平等一味の世界に没入するようなことではありえない。むしろ個はあくまでも個を失わないで、しかも超個に開けることが実現するのである。

その大拙と生涯、親密な交わりを果たした西田寸心（幾多郎）も、実はいつまでも処女作『善の研究』の「純粋経験」にとどまっていたわけではなかった。その心理学的に傾いていた説明を、論理的・哲学的に把握し直していく中で、ついに寸心は「個物の哲学」を展開していく。「場所の論理」とはそのまま、真実の個物すなわち真実の自己の論理にもほかならない。寸心は最晩年に、宗教哲学を論じる「場所的論理と宗教的世界観」を著し、個（自己）と絶対無の場所との「逆対応」の事態を究明していく。そこにおいては禅についても論究していくが、その核心を、大燈国師《だいとうこくし》の「億劫相分《おくごうあい》かれて須臾《しゅゆ》も離れず、尽日相対《じんじつあい》して刹那《せつな》も対せず、此の理、人々、之有り」の句に求めている（『西田幾多郎全集』〔旧版〕（以下、『西田全集』）第十一巻、四〇九頁他参照。引用にあたっては読みやすいよう、一部表記を改めた。）。それが西田の「逆対応」をよく表す言葉なのであるが、ここには、やはり個と超個とが既にであれ単に未分なのではなく、分かれたままで接している構造になっていよう。

さらに、寸心はまさに「見性」について、次のように論じている。

禅宗では、見性成仏と云うが、かかる語は誤解せられてはならない。見と云っても、外に対象的に何物かを見るというのではない、また内に内省的に自己自身を見るというのでもない。自己は自己自身を見ることはできない、眼は眼自身を見ることはできないと一般である。しからばと云って超越的に仏を見るというのではない。そういうものが見られるならば、それは妖怪であろう。見と云うのは、自己の転換を云うのである、入信と云うと同一である。いかなる宗教にも、自己の転換ということがなければならない、即ち廻心ということがなければならない。これがなければ、宗教ではない。この故に宗教は、哲学的には唯、場所的論理によってのみ把握せられるのである。右の如く我々の自己が矛盾的自己同一的に自己自身の根源に帰し、即ち絶対者に帰し、絶対現在の自己限定として、即今絶対現在的に、何処までも平常的、合理的ということは、一面に我々の自己が何処までも歴史的個として、終末論的ということでなければならない。……

(『西田全集』第十一巻、四二四〜四二五頁)

禅というのは、多くの人の考える如き神秘主義ではない。見性ということは、深く我々の自己の根柢に徹することである。我々の自己は絶対者の自己否定として成立するのである。絶対的一者の自己否定的に、即ち個物的多として、我々の自己が成立するのである。故に我々の自己は根柢的に自己矛盾的存在である。自己が自己自身を知る自覚というその事が、自己矛盾である。故に我々の自己は、何処までも自己の底に自己を越えたものに於て自己を有つ、自己否定に於て自己自身を肯定するのである。かかる矛盾的自己同一の根柢に徹することを、見性と云うのである。……

（同前、四四五～四四六頁）

これらの所論からすれば、禅において悟りを開き、それに徹底する時は、個と個を超えるものとが異なりつつも一つであるという自己自身の存在のあり方、実存のあり方が明瞭に自覚されることになるであろう。寸心は大拙の説くところと同じ地平を見ていると言わざるをえない。

このように、大拙や寸心によれば、禅の悟りにおいては、いわば「超個の個」が自覚されてくるのである。この立場からすれば、見性とは、まさに西田がいうように、「見性ということは、深く我々の自己の根柢に徹することである」と言わざるをえない。その「自己の根柢」とは、「我々の自己は、何処までも自己の底に自己を越えたものに於て自己を有つ」あり方であり、要は「超個の個」（すなわち脱落即現成）のことである。結局、「かかる矛盾的自己同一の根柢に徹することを、見性と云うのである」ということに帰着するであろう。それは実は、「見即性・性即見」とも、見は個、性は超個と見れば、さらに即を即非と見れば、同じことなのである。

三　道元の自己の理路

道元は、こと「見性」の語のみについては、あえて拈弄《ねんろう》を示さず、通俗的な理解をそのままにして、それに対して激烈な批判を展開したのであった。しかし道元の説くところには、上に見てきた、西田・大拙に共通の「超個の個」の思想は十分、論じられている。今、その例を挙げれば、たとえば『正法眼蔵』「現成公案《げんじょうこうあん》」には、次のようなことが説かれている。

この巻の圧巻は、「仏道をならふといふは、自己をならふなり。自己をならふといふは、自己をわするるなり。自己をわするるといふは、万法に証せらるるなり。万法に証せらるるといふは、自己の身心および他己の身心をして脱落せしむるなり。……」(『全集』第一巻、三頁)という箇所であろう。ここには、自己が自己を忘れ、自他を脱落することにおいて、真実の自己になることが指摘されている。では、その悟りの時、どのような事態になるのであろうか。その、一つの説明が、以下の所説である。

人の、さとりをうる、水に月のやどるがごとし。月ぬれず、水やぶれず。ひろくおほきなるひかりにてあれど、尺寸《しゃくすん》の水にやどり、全月も弥天《みてん》も、くさの露にもやどり、一滴の水にもやどる。さとりの、人をやぶらざること、月の、水をうがたざるがごとし。人の、さとりを導礙《がいげ》せざること、滴露の、天月を導礙せざるがごとし。ふかきことは、たかき分量なるべし。時節の長短は、大水・小水を撿点し、天月の広狭を弁取すべし。(同前、四頁)

初めの書き出しを読む時、つい、悟りは水に月の影が映るように、直観的・直覚的なものなのだということを言おうとしているのかと思いやすい。実際、そのように解している解説書もある。しかし、よく読んでみると、ここで水と月の喩えによって語ろうとしていることは、まったくそのようなことではない。ここで水は、「尺寸の」とか、「一滴の」とか言われ、あるいは「くさの露」などとも言われているように、むしろ小さなものの喩えである。一方、月は、「ひろくおほきなるひかり」として言われ、あるいは「弥天」とも言い換えられている。その二つが、「人」と「さとり」の喩えに用いられているのである。それはいわば、個と超個とに対応していよう。そして、この両者の関係については、さとりは人をやぶらず、うがたず、人はさとりを導礙しないという。つまり人がさとりを得たとき、さとりは人に宿るのであるが、しかも互に侵しあうことはまったくなく、人とさとりとはともに保全されたままであるというのである。このことは、悟りにおいて、個と超個とが、区別されながらも一つであり、一つでありながらも区別されるような事態が現成することを物語っていよう。

このことを、あざやかに示すのが、魚と水・鳥と空の喩えによる次の説示である。

魚《うお》、水を行くに、ゆけども水のきはなく、鳥、そらをとぶに、とぶといへどもそらのきはなし。しかあれども、うを・鳥、いまだむかしよりみづ・そらをはなれず。ただ用大のときは使大なり、要小のときは使小なり。かくのごとくして、頭頭《ずず》に辺際をつくさずといふことなく、処々《しょしょ》に踏翻《とうほん》せずといふことなしといへども、鳥、もしそらをいづれば、たちまちに死す、魚、もし水をいづれば、たちまちに死す。以水為命《いすいいみょう》しりぬべし、以空為命《いくういみょう》しりぬべし。以鳥為命《いちょういみょう》あり、以魚為命《いぎょいみょう》あり。以命為鳥《いみょういちょう》なるべし、以命為魚《いみょういぎょ》なるべし。このほかさらに進歩あるべし。修証あり、その寿者命者《じゅしゃみょうしゃ》あること、かくのごとし。

(同前、五頁)

ここに、魚・鳥は、それだけで命を保っているのではないことが、明瞭に説明されている。魚・鳥は、水・空を離れては生きていられないし、泳いだり飛んだりすることもできない。魚・鳥の命の根源は、水・空と一つであるところにあるのである。おそらくこの喩えにおいて、初めに水・空があって、あとから魚・鳥がそこに入るということではないであろう。逆に、魚・鳥だけがまず存在していて、それが水・空に入っていくというのでもないであろう。魚・鳥と水・空とが異なるものであるにもかかわらず、しかも離れえず、不二一体であるのが命の根源であって、その不二の事態が実現しているところにむしろ魚・鳥も成立するのである。このことが、「以命為鳥なるべし、以命為魚なるべし」に示されていると考えられる。この「命」とは、その不二の根源のことにほかならない。

そこをふまえれば、「以鳥為命あり、以魚為命あり」も何の問題もなく成立してくる。つまり、命は個を離れてはありえないということである。唐突ながら、ここで道元が宏智正覚《わんししょうがく》の『坐禅箴《ざぜんしん》』にある「水清《きよ》うして底に徹《とお》り、魚《うお》の行いて遅々《ちち》たり。空闊《くうひろ》うして涯《かぎ》りなく、鳥飛んで杳々《ようよう》たり」(同前、一一三頁)の句を、「水清うして地に徹す、魚行《うおゆ》いて魚《うお》に似たり。空闊《くうひろ》うして天に透《とお》る、鳥飛んで鳥の如し」（同前、一一七頁）と直したことが想起される。その窮極では、「魚行いて魚に似たり、鳥飛んで鳥の如し」（同前）以外ではないであろう。

今の魚・鳥と水・空の喩えも、まさしく個と超個の論理構造の喩えとなっている。いうまでもなく、魚・鳥が個で、水・空が超個であるが、しかも超個が無をも思わせる喩えとなっているところが秀逸である。寸心においては、絶対者は自己否定して個多を成立させるのであった。個は、その自己を越えたものにおいて初めて個であるが、その自己を越えたものは、絶対に自己否定するがゆえに、絶対無（脱落）として語られる。透明で無にも似た水・空は、まさにその絶対無を象徴していよう。この魚・鳥と水・空の喩説において、個は個だけで成立せず、超個も超個のみで存在せず、しかも個と超個とが一つであって、けっして個は消失しないことが十全に表されている。したがって、修行の意味も、自己を離れた絶対者のような存在を究めることであったり、現象を離れた本性を究めることであったりしてはならない。そのことを道元は、次のように諭す。

しかあるを、水をきわめ、そらをきわめてのち、水・そらをゆかんと擬《ぎ》する鳥魚あらんは、水にもそらにも、みちをうべからず、ところをうべからず。このところをうれば、この行李《あんり》したがひて現成《げんじょうこうあん》公案す。このみちをうれば、この行李したがひて現成公案なり。このみち、このところ、大にあらず小にあらず、自にあらず他にあらず、さきよりあるにあらず、いま現ずるにあらざるがゆえに、かくのごとくあるなり。（同前、五〜六頁）

この「みち」、この「ところ」とは、魚・鳥と水・空が不二のところであろう。そこに徹するとき、自己の真に自己となった命がまさに「現成公案」するのだという。この巻の題名が、実にここにおいて用いられている。そこは、対象的に把握されるものではない。対象的に個と超個を結びつけて了解すべきものではなく、自己をならい、自己を忘れるに至って、初めて自覚されることである。

なお、前にも引用した、麻浴山宝徹《まよくさんほうてつ》禅師の扇にかかる禅問答、風性はそれだけでどこかにあるのではなく、扇を使う所にこそあるとのお示しは、やはり「超個の個」の子細を明かすものともなっていよう。

『正法眼蔵』「仏性《ぶっしょう》」の巻は、『涅槃経《ねはんぎょう》』の「一切衆生、悉有仏性、如来常住、無有変易」(大正一二巻、五二二頁下、七六七頁上~中)の句をめぐって始まる(同前、一四頁)。この句の前半部分を採り上げて、道元は独特の読みを披瀝していく。たとえば、「悉有は仏性なり」(同前)と読む。この悉有については、有無の有でないことはもちろん、始有・本有・妙有・縁有・妄有等々、あらゆる有ではないことが強調される。それはむしろ、対象的に言葉で言うことはできないとの意旨でもあろう。そして結論のように、「悉有それ透体脱落なり」と論定される(同前、一五頁)のである。

とすれば、「透体脱落」が仏性であると言っているわけで、一切衆生、つまりいずれの個もその有り方の根本は脱落にあるということである。そのことは個と超個とが矛盾的に一つであるということである。「悉有は仏性なり」の句は、実にこのことを意味していると読むことができる。もちろんこのことは、対象的に個と超個とが結びつくということではない。「透体脱落」の只中で、しかもこの事態が現成しているのである。

そのことは、この巻の後の論述の中にいくつも確かめることができる。その一つとして、四祖道信《どうしん》と五祖弘忍《こうにん》の問答についての、道元の説明を見てみることにしよう。初めに、その問答の、この主題の検討に必要な部分を掲げておく。


祖、見て問うて曰く、「汝、何《いか》なる姓ぞ」。

師、答えて曰く、「姓は即ち有り、是れ常の姓にあらず」。

祖曰く、「是れ何《いか》なる姓ぞ」。

師答えて曰く、「是れ仏性」。

祖曰く、「汝に仏性無し」。

師答えて曰く、「仏性空なるが故に、所以《ゆえ》に無と言う」。

祖、其《そ》の法器なるを識《し》って、侍者をして其の家に至らしめ、父母の所に於て出家せしめんことを乞う。父母、宿縁の故を以て、殊に難《はば》む色無く捨てて、弟子と為す。後に正法眼蔵を付す。黄梅の東山に居して、大いに玄風を振う。(同前、二〇頁)

道元はこの問答に対し、まず四祖の言った「汝何姓《によがしょう》」とは、あなたはどんな姓かと聞いたのではなく、あなたは何という姓だと肯定文として言ったものだという。また、「是何姓《ぜがしょう》」もまた、「何《が》は是《ぜ》なり、是《ぜ》を何《が》しきたれり。これ姓《しょう》なり」と言って、何とは、いわば如是の是を指している言葉なのであり、それを姓としていると言ったのだという（以上、同前、二〇頁）。ここで道元は、是も何も同じで、対象的に限定できないものを指しているると解しているのである。それは、透体脱落のことと言ってもよいし、仏性のことと言ってもよいであろう。つまり「是何姓」において、あなたは仏の家柄の者だと、肯定的に言っているのだというのである。このことは、さらに超個に裏づけられての個であると言っているのと変わらない。道元はここで、「姓は是也何也《ぜやがや》なり、これを蒿湯《こうとう》にも点ず、茶湯《さとう》にも点ず、家常の茶飯《さはん》ともするなり」（同前）と言う。これは、超個の個として、現実世界にはたらくところに禅の世界があることを示している。

そして、「師答えて曰く、是れ仏性」の箇所に対し、次のように説いていく。

五祖いはく、「是仏性《ぜぶっしょう》」。いはくの宗旨は、是《ぜ》は仏性なりとなり。何《が》のゆえに仏《ぶつ》なるなり。是《ぜ》は何姓のみに究取しきたらんや、是《ぜ》すでに不是のとき仏性なり。しかあればすなはち、是《ぜ》は何《が》なり、仏《ぶつ》なりといへども、脱落しきたり、透脱《とうだつ》しきたるに、かならず姓《しょう》なり。その姓すなはち周なり。しかあれ

ども、父にうけず、祖にうけず、母氏《もし》に相似ならず、傍観に斉肩《せいけん》ならんや。（同前、二一頁）

ここの大意をいえば、対象的に限定できない（不是）、それそのもの（是）において脱落（仏性・超個）を証したとき、必ず現実世界に個として（周姓）生きるのであるということである。そのことを自覚・実現した者は、ただの凡夫とは異なっている、ということとなろう。ここにも、明らかに「超個の個」としての自己のあり方が示されていよう。

まとめ

このように、道元の人間観・世界観にあっては、脱落即現成の理路を踏まえて、特に宗教的実存に関して、「超個の個」という内実をしばしば語っているのである。西田の言うように、「故に我々の自己は、何処までも自己の底に自己を越えたものに於て自己を有つ、自己否定に於て自己自身を肯定するのである。かかる矛盾的自己同一の根柢に徹することを、見性と云うのである」ということであれば、見性の語はともかく、その悟りの内実は道元においてもまさに同じ事情にあった。

にもかかわらず、道元がこと「見性」の語については、通俗的な見方を超える解釈を示す（拈弄する）ことなく、ただ非難に終始したことには、言語の存在や機能に通達していた道元らしからぬところがあるように思われる。たとえば、「山水経」においては、「転境転心《てんきょうてんしん》は大聖《だいしょう》の所呵《しょか》なり、説心説性《せっしんせっしょう》は仏祖の所不肯《しょふこう》なり。見心見性《けんしんけんしょう》は外道《げどう》の活計なり、滞言滞句《たいごんたいく》は解脱の道著にあらず」（同前、三一八頁）とあったが、しかしその中の「説心説性」については、その高度な解釈を『正法眼蔵』「説心説性」において展開している。たとえば、「おほよそ仏仏祖祖のあらゆる功徳は、ことごとく説心説性なり。……しかしながら心《しん》の説なる時節なり、性《しょう》の説なる時節なり」（同前、四五〇頁）とあり、さらにその趣旨を詳説している。それならば、「見心見性」についても、その高度な解釈を示すことは、道元にとってはそれほどむずかしいことではなかったであろう。実際、『正法眼蔵』に「見仏」の巻は設けられており、「釈迦牟尼仏、大衆に告げて言く、若し諸相は非相と見れば、即ち如来を見る」の句を掲げて、これに「いまの見諸相《けんしょそう》と見非相《けんひそう》と、透脱せる体達なり、ゆえに見如来《けんにょらい》なり」（『全集』第二巻、九八頁）等と説いている。「見性」も、「透脱せる体達」というような仕方で、何らか肯定的に論じることもできたに違いない。しかし道元は、この「見性」だけは、そうしなかった。おそらくその背景には、当時、宋においてみてきた禅界の様子や、禅宗の他派の動向等に対する何らかの思いがあったのであろうと推察されるのである。

第十章　鈴木大拙の道元観

はじめに

鈴木大拙は、道元についてあまり言及しなかったと思われている。時にそのことが大拙の禅学の欠点として指摘されることもある。臨済《りんざい》系に傾きすぎていて、道元を正当に評価しなかったというのである。

このことについて、私は先師・秋月龍珉《あきづきりゅうみん》老漢から、次のように聞いたことがある。「大拙は道元のテキストの校訂等が未だしっかりしていないことを危惧していた。それらの資料に基づいて道元を論じることを、ためらったのである。それで大拙は道元をあまり扱わなかったのだ。」確かに大拙自身、道元の文献の問題に関して、次のように言っている。

道元禅は思惟的要素に富むところから、『正法眼蔵』九十五巻と云う厖大なものが出来た。

その中で真仮と添補を歴史的・科学的に十分詮索しなければならぬが、とに角、彼の児孫をして往往に岐路に泣かしむるものあることは事実である。　　　（『大拙全集』第一巻、六六頁）

『眼蔵』の決定版が今でもまだ出来ず、またその書誌学的・歴史的研究の方面も伝統の外一歩も出ていないところなどを見ると、道元禅は『眼蔵』を離れて親参実究せられたものでなかろうか。　　　（同前、一八八頁）

これは、大拙の『禅思想史研究　第一――盤珪禅――』における文であり、その初刷は昭和十八年である。大拙が亡くなったのは昭和四十一年（一九六六）であるが、やはりまだその頃でも『正法眼蔵』等の研究成果は豊富ではなかったであろう。『正法眼蔵』の信頼できるテキストが刊行され始めたのは、寺田透・水野弥穂子の『道元』上・下（日本思想大系。岩波書店、一九七〇年・一九七二年）、大久保道舟の『古本校定　正法眼蔵　全』（筑摩書房、一九七一年）刊行の頃以来であろうか。しかし、水野弥穂子は、「思想大系本の成立当時は、まだ古写本の発見も数少なく、影印本を見ることもできない時であった」と述べている。その後、水野弥穂子『正法眼蔵』一～四（岩波文庫、一九九〇～一九九三年）、鏡島元隆他監修、河村孝道校註『道元禅師全集』第一巻・第二巻（春秋社、一九九一年・一九九三年）が刊行され、その研究成果も続々発表されることになった。ともあれ、このような経緯から、大拙はついに道元に精力的に取り組むことはなかった。

しかし大拙は道元について、まったく論及しなかったわけでもない。例えば昭和十五年三月刊の『盤珪の不生禅』において、盤珪《ばんけい》を道元と白隠《はくいん》に対比させて理解する構想を示し、前述の『禅思想史研究　第一――盤珪禅――』では、その構想を本格的に展開し、その中で道元の禅についてもかなり多く語っている。また、同じ頃、刊行になった『禅の思想』(『大拙全集』第十三巻)の第一章にも、宏智《わんし》の『坐禅箴《ざぜんしん》』を扱って、道元の『坐禅箴』をともに語り、道元禅の特質にふれている。

戦後の大拙の歩みの中でも、道元について全然ふれていないことはないと思うが、少なくとも以上の著作に、道元の禅について自らの考えを披歴しているのである。したがって、大拙は道元をまったく無視したわけではなかった。ただし、確かに大拙は手放しで道元を評価しているわけでもないが。

では、大拙は道元について、どのように見ていたのであろうか。本章では、とりあえず上記の大拙の著作を中心に大拙の道元観を摘記して、その一端を明らかにしてみたい。

一　西田幾多郎との交渉の中で

大拙の妻・ビアトリス夫人がなくなる一か月ほど前、昭和十四年六月十三日、西田幾多郎(以下、寸心）は大拙宛てに、田辺元《たなべはじめ》の道元論に関して意見を述べ、どう思うか聞いている。田辺元の道元論とは、『正法眼蔵の哲学私観』（これはその前年十月、『哲学研究』に載せられた論文「永平正法眼蔵の哲学」に加筆補正したもの）のことであろう。寸心は、次のように言う。

田辺君のあの道元論というのはどうも私には受取れないものの様に思いますがいかが。あれでは全く分別の立場ではなかろうか。それではかえって道元の立場と相反するものではなかろうか。若し道元があのようなものなら六祖の児孫と云い得るであろうか。臨済徳山が棒喝を行ずるのを無思慮的（あの人の無媒介）とか、神秘的とかいうのは笑うべき外面的也（児戯の如き）浅膚の見ではなかろうか。身心脱落が哲学となって現ずるでもあろうが、棒喝は直にその自由自在の真髄、学に徹し自由自在に働かしめる為めではなかろうか。道元がそこが分っていてそこから云っているのであろう。（田辺君の如く云うは道元を歪めるのではないか。）しかし道元のあの如き家風が今日の曹洞をして禅の真髄を失わしめたとも云うことが出来ないだろうか。御令室様誠に御気の毒の至り、お慰の言の申上げ様もない。

（『西田全集』第十九巻、七六〜七七頁）

当時の大拙は、末期にも近いビアトリス夫人の看護のために、いわばとりこみ中のような状態であったろう。寸心はそのことをも承知の上で、この手紙を書かずにはいられなかったのである。

その背景には、昭和五年以来の田辺元の西田哲学に対する執拗な批判があった。今の寸心の手紙に対して、大拙は七月四日、次のような返事を書いた。

先頃はお手紙ありがとう。田辺さんの論文は一寸読みましたが、今度本になったので、もう一ぺん読みました。哲学の方はわからぬところ、文字も多いのですが、大体はわかる。道元は元来饒舌に過ぎる。「正法眼蔵」など云うものを残したがために、曹洞宗は禍せられている。が、元来曹洞宗は青原行思から始めて、もって廻る傾向がある。これが宗風なんでしょう。書を馳せて家に到らずと云うのも此辺の消息を伝うるものか。歴史的に云うと、曹洞宗は神秀の学者的黙照的禅に、荷沢神会派の「知之一字衆妙之門」という哲学的なところがまざっている。此二流が道元の思想に浸透してはいはしないか。道元は「道得」にあまり重きを置く傾向を示す。「身心脱落脱落身心」は体験そのものだと信ずる。「道得」に重きをおくと「脱落」が忘れがちになりはしないか。臨済は大機大用と云う。これは、はたらきである。「道得」も思慮もはたらきであるが、生命そのものに即するよりも、これを離れて独立する傾きがある。それが哲学なのであろうか。……禅が種々の方面へ発達した痕を調べ上げることは、東洋的なるものの特徴（宗教とも云えず、哲学とも云えず、論理とも云えず、何か別な東洋特殊の範疇を要するにか）を見出す機会にならぬだろうか。

今日日本の禅は看話にすぎると思う。従って伝統を墨守する外に妙なし。近頃盤珪和尚の不生禅、只今の身の上のしらべということを考えています。書き上げたら君に読んでほしいと思う。禅の体験そのものと禅意識とも云うべきものを分けて考えたらとも思う。書は意を竭さず。他日面晤を期す。

（『大拙全集』［新版］第三十六巻、六六〇頁）

大拙は夫人の最後の段階の看病のさなか、「病院にて」寸心にこのように懇切な手紙を書くのであった。ここでは、田辺の論には入らず、曹洞宗の宗風の分析をもって寸心に応えている。と同時に、道元に対する率直な印象を提示していよう。『正法眼蔵』の道得《どうとく》も臨済のいう用にもほかならないであろうが、哲学として独立して体験から遊離しかねない。そこに一つの問題があるのではないか、というのである。ここに、大拙の道元に対する基本的な見方が披歴されているが、それはのちにもう少し精緻に掘り下げられていく。

参考までに、寸心は七月五日、さっそく返事を書き、お見舞の文言のあと、次のように記した。

　道元は饒舌というも、道元は身心脱落の立場から云っているのを、（全く道元の真心知らずして）田辺のように自己の議論に都合のよいように曲解する、最も忌むべきことと存じます。若い人々が禅はあんなものと思うようのこともあらば人を誤るものと云わざるを得ない。哲学でももっともっと禅そのものを誤解なき方云〔ママ〕い表す仕方もあろうと思う。哲学と云ってもあの人は結局形式論理を出ない立場に立っているのである。御令室様とにかく御大切に。

(『西田全集』第十九巻、四九三頁)

寸心はあくまでも田辺の道元論にこだわるのであった。このことについては、いつか別途、検討することにしたい。今は大拙の道元観が主題だからである。ともかく、寸心はその後も大拙や久松真一《ひさまつしんいち》に質問を提し、やがて『哲学論文集第三』の最後に収録された「図式的説明」の終わりの部分に、自らの道元論ないし禅論を記している(『西田全集』第九巻、三三二〜三三五頁)。その要点は、ごく簡潔に言えば、相対に対する絶対は絶対ではなく、絶対否定を媒介として万法に証せられる、自己が神を見るとき、神が自己を見るが、そこには脱落ないし絶対否定がなければならない、というものであった。

興味深いことに、同年十一月十三日になって、寸心は大拙宛てに、「拙著『哲学論文集第三』御送りいたします。終の二三頁の所御世話になりました。余は拝眉の上」等と書いている(『西田全集』第十九巻、九〇頁)。久松真一にも、同月十五日、「拙著の終二三頁の所一寸よんで見て下さい」と書き送った(同前、九一頁)。寸心はその二、三頁に、よほど自己の主張を籠めていたのであろう。それほどに、田辺元の所論を意識していたのであった。

ともあれ、昭和十四・五年のこの頃、大拙はといえば、盤珪に取り組んでいた。その「一切は不生で調う」という簡明な説示に対して、おのずから白隠の看話禅《かんなぜん》を対極に意識せざるをえなかった。一方、寸心の質問から道元についても深く考えざるをえなかった。こうして、大拙は日本の禅の典型として、盤珪・白隠・道元を考えていくことになったのである。

二　只管打坐の禅

今も述べたように、大拙は『盤珪の不生禅』（『大拙全集』第一巻）において、盤珪を白隠と道元とに対比させて理解する構想を示している。昭和十四年十二月の日付のある「序」には、「盤珪禅を白隠禅や道元禅などいうものと比較研究して見ると、中々に面白い収穫もありはしないかと考えている。もし続編でも書ける余暇があったら、そんな事もやって見よう」（『大拙全集』第一巻、三四七頁）と言っている。『全集』版のこの書に収録された「附論　不生禅の特徴につきて」は、昭和十八年三月刊の『盤珪禅師説法』に収められていたものであり、かの構想の試みを一定程度、行なってみたものである。それはさらに、『禅思想史研究　第一――盤珪禅――』で、より本格的な論究になるのであった。以下、主にこの『禅思想史研究　第一』により、そこに見出される大拙の道元観をまとめていくこととする。

初めに、道元・白隠・盤珪は、それぞれどのような特徴を持っていると分析されていようか。このことについて、大拙は次のように説いている。

道元禅は支那の曹洞禅に只管打坐禅と『正法眼蔵』禅とを加味した道元独自のものである。

白隠禅は臨済禅を看話《かんな》禅的に組織して、今日の日本的臨済禅を作り上げたものである。盤珪禅は「不生」の二字で禅体験を一般思想化して、しかも禅の直観性をその中にはたらかせることを忘れなかった。

（『大拙全集』第一巻、五七頁）

禅思想――それはやがて学禅の方法論とでも云うべきものだが――それは日本では三類型に分れた。まず道元禅と看話禅とが、支那からの伝統を引いて、それを日本的なものにして、三百年以上を経過したとき、不生禅が唱え出された。これは支那にも日本にもそれまでにない主張であった。看話禅はその後、白隠及び一派の出現によりて、まったく日本的なものとなって今日に及んだ。道元禅は、只管打坐禅として支那の黙照禅の風格を伝えたが、また他方では、それへ道元独自の思想を導入したので、伝統的な曹洞禅ではなくなった。日本の禅界は、道元、白隠、盤珪を有することによりて、それ自身の禅思想史を持っていると云い得る。

（同前、三〇三頁）

このように、大拙は道元の禅を日本の禅の三つの典型の一つとして、それなりに正当に評価している。大拙はけっして道元を単純に無視・軽視したのではなかった。

それはともかく、以上によれば、大拙は道元の禅の特質を、只管打坐《しかんたざ》と『正法眼蔵』の論述に見ている。私は、今やさらに『永平広録《えいへいこうろく》』の道得も道元禅の欠かせない要素、むしろ本来主たる内容になるべきものだと思うが、その時代の大拙は、道元の禅を前述の二点に絞って見ていたのが実情であった。

では、道元の只管打坐とは、大拙にとってどのようなものと考えられたのであろうか。

大拙は、道元は坐禅の定義を少なくとも二様に用いていた、という。一つは、「明かに坐禅そのものが、身心脱落の端的である」ような坐禅である。もう一つは、「弁道工夫の技術である」ような坐禅である。この二つは、必ずしも別のものではないところがある。そこを大拙は、「修証一等（又は不二）と云うところからみれば、方法（修）としての坐禅も目的そのもの（証）としての坐禅も不二であるとも云われよう」という。しかしこの二つは、区別した方が説明もはっきりしてくるという。それは、悟りと悟るとの関係、さらには黙照《もくしょう》禅と公案《こうあん》禅との対比にもなるであろう（以上、同前、六一頁）。道元の叙述には、この二つの面が混在しているという。大拙は、「道元の『正法眼蔵』「坐禅箴」のごとき、坐禅を二様に見て、それを随意に混雑して、八つ当りに当りちらす趣きがある」（同前、六二頁）とまで言っている。いずれにせよ、道元の坐禅は、悟りと悟るの両面が含まれるものなのであって、只管打坐は、その二つが統合されたものとして見ていくべきものとするのである。

大拙は、宏智の「坐禅箴」に対する道元の見解を分析したあと、次のように言う。

禅録を読んだものでないと、こんな評唱は何のことかわからぬであろうが、一口に道えば、宏智の坐禅箴は、仏祖をして仏祖たらしむる声色以上のもの、天地未分前のものにして、しかも声色の威儀を出でず、眼横鼻直底なるもの――これを道破して至れり尽くせりと云うのである。しかして道元はこれを坐禅だと教える。この坐禅を学ぶが参禅なのである。坐禅は、それ故、本証でもあり妙修でもあるのである。……

（同前、六四頁）

おそらく、悟りは坐禅そのものではない。しかし坐禅が悟りの端的でもありうる。と同時に、坐禅することによって、その悟りを実現することができる。こうして、坐禅の中に証がありかつ修もある。ここに只管打坐の主張がなされるということになろう。

大拙はこの辺をまた、この書の最後の部分、「盤珪禅の再叙」の中において、次のように述べている。

道元は「坐禅」と云い、「結跏趺坐」と云い、「只管打坐」と云う。しかしてその外に修なく、証なく、工夫なく、開悟なしと断ずる。これが中々這入りにくい禅道である。彼は身心脱落・脱落身心において如何にも深き体験に得入したものに相違ない。彼は宏智の「坐禅箴」の、

「事に触れずして知り、縁に対せずして照らす。」

に対して、

「不思量にして現じ、不回互にして成ず。」と云う。彼は全力を尽くして、この句で宏智のに頡頏《きっこう》せんとするのである。これは何《いず》れも無分別の分別、分別の無分別の消息を伝うるものであるが、彼はこの境地を身心脱落の処から得ているのである。それで彼はいつも身と心とに言及する。しかして心より身に重きを措く如き傾向を示している。兀兀地も只管打坐も結跏趺坐も皆身の上の事である。工夫の坐禅を排し、息慮凝寂の経営を斥ける。只管打坐、昼夜定坐の身上から、自然に得道に入らんとするのである。（同前、三三五〜三三六頁）

道元は身の上の坐禅こそ、身心脱落《しんじんだつらく》の脱落身心（証）と見ていて、しかもこれを修すると自然に得道する（修）と主張しているというのである。したがって大拙は道元が悟るということを否定していたとは見ていない。ただ、坐禅に修証一等《しゅしょういっとう》、定慧不二《じょうえふに》を見てこれを強調するところに特徴があるというのである。

道元は悟を斥くるものにあらず、只坐（禅）をより強く云うのである。「学道の最要は坐禅これ第一なり」（『随聞記』）で、修と証とを明らかにわけて説くことも、また道元の所説である。証は悟である、さとりである。修は坐であり、坐禅であり、打坐である。ぼんやりと「端坐して時を移」すのでなくて、この端坐のところに、修証一等、定慧不二の当体を見

んとするのが、道元の哲学的思惟で併せて禅的直観なのである。（同前、六五頁）

以上、道元は坐禅を、悟りと悟るの双方の統合されたもの、修証一等、定慧不二の端的として見、かつその修禅・参禅の中に得道の時節もあると主張していた、と大拙は見ていたことが知られた。なお、この只管打坐における修と証の問題については、本書の第三章「道元の修証論I」および第八章「道元の坐禅観」などをもあわせ参照されたい。

ところで、この只管打坐は、それにとどまるかぎり、やはり黙照禅的傾向を帯びるものとなる。そのことは、特に盤珪の不生禅《ふしょうぜん》に対比するときはっきりしてくるという。

この道元禅師が仏仏祖祖によりて単伝せられたという坐禅――只管打坐――は、大いに盤珪禅師の不生禅に似通うところのものがあると云い得られよう。但々打坐に附随する黙照の臭味は取り去り悪《にく》い。「寂黙枯坐を死守する」ものと云われ得る傾向は、明らかに次の句などの上に看取せられる、曰わく、「大梅法常禅師……梅山の絶頂に入りて、松花を食し、荷葉を衣る。日夜坐禅して、一生を過ごす、将に三十年ならんとす。……乃ち仏道之勝躅なり。測り知る坐禅は是れ悟来の儀なり。悟とは只管坐禅なるのみ。……」（『永平家訓』巻下）。これに反して盤珪の不生禅は動いている。これで一切の事がととのうと云う。不生は兀兀地の不思量のところになくて、かえって行住坐臥の日常生活の事象のうえに露堂堂である。「今日の身の上」ですむことなのである。即ち盤珪の禅は我等の平常心そのものである。道元のには退嬰性の片影がほの見える。……（同前、六七〜六八頁）

大拙にしてみれば、ある意味で坐禅の強調のみに終始する道元の禅には、はたらきがないと見えるのであろう、そこに「退嬰性」という言葉さえ用いている。

別に、次のようにも言っている。

しかしてこの観法の終局が身と心とを忘却することになった。脱落と云う方が忘却と云うよりよいかも知れぬ。忘却には心理学的・意識的なものがくっついて来る。脱落と云うと、今まで外から分別的に、対象的に、覆いかぶされ、または縛《し》ばり付けられていたものが、さらりととれてしまうことになる。道元の記録には、この脱落の徹底的であったことを云うが、積極的なものは現われていない。身心脱落・脱落身心は否定的で、この否定から出て来る何ものかには言及していない。薬山の場合には、「皮膚脱落して唯々一真実のみあり」で、一真実があらわになっている。ここに道元の道得底には、物足らぬものがある。只管打坐が身心脱落ですんでいては、どうしても黙照たらざるを得ない。道元は何が故に「一真実」の肯定面に力を尽さなかったか。或は心理学的に吾等のたれもが経験する身心二元性の桎梏——或は意識——から解放されたと云う体験が余りに強力であったため、それから自《おのずか》ら出てくる「一真実」の認得が比較的に閑却されたものか。身心の二元観は元来分別智の所産で、吾等が分別智を離れ能わぬ限り、この意識に繋縛されて、甚だ自由を得ぬのである。参禅の窮極性は、ある一面ではこの二元的意識の解放——即ち身心脱落に在るので、道元は頻りに「参禅は身心脱落なり、祗管打坐なり」と教えるのであろう。それで大機大用を云うものからみると、何だか物足りないという感をまぬかれぬのである。道元は如浄の伝統に忠実であった。

(同前、七一頁)

こうして、臨済風の大用を重視する大拙は、道元の只管打坐の禅に対して、どうしても肯定面に欠け、用に乏しくて物足りないと批評するのであった。私には、身心脱落に対して脱落身心は否定から肯定に転じたものに言及していると思われ、「一真実」についても『正法眼蔵』においてさまざまな形で言及しているとも思える。一例に、

古徳云《いわ》く、作麼生《そもさん》か是《こ》れ妙浄明心。山河大地・日月星辰。

あきらかにしりぬ、心とは山河大地なり、日月星辰なり。しかあれども、この道取するところ、すすめば不足あり、しりぞくればあまれり。山河大地心《せんがだいちしん》は、山河大地のみなり、さらに、波浪なし、風煙なし。日月星辰心《にちげつせいしんしん》は、日月星辰のみなり、さらに、きりなし、かすみなし。……

(『正法眼蔵』「即心是仏」、『全集』第一巻、五七頁)

は、いかがであろうか。しかし大拙にしてみれば、全体の印象として、大機大用のほとばしりは見られず物足りないという感を禁じえないというのである。その背景には、やはり一つには行持綿密・威儀即仏法を標榜する曹洞宗の（道元の）家風の影響もあったであろう。

三　『正法眼蔵』の禅

しかし大拙は、道元が只管打坐にとどまっていたのみとは見ていない。そこから参究が出て、『正法眼蔵』が生まれていて、それが中国の曹洞宗とは異なる性格を持たせていると言う。たとえば次のように言っている。

しかし道元はいつも只管打坐でなかった。彼は『正法眼蔵』及びその他の著作で、大いに古今の公案を評騭《ひょうちょく》している。公案の評騭に止まらず、独自の哲学をさえ開拓している。後世の人は或はかれの只管打坐のみを見て、彼の哲学と古則の葛藤とを忘れる、或は後者をのみ見て、その打坐の主張を見ぬ。或は両者を忘れないが、彼がその身を持するにいかに峻厳で、その弟子を養うにいかに親切周到であったかを余り関心事とせせぬ。本当の道元を見るには、これらいずれもの方面を等閑視してはならぬが、……

（騭＝定める。『大拙全集』第一巻、七二頁）

盤珪の宣伝技術の特徴は、空間的にも時間的にも、その身に遠いところのものを仮りないで、「みな人々今日の身の上の批判で」埒《らち》あけようとするところにある。彼が経録によらずと云い、漢語を用いぬと云う理由は実にここに在るのである。禅は何も古い時代の評判するのでなく、また抽象的・概念的に、自分自身から離れているものの噂をするのでもない。「今日の身の上」の事が即ち不生禅なのであるから、しかして我等はいつも寒ければ寒いと云い、熱ければ熱いと云っていて、それが日常談話の言葉で十分に間に合うのであるから、『正法眼蔵』九十五巻は固より必要としない。（同前、七八頁）

このように道元には、只管打坐のみでなく、『正法眼蔵』における古則の批評と哲学とがあったことを見逃してはならないという。そこに道元の禅のもう一つの大きな特長がある。盤珪に『正法眼蔵』は必要なかったが、では道元にとってのその必然性はどこにあったのであろうか。この問題に関して、大拙は次のように説いている。

しかし道元は只々兀兀地を兀兀地にすることをのみは勉めなかった。彼は参究ということをも云うのである。ここに彼の『正法眼蔵』の出来上る理由がある。兀兀地の結跏趺坐だけ

からは九十五巻は生れて来ぬ。道元は坐禅家でまた哲学者であった。彼は引きつづき云う、

「正当坐時は尽界それ豎なるか、横なるかと参究すべし。正当坐時の坐、それいかん。翻筋斗なるか。活潑潑地なるか。思量か、不思量か。作か無作か。坐裏に坐すや、身心裏に坐すや。坐裡、身心裏等を脱落して坐すや。恁麼の千端万端の参究あるべきなり。」（自受用三昧）

この参究心の故に、彼は『正法眼蔵』で古今の公案を検討せんとしたのである。「正当坐時」は畢竟じて只麼の坐禅でなく、その中に鋭き哲学的参究心を潜めている坐禅なのである。それで、それから「驀然として尽界を超越する」底の消息が飛び出るのである。即ち身の脱落でなく、心の脱落でなく、身心脱落、脱落身心して、自ら「仏祖の眼睛裡に打坐する」ことを証するのである。これが「坐禅を坐禅と知る」ことである。かくの如くにして、道元禅の一面には「只管打坐」の身禅があり、他面には『正法眼蔵』の参究または参学禅があることがわかる。（同前、三三七頁）

大拙によれば、道元に『正法眼蔵』があったのは、「参究心」によるのだという。それは、「鋭き哲学的参究心」とまで言われている。では、この参究心は、道元その人の個性なのであろうか。それとも禅の悟りそのものに根ざしたものなのであろうか。この問題については、大拙は何も言っていないようである。どちらかといえば、道元の個性にその源を求めたであろう。と同時に、

道元が接した人々、あるいは社会的・文化的環境によるといえようか。大拙は、盤珪・道元・白隠の接化の対象を、次のように述べている。

盤珪禅が道元禅及び白隠禅と違うのは、とに角、盤珪は一面大いに民衆一般を対象としたところに在る。彼は専門の僧侶たちをも固《もと》より接得したが、今日残っている文献ではこの方面の模様は精《くわ》しくはわからぬ。そこここに散見する文章で幾分かを推断するだけである。但々大衆方面に対しての説法は——殊に彼が晩年のものは多少残っているので、彼が不生禅の大衆的挙揚は十分に知ることができる。道元は固より専門家相手であった。白隠は何かと大衆的宣伝文学に親しんだが、彼は直接に彼等に向かって説法はしなかった。彼の宣伝文学は大分くだけたものではあるが、看話禅の技術を離れていない。盤珪に至りてはこの点、実に何等の臭味を残さない。後年の心学的道話には、或は盤珪的「御示し」に学んだこと多きを思わしめるものがある。

（同前、一八七頁）

前後、長く、道元についての記述は短かったが、道元は雲水の修行僧等のみを相手にしていて、それゆえに参究へと出ていったともいえよう。また、道元の禅の特質についての論評を、やや長くなるが、引用しておく。

道元は修証不二、只管打坐を宗旨の標語として、白隠禅の如く看話を勧めなかったように云われているが、彼が実行した修禅法は、一面において慥《たし》かに看話であった。しかして彼はまた悟りを語るのである。今日一般には道元禅の修証不二を以て悟りを否定するもの、只管打坐を以て看話に反対するもののように云うが、それは当っていない。彼は看話も奨め、悟りも認めているのである。道元禅の実際の伝統にはまだ十分に明かにせられておらぬものがあるようである。『随聞記』には悟りに関する文字が処《ところどころ》処に見られる。その一二例を挙げる。

(省略)

こんな引文を見ると、道元は只管打坐をのみ奨めたとは思われぬのである。「悟りを得んと切に思う」とあるが、これには何か繫念の対象がなくてはならぬ。只管打坐では志をはげましたり、すすめたりする途がないのである。『随聞記』巻四にも、「心をひとつにし、志を専らにして参究尋覓すべし」と云う文句がある。これは禅堂における衆僧の相互にはげまし合わんことを勧めたのであるが、「参究尋覓」は、修証不二ですまして只管打坐のところには、あり得べからざるところのものである。果然、懐弉は数行後に、その師道元がこの時麻三斤の則を挙揚したことを報じている。『正法眼蔵』には幾多の公案が批判せられてある。漢文の『正法眼蔵』は三百則を列挙する。道元は「思量」の対象に古則を提唱したものである。

(同前、一八五〜一八六頁)

大拙はこのあと、『学道用心集《がくどうようじんしゅう》』の一節、趙州《じょうしゅう》の無字の問答に対する道元の評唱に対して、「これは明らかに看話禅の方法論である。決して只管打坐の消息ではないのである。それから「坐禅儀」における薬山の非思量の話の如きも、趙州の無字と何等異なるところはない。只管打坐にはやはり何かの技術があるのである。但々臨済禅の如く、技術そのものが主要の関心とならなかったまでであろう」(同前、一八六頁)と述べている。

やや論旨がそれたが、道元には常に参究尋覓《さんきゅうじんみゃく》への傾きがあった。それは、特に専門修行僧に向けられることによって、よりあますところなく発揮されたということになろう。それが『正法眼蔵』の論究につながり、言ってみればそこに道元の大用もあったのである。

しかし大拙は、この道元の参究への傾向は、弟子たちによくうけつがれなかったと見ている。その後の曹洞宗の発展は、道元の著作によるのではなく、道元の人、人格によってではないかという。曹洞宗のその後の実態においては、『正法眼蔵』は力を発揮できなかったのが実情と見るのである。大拙は、次のように言っている。

道元は徹底的アカデミックであった。それは時代の影響もあろうが、個人的性格にも由来すること大であった。文学としての『正法眼蔵』の価値を知らないが、いかに高遠幽妙の思想でも、今少しわかりよく書けなかったものかとも思う。彼の時代には彼以外にもあんな文体を用いたものがあったであろうか、わしは不幸にしてそれを知らんが、彼の漢文は邦文よりはわかり易いようである。それは何故か、わからぬが、『正法眼蔵』も彼の直弟子の間で、どの程度に領解せられたものであろうか。『眼蔵』の決定版が今でもまだ出来ず、またその書誌学的・歴史的研究の方面も伝統の外一歩も出ていないところなどを見ると、道元禅は『眼蔵』を離れて親参実究せられたものでなかろうか。とに角、永平本全部がそのまま参学の教科書として用いられないで、その幾分かが伝授せられたものかも知れず、一方では只管打坐が唱えられ、他方では『眼蔵』が研究せられたことはあるまい。何か看話に似たようなものが道元禅にもあったと信じたい。これは固より憶測の範囲を出ていないが。日本の曹洞宗は道元宗で、彼の人格を廻《め》ぐって出来上がった日本禅と云って可ならんか。盤珪の日本禅と並べて見ると、面白き対比が成り立つ。（同前、一八八頁）

大拙はさらに、むしろ『正法眼蔵』は、後世の児孫にとって、頭痛のたねであったという（同前、一八八頁）。前には、「彼の児孫をして往往に岐路に泣かしむるものあることは事実である」と言っていた（前掲二七八頁参照。同前、六六頁）。いったいそれはどういう意味なのか、次の箇所が示していよう。

幸か不幸か、道元は『正法眼蔵』を残した。彼の子孫はこれがために苦しめられた。これがために迷わされた、これがために、道元の尤も嫌うところの情識的生涯をかえって「参究」と心得るに至った。坐禅はただ坐禅することで身心脱落することでなくなった。坐禅と開悟とは無関係なものになって、身心脱落ならぬ坐禅のみが修せられて、開悟は徒事《いたずらごと》なる工夫と看做《みな》されるようになった。道元の子孫は『正法眼蔵』のためにかえって禍せられたと云うべきではなかろうか。道元は一方で兀兀地を大声疾呼したが、また他の一方で雪上加霜、土上添泥の落草談を千言万語した。言語学上から見て日本語を豊富ならしめ、日本人の思想表現に自由性を与えたことは、彼の天才に負うところ素《もと》より多かるべきも、彼の禅、彼の只管打坐はこれがためにかえって停頓しはしなかったか。今日彼の子孫と称する人々はこれを解消すべき重き任務ありと見なくてはならぬ。（同前、三三五頁）

このように見てくると、大拙は道元の『正法眼蔵』に、二つの側面を見ていたことが知られる。第一は、悟りの世界からのはたらきとしての参究であり、黙照を超える一つのはたらきがあると見ている。道元は「道得」の中にも大用を発揮したのである。と同時に、それをもって弟子に参究させ、あるいは禅修行上、参究すべきことを語った。『正法眼蔵』は道元の悟後の参究であり、それはおのずから弟子たちの悟前の参究となったのである。

しかし一方、第二に、実際には門下の修行の功夫の核心は只管打坐であり、このとき参究と只管打坐は分離して、参究は情識上の分別となり、只管打坐は悟道とさほど関係のない黙照枯坐《もくしょうこざ》となりかねなかったことは否めない。そこに『正法眼蔵』の功罪があると考えられる。故に道元の法孫は、そこの解決を求められているとと述べるのであった。

まとめ

以上、限られた文献によってであったが、大拙の道元観を一覧してみた。その結論的な部分のみを最後にまとめれば、以下のようになろう。

まず大拙は決して道元を無視していたわけではなく、盤珪・白隠との対比の中でその特質を理解しようと努めていた。大拙は、道元の禅の特質を、只管打坐と『正法眼蔵』とに見ていた。道元の只管打坐は、もとより修証一等・定慧不二であり、証そのものでもあるのだが、しかもこれを修することの中で、悟るということが実現することも否定されていない。

ただし、道元の禅が只管打坐にとどまるかぎり、妙用の発揮に乏しく、黙照的とならざるをえない。しかしながら、一方に『正法眼蔵』の叙述があり、そこに道元の大用が発揮されている。その根本にあるのは、道元の参究心であり、またそのことには道元の接した人々が専門の修行僧であったことも関与していた。元来、道元の『正法眼蔵』の哲学は「身心脱落・脱落身心」からの道得なのであるが、その後の実地の指導は只管打坐に傾き、一方、『正法眼蔵』の参学は分別上の事となりがちで、その分、只管打坐は悟ることと関係のない枯坐になりかねなかった。

なお、道元は「見性《けんしょう》」を否定したが、六祖慧能《えのう》の法孫であるかぎり、見性は否定されえないはずである。むしろ見性の意味の適切な理解が重要である。見性は、見即性・性即見なのであり、性を見ることではありえない。見性を、性を見ることと解することは否定されなければならない。この立場からは、道元の見性否定を理解し、軽々に随うべきではない。このことについては、前章に詳しく見ておいた。

大拙の道元観は、おおよそ以上のようである。洞門の方々には反発を覚える点もあるかもしれないが、また耳を傾けるべき点もないわけではないであろう。多少、私の考えを述べれば、道元に大機大用がなかったか、そこは再検証の必要があろう。道元は『正法眼蔵』「行仏威儀《ぎょうぶついいぎ》」の巻に、「諸仏かならず威儀《いいぎ》を行足《ぎょうそく》す、これ行仏《ぎょうぶつ》なり」（『全集』第一巻、五九頁）等ということも言っており、大用を無視していたわけではないであろう。ただ、行持綿密、威儀即仏法の家風では、大用の「現われ方」が臨済宗とはやや異なっていたということなのであろう。

また、道元の『正法眼蔵』の思想内容についての吟味は、大拙はあまりふみこんでいないと思われる。私は、『正法眼蔵』の思想を貫く立場として、「脱落即現成《だつらくそくげんじょう》」（実は「超個の個」）という論理を見ているが、大拙にはそのような思想的論究は、少なくとも以上の文献に拠るかぎりはなされていない。もっともそれは、大拙在世当時の『正法眼蔵』等をめぐる文献学的・書誌学的成果が、まだ不十分であるという事情によるものであった。その意味では、残念ではあるものの、仕方のないことであった。

さらにもし大拙が『永平広録』にも取り組んでいてくれたなら、どのような分析があったのかと、このこともまた残念なことである。
以上により、鈴木大拙の道元観をひとまず閉じることにしたい。

あとがき

「而今の山水は古仏の道現成なり。」

この句は、道元『正法眼蔵』「山水経」の巻の冒頭の句である。以下、詩と哲学とが混然一体となったような美文が綴られていき、実に魅力的な言語宇宙が展開される。このことは、「山水経」の巻だけではない、およそ『正法眼蔵』の全体を通じてのことである。禅の学人、仏教徒のみならず、一般の文学者や哲学者らまでもが、その言語宇宙に明かされる禅の悟境の透徹した世界に引き込まれるのであった。

さて、今の「道現成」とはどういう意味なのであろうか。「道」とあるからには、「古道」、「仏道」などが想定される。しかし道元はしばしば「言う」の意で「道《い》う」と使う。『正法眼蔵』「道得」のその道は、言うの意の道にほかならない。禅者はよく、「一句道《い》え」と関所を設ける。道元は「仏祖の仏祖を選するには、道得せしや未だしやと問取するなり」という（『正法眼蔵』「道得」）。とすれば、この「道現成」は、「言うことの現成」のことともと考えられよう。はたしてこの「道現成」は、「道の現成」か、「言うことの現成」か、どちらなのであろうか。

この時、『正法眼蔵』の他の巻の用例が参考になろう。たとえば「仏教」の巻には、冒頭に「諸仏の道現成、これ仏教なり」とある。また「仏道」の巻では、先師天童古仏の上堂の言葉に対して、「この道現成は、千載にあひがたし、先師ひとり道取す」とある。これらからすると、「道現成」の語は、十分、「言うことの現成」の意と取れることが分かる。

しかもこの「山水経」の巻は、山水が経典であることを主題とするのであり、つまり山水は仏の説法であるということを謳いたいはずである。とすればやはりこの「道現成」は、「言うことの現成」の意と取るべきであろう。而今の山水は、古仏の説法そのものであり、真理の言葉そのものだと言うのである。

今、「あとがき」にもかかわらず冒頭から如上のような議論を始めたわけは、道元の著作を広く扱うことによって、その個々の文章の意味もより精確に理解しうることがありうることの一例を述べたかったからである。道元は禅者としては比較的めずらしく、多くの著作を残した。特に漢文も織り交ぜた独特の和文による『正法眼蔵』は、すべて収集すれば百巻にも及ぶものであり、また漢文による禅僧の正式な語録として、十巻にもなる『永平広録』もある。その他、清規《しんぎ》類などもあり、膨大な文献を残したのであった。これらをすべて見わたしたうえで、個々の文章を読むことは、道元の思想を正しく理解することに必要な作業に違いない。

残念ながら私の能力等によって、そのすべての読解はむずかしく、そこまで及んではいないが、

『弁道話』、『正法眼蔵』については、ひととおりは読む作業は行ったつもりである。

その『正法眼蔵』は、世に七十五巻本と十二巻本とが流通しており、道元の晩年の真意は十二巻本にあるとも言われる。しかし一方で、おそらくは駒澤大学の宗学者が総力を挙げて制作したと見られるがゆえに私が依用したテキスト、春秋社版『道元禅師全集』の『正法眼蔵』の校註者の河村孝道は、その「解題」(『道元禅師全集』第二巻、河村孝道校訂・註釈、春秋社、一九九三年)において、七十五巻本についても道元の親輯説を述べている。

岩波文庫の『正法眼蔵』制作に携わった水野弥穂子は、その説には反対のようであるが、道元は晩年、かつての草稿に自分が手を入れたものを懐弉に浄書させていたのであり、示衆の日付はそのままに、内容は点検したものだとの見解を示している。「道元禅師は初示の日付は残すが、懐弉に書写させるようになった時はすでにかなりの加筆があったのであり、時には懐弉の書写後にさえ手が加えられていたことになる」(水野弥穂子『十二巻『正法眼蔵』の世界』、大蔵出版、一九九四年、二五頁)というのである。その象徴は「現成公案」の巻であり、それは「決して、天福元年当時の(漢文の)文章そのものではない。入滅の前年に至って、吟味に吟味を重ねて、百巻の巻頭を飾る文章として書き上げられたものなのである」(同前、一八頁)と説き、『正法眼蔵』を一部の大著にしようと考えられたのは『永平紀年録』では寛元三年(一二四五)とあるから、それ以来、草稿を懐弉に清書させながら、巻の排列を考えて来られたことと思われる。第一「現成公按」から第十「大悟」の順序は、ほとんど確定していたであろう。その後の巻の順序も、大体において、定められていたと思われる。それらは、いずれ百巻の数が満ちた時に確定されるものであった。……」（同前、九頁）と述べている。

一方、岩波文庫の「解題」においては、「かくて、『正法眼蔵』をどの形で読むかは、道元禅師自身が未完のまま世を去られたのであるから、決定し得ないことになる。しかし、遺弟たちによってほぼ承認された形の七十五巻と、最後の机辺に残された十二巻を中心に読むのが普通の読み方であろう」（道元著　水野弥穂子校注『正法眼蔵』（四）、岩波文庫、一九九三年、五〇九頁）としている。

さらに河村孝道は、「七十五巻・十二巻は共に仏正法を参学する学仏道者（出家者）としての身心の威儀と行仏の威儀とを明確に説き示すものとして、仏正法に直結し、仏正法を開示・敷演せる共なる道元禅師の親口より出づる真実語として見るべきである」（前掲解題、七〇三頁）と説き、水野弥穂子も、「しかし、道元禅師が説こうとしたのは、五百年、千年経ったところで変らない正伝の仏法の真実である。それを道元禅師は如浄禅師から伝えて来られたのである。そして畿内での叢林の継続をあきらめて、北越に向われた時、五百年、千年の後の真実の求道者のためも考えて撰述されたのが『正法眼蔵』である」と説いている（前掲『十二巻『正法眼蔵』の世界』、一一二頁）。

こうした事情から、私は本書において、『正法眼蔵』の十二巻本、七十五巻本、その他の真撰をもともに広くテキストとして扱って、その中で道元の哲理を抽出するという作業を行ってみた。

冒頭に述べたことは単語の地平における例であったが、そのことは、道元が開示しようとする禅の理路の理解に関しても通じるものと思うのである。

なお、道元の晩年の思想の理解には、むしろほとんどが永平寺の上堂によって構成されている『永平広録』こそを解読すべきであろう。しかし『永平広録』の説法は正直に言ってきわめて難解であって、本書では十分にその究明をなしえないでいるのが実情である。多少はその辺も扱ってはいるが、永平寺上堂の禅哲学の解明は、他日に期したいと思う。

道元が、禅は仏法の総府であると主張するように、禅道仏法は釈尊の悟りをそのまま伝えるものであろう。禅では、釈尊は明星を見て悟ったと伝え、道元もその伝承をふまえているが、それを言い換えた言葉がたとえば「而今の山水は古仏の道現成なり」であり、あるいは「現成公案」その他、多数・多彩な『正法眼蔵』の巻の言葉である。それはまた、道元の暖皮肉でもあり、われわれはそれらを通じて釈尊が洞見した明星に到達しうることであろう。

それにしても道元の言葉に対する観方は独特である。たとえば「仏教はすなはち教仏なり」(「仏教」)と言い、「すでに菩提語なり、ゆえに語菩提なり」(「諸悪莫作」)という。禅ではよく「不立文字・教外別伝」と言うが、道元はこれを批判して、心が教外別伝と言うなら、「教は心外別伝といふべきか」(「仏教」)と逆襲している。密教の空海の言語観も独特であるが、道元の言語観もすこぶる独特であり、さらに無情説法、法身説法につながるものがある。本書ではそこに横たわる道元の禅哲学の魅力的な理路を汲みだそうとしてみたのであった。その核心を一言に帰するなら、私は道元自身の「身心脱落・脱落身心」の悟道の体験をもふまえ、「脱落即現成」と表現するのが適当であると思うのである。

しかし、道元の禅は言語の世界で完結するものでないことは言うまでもない。そもそも道元が禅の世界に入っていったのは、いわばもとより仏であるなら、なぜ修行が必要なのか、という大疑団の解決のためであった。その後の求道の中で、本来、仏であるからこそ、修行は続いていくという領解を得ることになる。道元が好んで示した句は、「修証は無きにあらず、染汚することは即ち得じ」という南嶽懐譲の言葉である。道元の禅は、畢竟、只管打坐のみという世界に入り、発心・修行・菩提・涅槃が道環している行持を生きることに帰するであろう。「道は無窮なり」である。

その立場をどこまでも尊重しつつ、在俗の私としては、道元の言葉に導かれて、日常、行・住・坐・臥の四威儀において常に全機現が実現するよう努めたいと願うのみである。

ここではなはだ唐突ながら、いつも拙著のあとがき等に記している、私の書斎の号（斎号）、「故道庵」の意味について、ふれておきたい。

一、故には、古い、の意味がある。温故知新というようである。故道には、古い道（古道）を行きたい、の意味がある。ここで古道とは、具体的には、禅道のことである。
一、故には、なくなった、の意味もある。故人というようなときの故である。真の禅道は、今や失われた道とも言えよう。「ますらをの踏みけむ世々《よよ》の古道《ふるみち》は荒れにけるかも行く人なしに」(良寛)「この道や行く人なしに秋の暮」(芭蕉)
一、道には、「言う」の意味がある。禅では、「一句道《い》う」ということを特に重んじ、道元は「道得」ということを非常に強調した。また禅者は老婆心切にも、人々に真実の世界を何とか伝えるために、たとえ眉毛が落ちるとしても、言えないところをあえて言うという。それは、つまり「故《ことさら》に言う」ということであり、故道にはその意味もある。
一、さらに、私の禅の師は秋月龍珉で、斎号を「即非庵」と言った。これは、禅宗で重んじる(六祖慧能が重用した)『金剛般若経』に、たとえば「仏即非仏、是故名仏」(仏は即ち仏に非ず、是の故に仏と名づく)というように、「○○即非○○、是故名○○」という表現がくり返し出て来ることに取ったものである。鈴木大拙はこの『金剛般若経』をもとに、「即非の論理」を唱導した。龍珉は大拙の弟子なので、即非庵と名告ったのである。一方、「是故名」は「是の故に○○と名づく」という意味であるので、ここを「故《ゆえ》に言う」の意味の故道で言い表してもよいであろう。「仏即非仏、是故道仏」(仏は即ち仏に非ず、是の故に仏と道う)、つまり故道庵をもって、即非庵先生の驥尾《きび》に付いたということである。
というわけで、私の斎号・故道庵は、以上のような多重の意味を込めてのものであることを述べておく。
私は学生時代、禅に参じ、以来、長い間、秋月龍珉先生の薫陶を受けた。禅は私の仏教観の根本に据えられている。そこから、法華はもちろん、浄土にも密教にも自由に出入できると思われる。もう後期高齢者となるのもすぐのことではあるが、この歳になって、ふたたび禅に関する論考をまとめえたのは幸いであった。春秋社編集部の豊嶋悠吾氏および同社の厚いご支援・ご高配に深く感謝申し上げる次第である。

令和四年三月二十一日春彼岸

つくば市・故道庵にて
竹村　祖珉　誌す

著者紹介

竹村牧男（たけむら・まきお）

1948年東京生まれ。東京大学文学部印度哲学科卒業。文化庁宗務課専門職員、三重大学助教授、筑波大学教授、東洋大学教授を経て、東洋大学学長に就任、2020年3月に退職。筑波大学名誉教授・東洋大学名誉教授。専攻は仏教学・宗教哲学。唯識思想研究で博士（文学）。著書に、『唯識三性説の研究』『唯識の構造』『『成唯識論』を読む』『『華厳五教章』を読む』『〈宗教〉の核心――西田幾多郎と鈴木大拙に学ぶ』『心とはなにか』『空海の言語哲学』（春秋社）、『入門　哲学としての仏教』『空海の哲学』（講談社現代新書）、『日本仏教　思想のあゆみ』（講談社学術文庫）、『ブッディスト・エコロジー――共生・環境・いのちの思想』（ノンブル社）、『唯識・華厳・空海・西田――東洋哲学の精華を読み解く』『空海の究極へ――『秘密曼荼羅十住心論』を読む』（青土社）ほか多数。

道元の〈哲学〉――脱落即現成の世界

2022年6月20日　第1刷発行

著　者＝竹村牧男
発行者＝神田　明
発行所＝株式会社 春秋社
〒101-0021　東京都千代田区外神田2-18-6
電話（03）3255-9611（営業）（03）3255-9614（編集）
振替　00180-6-24861
https://www.shunjusha.co.jp/
印　刷＝萩原印刷株式会社
装　幀＝鈴木伸弘

ISBN 978-4-393-15232-4　定価はカバーに表示してあります

■竹村牧男の本

『成唯識論』を読む

煩悩障と所知障を断じて涅槃と智慧を実現させる法相宗の根本聖典である仏教哲学の結晶『成唯識論』の思想体系の流れをわかりやすく講義。〈新・興福寺仏教文化講座7〉　8250円

『華厳五教章』を読む

中国華厳宗を大成した賢首大師法蔵の主著で、華厳宗の根本的な綱要書でもある『華厳五教章』のうち、六相門や十玄門について説かれた「義理分斉」章を中心に解説した本格書。　5720円

『大乗起信論』を読む

空・唯識・如来蔵というインド仏教の伝統思想を凝縮させた珠玉の名作『大乗起信論』を、法相唯識の教理との対照から、その特徴を浮き彫りにし分かりやすく説き明かす。　3520円

『秘蔵宝鑰』を読む

凡夫から密教までの十段階の心のあり方を示す十住心の思想にそって密教の優位を説いた、弘法大師空海の代表作を解説。仏教の全体像を学ぶには必見の書。　4400円

空海の言語哲学　『声字実相義』を読む

『声字実相義』の解説を中心に、それまでのインド仏教の中観・唯識の言語観を踏まえて、空海の密教的言語哲学の独自性を明確に解説した画期的論考。井筒俊彦の空海論にも言及。　3520円

▼価格は税込（10％）